社会教育新論

「学び」を再定位する

Atsushi Makino
牧野 篤
[編著]

ミネルヴァ書房

社会教育新論

「学び」を再定位する

目　次

第Ⅲ部　「青年」をふりかえる

第Ⅳ部　「学び」をおきなおす

序　論　「学び」を社会に再定位する
——本書の課題——

はじめに

近年，地域社会が政策的に焦点化され，社会教育ではない社会教育が社会教育の実態をつくるような状況が現れている。そしてその状況はまた，人々がこの社会に対して抱くイメージや感覚によっても，そうなるべく支持されているように見える。このような事態を生み出しているのは，人々にとって，この社会が，自分が他者とともに生きているという感覚を持てるものではなくなってしまっていると，感じられているからではないだろうか。

それはどういうことなのか，そしてそれだからこそ，私たちがこの社会を皆でともに生きる社会にするためにも，社会教育は社会教育でなければならないことを，述べてみたい。そのときのキーワードは「学び」の再定位である。

1　当事者性を問い返す

(1) 当事者とは誰のことか

ある自治体で，いじめ自殺があり，その検証作業を終えた第三者委員会から報告を受け，今後の施策を検討するための市民シンポジウムに出席を求められたことがあった。

自ら命を絶たなければならないほど追いつめられた被害生徒のことを聞き，また加害生徒そのものが学校に疎外感を感じていた，そのことの辛さを思うとき，いじめは起こるべくして起こってしまうものだという思いとともに，子どもたち一人ひとりのおかれた状況に，胸が押し潰されるような痛みを覚える。

シンポジウムでは，誰もが，自分を当事者と位置づけ，いじめ再発の防止を訴えあった。ある種の感動的な空間が出現していた。しかしそこには，重い違和感が残ったことも確かであった。

いじめ事件を他人事と考えず，自分事と受け止めようとし，皆が事件の当事者として，再発防止を誓い合う。このことが大切であることは言を俟たない。しかしまた，筆者が感じた違和感は，実はそういう当事者意識によってもたらされたものでもあった。

私たちはよく，当事者として，他人の身になって，という。そして，それは社会生活を送る上で，大事なことに違いない。しかも，それは社会教育の研究や実践にとっても，基本的なテーマでもある。しかし，この当事者とは一体誰のことなのだろうか。

（2）自分しかいない当事者性

例えば，ネット空間における差別に関する議論を見てみる[(1)]。従来，一般的には，差別の当事者といえば，差別する側とされる側の双方であり，それをとりまく人々は部外者であった。そこには，自分を被害者や加害者に置き換えてみても，その痛みをそのまま感じることができない，だからこそ，想像力を働かせて，共感し，その痛みが広がらないようにと心を配り，差別される人を減らそうとする，そういう心の動きや行動があったはずである。

しかし，昨今の当事者性は，差別される人がいると，被害者が属する集団の側にいると自ら認めた人々が直接傷つけられたかのような反応を示し，それが躊躇のない「正義」の根拠として立ち上がり，その「正義」に依拠した批判が，炎上するかのようにして，差別者へと向けられる，こういう人々のあり方を示してはいないだろうか。そこでは，味方か敵かという明確な線引きがなされ，お前はどちらなのかと立場表明を迫られる。しかし，その線引きの基準は曖昧で，その時々の関係性によって揺れ動いている。

被差別者に寄り添うのではなく，差別者によって自分の尊厳が傷つけられたかのようにして，本来の当事者以外の人々から，まっすぐに，曇りなく，躊躇なく，「正義」の批判が差別者に向けられる。そこには，一旦立ち止まって，自分を相対化してみる，心の揺れのようなものは存在しない。そこで主張されるのは，自分の尊厳や気持ちが傷つけられ，気分が悪いというような，どこまでいっても自分しか存在しない当事者性なのではないだろうか。

（3）シチズンシップの罠

筆者の理解が間違っていなければ，それはロールズのいう「正義」論の亜種のように見える。ロールズは，人々が正義の原理（〈公正としての正義〉）を選択する際には，誰もが自分や他者の社会的な帰属，生得的な身体の違いや能力，そして資産などがまったくわからず，かつ相互に相手の心理的性向や価値の持ちようなどについても知らない状態となったとき，つまり「無知のヴェール」に覆われた状態であるとき，社会的に最も不利益を被っていると思われる人々にとって最も有利になるように行動しようとする，という（ロールズ，2010）。筆者はこれを，ロールズによる他者への想像力にもとづく正義の原理であり，「無知のヴェール」の議論の基礎には，ルソーのいうような一般意志への信頼が置かれていて，それは一般意志を発動させるための概念装置だと解釈していた。しかし，そうではないという解釈も成り立つのではないか。

つまり，「無知のヴェール」の状態に置かれることで，孤立した人々は，自分が最も不利益を受けている，自己の尊厳が毀損されていると主張し，その状態を改善するように，社会に訴え，自分に利益を回すように要求することとなる。他者との関係を切断され，アイデンティティの帰属先をも奪われた個人は，他者を想像するのではなく，被差別者として自己の権利主張を何の戸惑いもなく行い，差別者と自ら見なした他者を糾弾する。こういうことになってはいないだろうか。それはまた，当事者性というものではなく，ある差別という事態によってつくられた無数の当事者という存在なのではないか。誰もが当事者になれ，自己主張できる。これをシチズンシップの論理という。

シチズンシップはアイデンティティの持つ属性を乗り越え，差別などの社会問題を，自分事とする力を持っている。しかし，その他人事を自分事にするあり方，つまり当事者性は，ここでは他者との関係における，他者への想像力に支えられた，配慮によって成立するのではなく，そのまま当事者としての自己を無数に立ち上げることになってはいないだろうか。そこには，本当の当事者の姿が見えなくなってしまうという陥穽はないのだろうか。このことはまた，ロールズのいう「無知のヴェール」に覆われた人々には，それでも他者との関係性とくに想像力を失うことはないという前提が措かれていた，つまり社会的に孤立してはいないことが前提となっていたことを示しているようでもある。

2　行き場のない社会

(1) 自己主張のいがみ合い

この当事者のあり方は，そのまま一人ひとりが孤立して，その孤立を自己責任だとみなす論理へと転じてしまう。誰もが他人はおろか，自分のことさえわからない「無知のヴェール」に覆われていて，その「無知」な状態で，自分こそが当事者だと主張せざるを得ない。この当事者である自己は，自分を当事者だと認めろと主張するのみで，当事者であることの承認請求先を失って，孤立してしまう。なぜなら，誰もが自分を当事者だと認めろと他者に要求するばかりで，そこにあるのは自己主張の応酬だけだからである。

だからこそ現実には，この自己は権力や権威さらには多数者への依存を招く心性を生み出してしまう。政治が容易にポピュリズムと化すのであり，人々は政治によって癒やされ，「正義」を手に入れて，権力との同一化を図り，自分とは異なる人々を攻撃するようになる。

誰にも寄り添わず，誰のことも想像せず，砂粒化した人々が，自分こそは被害者だといい募り，加害者を躊躇なく糾弾して，炎上する。しかもその加害-被害関係は，常に流動する。こういう関係ともいえない関係に子どもたちは置かれていて，自分も被害者であり，当事者なのだと，その位置を探ることに汲々としているのではないか。

この構造は，当事者を個性と読み換えても変わらない。誰もが他者に対して自分の個性を認めろと主張しあうことで孤立して，いがみあっているのが，現実の「みんな違ってみんないい」社会なのではないか。このような社会に，子どもたちが出ていく先はあるのだろうか。

(2) 行き場のない社会

どこに行っても「正義」を我が事とした人々によって，評価がついて回り，自分は人々に晒され続ける。こういう感覚が，子どもたちの間で，いじめをめぐっても，共有されてしまってはいないだろうか。そして，自分も実は，その「正義」によって，いじめを糾弾する側にいるが，それは，本当の当事者に寄り添い，理解し，ともに問題を解決しようとする動きにはつながらず，まっすぐな揺れ動くことのない「正義」がそのまま貫かれるかのようにして，当事者とは異なるところで，当事者がつくられ，自分のことだけをいい募ることになってはいないだろうか。

しかし，自分を守ってくれと請求する先を，この当事者は予め失っている。すべての人々が当事者として，他者に自分を認めろ，守れと主張しているからであり，その結果，自分を当事者だと自己主張する無数の傍観者が生まれることになるのである。

（3）社会など存在しない

そうだとすれば，それは加害者の子どもの心性でもあるのではないか。こうして，いじめの当事者は，「正義」によっていかようにも反転し，子どもたちは本当の当事者に寄り添うことができなくなってしまう。この「正義」の主張の中に，自分を無条件に受け入れてくれる関係はつくられず，居場所はないと，子どもたちには感受されているのではないか。しかも，いつ何かの拍子に，今度は自分がその「正義」によって糾弾されかねないという不安を，彼らは抱えているのではないか。なぜなら，当事者だからだ。当事者は孤立している。

子どもたちには社会など存在してはいない，ましてや地域など，と課題をおいたとき，見えてくるものは何なのか，このことが問われなければならない。

3　地域社会とは何か

（1）団体・組織としての地域や社会

筆者も含めて，私たちは軽々に地域または地域社会という言葉を使い，中央教育審議会の答申や文部科学省の政策にも，地域や地域社会という言葉が頻出する。とくに，コミュニティ・スクールが政策化され，地域学校協働活動が推奨される近年では，その傾向は強くなっている。しかし本来，地域とはどういうものなのだろうか。

地域の後継者難だという。とくに少子高齢化・定年延長などで，地域の担い手が高齢化し，また減っていて，地域の存続が危うくなっているという。この場合の地域とは一体何なのか。それは具体的には，町内会や老人クラブ，子供会などの地縁団体や組織のことなのではないか。

詳述はできないが，日本は明治以降，中央集権国家をつくる過程で，全国に小学校を設置し，学区を画定して，それを行政の基本単位とした。それが，戦前の町内会の基盤となった。そこに，相互扶助の隣組を重ね，青年団，消防団，婦人会，処女会を，さらに自然村にあった神社を統廃合した氏子区を重ね，今日の地域の基礎がつくられた。戦後には，ここに子供会や老人クラブが重ねられた。

敗戦後，連合国の占領下にあって，GHQは隣組や町内会を権力的な民衆動員組織とみなして解散命令を出したが，その一方で，公民館の設置を奨励し，住民が自らの生活の基盤の上に，地域経営を進める拠点として活用することを促した。社会教育法は，その方針を受けてつくられたという性格を持っている。

しかし，例えばPTAの導入を担当したアメリカの専門家が，アメリカ流のアソシエーションとしてのPTAの導入を進めようとしたのに対して，日本型のいわゆる学校父兄会や母の会を基盤としたPTAの組織化の動きが各地で見られたように，日本の地域とは基本的に団体または組織として構成され続け，今日に至っている。

隣組や町内会は，占領の終了とともに，自治会として復活したが，それは草の根のアソシエーションではなく，むしろ上からの団体・組織として再編されたといっても過言ではない。日本の地域とは，個々人が住民の一員として自発的に責任を担うアソシエーション，つまり対等な関係を基盤として，自治的にその集団を経営し，治めようとするメンバーシップ集団ではなく，むしろ地縁の団体として，それぞれの役割をあてがわれる，非自発的で受動的な組織であった。それゆえに，その組織は家制度を基本として，一戸一票制であり，戸主が家を代表して議決権を持ち，議論よりは慣例を重んじるものとなっていた。

また，いわゆる社会についても，私たちはそれを会社や組織・機関やその連合体のようなものとして，受け止めてはいないだろうか。家庭を会社つまり社会につなげていたものが，学校であった。

（2）孤立し依存する個人

経済発展にともなって，地域社会から企業社会へと人材を吸い上げる機能を「学校」が強めるにともない，家庭が親子を基本とした核家族，つまり子育てと教育さらに労働力の再生産を家庭内の空間に閉じ込める教育家庭と勤労家庭へと変化し，地域との関係が希薄になり，地域社会の基盤が動揺した。さらに，近年の生活様式の変容や雇用のあり方の変化，価値観の転換によって，また家庭そのものが解体の度合いを深めることで，地縁団体である地域は担い手が不足し，持続可能性を失い，さらに人々が誇りを失うことで，自治機能を停止させてしまう事態になっている。子どもという紐帯を持つはずのPTAですら，最近では加入をめぐるトラブルを抱えるようになっている。

その上，経済構造の変容による雇用慣行の切り替えによって，会社が家計維持の機能を削ぎ落とし，人々は労働市場で孤立するようになり，社会的な帰属を失い，その結果，会社を基盤とした社会が崩れ落ちてきている。

団体や組織であった地域の基本単位である家庭が解体し，地域社会が崩落し，また人々が会社から放擲され，社会が壊れることで，人々は孤立の度合いを深めていく。さらに社会的な価値評価のあり方が消費社会のそれ，つまり育成による労働力の評価ではなく，即自的かつ多元的な価値の評価へと切り替わることで，人々は常に全人格的に他者の評価に晒され，その結果，他者に対して攻撃的になり，また行政や権威に対して依存の度合いを深める，孤立した存在となる。

（3）底が抜けはじめた社会

このような社会では，人々は時間はおろか，空間を共有することすらせず，自らがそれを担っているという感覚をも失って，相互にピリピリと気を張り詰めあう，緊張感の高い，不安定な，いがみあう関係のみがつくられてしまう。自治は形成されることなく，利己的な権利の主張による要求とクレームの応酬となる。社会の信頼感が低下し，そこに個人の存在を担保する居場所はつくられなくなってしまう。

だからこそ，人々は権威にすがり，行政に依存して，白黒はっきりした規則を求め，自ら価値判断や思考を停止してしまう。その結果の一例が，学校への一層の依存と要求の高まりやクレームの嵐であり，規則の強化と排除の論理の台頭である。

大人にすら居場所がないのに，子どもたちに，安心してその身を預けることのできる信頼感が，この社会にはあるのだろうか。このことが，子どもたちを苦しくさせているのだとすれば，子どもをとりまく社会のあり方をこそ，組み換えなければならないのではないか。この社会は底が抜け始めたのではないだろうか。このような社会で，いくら個性を認めあおう，受け入れあおう，といっても，掛け声だけが虚しく響くだけなのではないだろうか。

4 信頼と自治のプロセスとしての地域

(1)〈ちいさな社会〉へ

地域社会は解体の速度を上げていて，人々の孤立は深刻化している。このことを踏まえた上で，さらに次のようなことを考えてみる。歴史を振り返りたい。

なぜ，GHQは社会教育法が国会で審議未了廃案となりそうになったときに，介入して，与野党の代表者を説得して，成立させたのか。なぜ，GHQは，町内会や隣組に解散命令を出しておきながら，公民館の設置普及を奨励したのか。公民館の施設中心主義とは一体何であったのか。また，GHQは結果的にアメリカ型のアソシエーションとしてのPTAの導入を断念したが，そこでは何が期待されていたのか。見据えられていたその後の日本社会の姿とは一体何だったのか。こういう歴史的な振り返りに，今日の社会のありさまを重ね合わせることで，社会のあり方を組み換える基本的な方向が明らかになるのではないだろうか。

これからはむしろ，社会は人々の自発性と自治を基本とした，信頼感を基盤とする人々の開かれた関係として組織されることが求められているのではないだろうか。それは，お互いに顔の見える関係において，自らの社会的な存在を，他者を通して自ら認めることができるような〈ちいさな社会〉をたくさんつくることを通して，住民が社会をつくり，経営することへと結びつける筋道をつくりだすことなのだと思われる。そのとき，人々を結びつけて，社会をつくる紐帯となるものは，それぞれの人々がそれぞれの役割を果たし，希望を実現することの楽しさを自分事とすること，つまり社会の主役となることである。

(2)「学び」を組織し，住民自治を再発明する

その基盤となるのは，住民としての人々相互の「学び」である。例えば，PTAもこの「学び」を保護者を中心に組織するために，学校単位で組織されることが期待されていた。このとき，「学び」とは，いわゆる知識を得ることに留まらず，人々が互いを認めあい，関係をつくることを通して，社会をつくり，経営する，そうすることで改めて自分の存在を社会の中に認め，自分が他者とともに生きていることを実感し，うれしさを感じる，こういう楽しさを基本とした一連のプロセスをいう。それは，「自治」でもある。それを，より具体的な行政的課題へととらえ返せば，教育行政の施策を通して，「学び」を基盤とする住民自治を改めて発明することが求められているのであり，そこでは社会教育は，地域社会を住民による楽しさを媒介とした「学び」のプロセスとして再構成するためにこそ，機能すべきものとなる。

こうして，社会教育が社会基盤であるべき住民自治を鍛え続けるプロセスとして重視されることで，「学び」を媒介として，子どもと大人が交わって承認関係をつくり，社会的な居場所を自ら得るとともに，子ども自身が将来にわたって学び続ける力を身につけて，人生を切り拓き，大人自身も子どもとの交流によって，社会的な役割を担い続ける駆動力を得ることへとつながっていく。

(3) 信頼と自治のプロセスとしての社会

このような関係がつくられることで，それを基盤として，住民一人ひとりが地域コミュニティに積極的にかかわって，社会をつくり，住民自治に定礎された堅固な団体自治を実現することとなる。その結果，住民自治がより豊かに育まれ，当事者意識に支えられた自治体が実現する。こういう自治の循環の基盤としての「学び」が，人々が社会の主役となるプロセスとして形成されることで，教育行政が一般行政に優越することの意味が改めてとらえ返される。

地域社会は，従来のような地縁団体や組織ではなく，むしろ住民自身の互いの承認や思いの実現によってもたらされる楽しさに駆動される，信頼と自治のプロセスとして再構成され，「学び」はその基盤をつくりだすものとなる。そ

のためにこそ，教育行政が機能することが求められるのである。

5　学校教育と社会教育

（1）学校制度とは何か

本来，社会教育とは何なのであろうか。これまで社会教育は，教育の原形態としてのそれ，つまり近代以前のそれではなく，近代国家すなわちいわゆる産業社会を基盤につくられた中央集権国家の制度としてのそれは，学校教育との対比で語られてきた。

学校教育はそれが国民教育制度と呼ばれるように，民衆を国民へと育成することによって国家への求心力を強める制度であり，育成される国民はまた，拡大再生産を基調とする工業社会の労働力であり購買力，つまり市場経済の駆動力でもあった。その社会では，人の成長も，経済発展とくに資本増殖のアナロジーつまり発達として語られることとなる。人の発達は，経済の拡大再生産が発展であるという観念と重ねられ，子どもの発達は親の世代を乗り越えて，より大きな価値を実現するものとして意識され，身体だけではなく，精神そのものが，経済の発展と同じイメージでとらえられる。そこでは，育成が重視され，未熟であることは，異質であるのではなく，成長・発達の可能性を持ったものと解釈され，教育によって，現世代を乗り越えて，次の担い手となるものと観念される。

しかも，育成され，教育される子どもたちの成長のその先には，より大きな経済の発展が予定されている。それゆえに，国民はいわゆる産業的身体つまり経済発展を担う，工場労働に適した身体を持った者として，しかも外部から規律・訓練を通してつくられることとなる。形成と陶冶，つまり外部から力を加えて，社会の発展が求める能力を練り上げることで，社会の担い手として育成される者として，子どもたちは位置づけられることとなるのである。未熟であることは発達可能態であり，発達可能態であることは操作可能態つまり教育可能態であるとされるのである。

(2) 家庭と社会の媒介としての学校

それだからこそ，日本のような後発国の学校は，功利主義と結びつけられて，立身出世の道具となり，それが社会的な地位と直結することで，学歴主義と学校信仰が強まり，社会そのものが学校化する事態が招かれることとなる。学校こそが，個人の社会的階層上昇を達成する唯一の筋道となり，家庭と社会とを結びつける媒体となって，人々の日常生活に迫り出してくることとなる。人々の日常生活そのものが，学校的な価値によって規定されるようになるのである。

その上，社会は既述のように会社や機関・組織によって構成されるものであり，家計と結びつけられた学校が，教育家庭と勤労家庭を会社へと媒介して，家計の向上を果たすものとして機能することとなる。進学競争が激化し，受験地獄と呼ばれる事態が生まれるのである。

このような選抜を基調とした社会はまた，淘汰される人々をも回収し直して，社会の生産と消費に参加させるためにこそ，拡大再生産つまり富のパイの拡大と分配の増大を宿命づけられたものとなる。好況と不況の波の中で身もだえしながら太っていくことを宿命づけられた怪物は，その過程で細胞である人々をふるい落とし，また消費して，自らの栄養をつくりだすが，それは社会の亀裂を深めることでもある。社会が発展すればするほど，学校における選抜は激しくなり，人々の間の分断は深まっていく。発展そのものが人々の階層を分断し，社会的な統合を動揺させる方向に作用せざるを得ない。それを予防するためにこそ，パイの永続的な拡大と分配の増加が求められるのだが，そのためにもさらに人々を回収して，競争へと送り返し，市場を拡大する装置が必要となる。

(3) 学校教育に対比される社会教育

かなり単純化したが，これが工業社会を基盤とする近代国家と学校との基本的な関係である。それに対して，社会教育は，学校教育によって淘汰された人々を回収し，社会の亀裂を弥縫し，分断を修復して，社会的統合を回復する役割を担うものとして，社会システムに位置づけられる。図式化すれば，学校教育が競争を通してパイの拡大と分配の増大をもたらしつつ，結果的に分断を生む制度であるとすれば，社会教育は適応と統合を通して社会基盤を安定させ，かつ競争へと人々を送り返して，市場を拡大する安定装置としての制度であったといえる。それゆえに，社会教育は常に学校教育との対比の中で，学校教育の補足・拡張・代位形態であり，またその他の社会的な教育であるとされ（宮原，1970；小川・倉内，1964），また学校教育以外の，職場や家庭その他社会における組織的な，または組織化の道程にある教育という規定を受けてきた（春山，1933）。それを「歴史的範疇としての社会教育」と呼ぶ（宮原，前掲書）。そして，その社会教育の実態を構成する基盤が，家庭であり地域社会であり，会社を基本とした社会であった。

しかし，いまや既述のように，この社会教育の基盤そのものが崩落している。つまり，経済発展の宿命をこの社会が担えなくなり，その宿命によって維持され，またその基盤であった家が崩壊し，地域社会が解体の度を深めているのである。それはまた，学校教育を制度化する社会そのものが解体を始めているということでもある。私たちは改めて，社会をとらえ返し，また社会教育とは何なのかを問い直す必要に迫られているといえる。

6　社会教育を再考する

（1）社会統合機能の解体

制度としての社会教育が上記のような性格を持つものであり，また歴史的な産物であることを考えれば，私たちは，それを今日的に組み換えることも可能なはずである。そのとき注意すべきは，私たちは後ろを向いて，前に歩くことしかできない，つまり歴史を振り返りつつ，あった過去を見つめ，あり得た過去に学び，そこから未来を構想することしかできないということである。

このような観点から，社会教育の歴史を振り返ったとき，それが適応と統合の機能を持つものであったとしても，社会そのものが工業社会ではなくなり，現実的に少子高齢人口減少の中で，経済の拡大基調を維持することが困難となり，価値の多様性が宣揚される状況下で，その機能が有効に働く条件は失われてきている。しかも，適応と統合を促す論理は，経済の拡大再生産と表裏一体となった中央集権国家のそれであり，また価値の画一化と均質化のそれでもあって，中心を持った上意下達の社会構造でなければ有効に作用し得ない。つまりそれは，帰属を基本とする社会で有効に機能するものでもあった。

しかし社会は，人々の帰属の基盤である家庭の動揺・変容によって，解体の度を深めている。また，この社会は経済のパイを拡大し，分配を増加し続けるという宿命を果たすこともできなくなっている。競争と分断をもたらす学校教育が不全化し，基準となる価値の画一性と均質性が溶解して，人々は分断ではなく，個別化し，より深刻な孤立が招来されている。このような事態に直面して，改めて社会の統合が模索されるが，それはすでに上からの統合ではあり得ない。社会は，分断どころか砂粒化して，流動性を高めているからである。

（2）適応と統合を参加と自治へ

だからこそ，人々は孤立した当事者として，自己を他者に対して主張しながらも，その主張の相手先を失っているがために，緊張した関係の中で，マジョリティの傍観者とならざるを得ない。孤立と同調は背中合わせなのだといえる。

このような社会であるからこそ，社会教育が持っていた適応と統合の論理を，一人ひとりの人々が，それを我が事として受け止め，自治へととらえ返すことで，参加と自治の論理へと組み換えることができるのではないか。従来，社会教育とは，学校教育の競争がもたらす分断を弥縫し，人々を社会に回収し直して，新たな競争へと送り返しつつ，市場を拡大し，経済発展を促す仕組みであった。その基盤であり，対象であったのは，家を基本とする地域社会の団体や組織に帰属するマスとしての国民であった。しかしいまや，その基盤が崩れ，人々が孤立しているのであれば，社会教育を草の根の具体的個人が住民として他者とともに担うことで，人々の生活の現場において，適応と統合は参加と自治へ，分断の弥縫は想像と配慮による孤立の解消へ，そして競争は創造と共存へと組み換えられることが見通されるのではないかと考えられる。

（3）社会教育に「目的」はない

このように考えれば，社会教育には「目的」はないといってもよいのではないだろうか。社会教育は，私たちが社会として生き延びるためになければならない基盤を自治的につくる営みなのであって，それがきちんとなされることで，一般行政そのものが自治体として目的を持ち，また人々が自らの生活の目的を持って，それを実現する営みを繰り広げることができる，そのための基盤整備のプロセスそのものなのだといえるのではないのか。

それはまた，住民自治という完成することのない民主主義のプロセスとしての営み，つまり変化し続ける運動の基盤となる活動なのではないのか。そうであることで，自治体の団体自治も，完成することのないプロセスとしての住民自治に支えられつつ，運動としての性格を獲得して，変化し続け，持続的な共生社会を創造する行政として自らを構成することとなる。しかもそこでは，住民自治そのものが，その団体自治に支えられて，自らが地域社会をつくりだし，経営する，動的なものとしての性格を強めることとなる。

7　社会教育における「自由」

(1) 戦後公民館構想の理念

このような動的な社会教育の草の根住民による実践こそは，戦後の公民館が構想していたものでもあった。そして，当時の文部省とGHQが社会教育法によって守ろうとした社会教育の「自由」とは，こういうものだったのではないだろうか。さらに，公民館の施設中心主義とはこの意味におけるものだったのではないだろうか。施設とは，それ自体が動的な，その機能を変化させ続けることで自らを保とうとする，社会的存在である人々の生活の場であり，彼らがつくる「関係」のことなのではないだろうか。

戦後の公民館構想を提起し，主導した寺中作雄は，次のように考えていた。公民館は，平和国家，民主国家日本の建設のための担い手である国民の育成のために構想され，そのためにこそ社会教育機関でなければならず，かつ社会教育は，国民生活の基盤である家庭と社会において，人々を個人の尊厳と社会への責任を持った個人，つまり「社会に於ける自覚的個性の存在であり，社会我」(寺中，1946a：3) である「公民」へと育成する営みでなければならない。この社会教育の核心である公民教育は，「個性の中に埋もれた政治的良識と社会道義に眼醒めしめ，以て良き公民としての資格に光あらしめる為の教育である」(同上)。そして，「社会の中に自己を見出すとともに，自己の中に社会を見出すことが近代の特徴であり，現代人の任務であ」って，「これこそが「人の人たる所以」である」(同上) ことを，公民教育によって理解し，それを民主主義と平和主義として習性とするまで自ら訓練した公民個人が，「身についた教養と民主主義的な方法によつて，郷土に産業を興し，郷土の政治を立て直し，郷土の生活を豊かに」（寺中，1946b：13）する営みが，公民館における実践である。寺中はこういうのである。

（2）社会的存在としての個人

つまり，従来の隣組や町内会のような帰属に囚われる住民ではなく，またそれらから切断されて孤立する利己的な個人でもなく，つまりアイデンティティに囚われるのでも，アイデンティティから切断されてシティズンシップの論理に絡め取られる孤立した個人でもなく，自らを社会の中に見出し，かつ社会を自らの中に見出す，いわば社会の中で他者とともに，当事者として社会をつくり，それを担って生きる社会的存在としての個人が，当事者である他者ともに郷土をつくり，担う，その実践そのものが社会教育であり，その拠点が公民館だというのである。これが公民館の施設中心主義の核をなすものだといえる。

このとき「社会」とは，地縁的な団体や組織として意識されているというよりも，人々一人ひとりの「自己」が「社会に於ける自覚的個性の存在であり，社会我」（寺中，1946a：3）だといわれるように，上記のような他者の存在を我が身に引き受けようとする当事者としての個人が構成する「関係」としてとらえられる。それゆえに，GHQの成人教育担当官であったネルソンは，公民館の構想を高く評価し，次のように応じているのである。「公民館が行おうとしている「顔と顔を突き合わせる地域の人間関係」をつくることの重要性……。」「問題は……集権化の傾向を補正する，あるいは打ち破る新しい顔と顔を突き合わせる地域の人間関係を発見し，確立することである。そのような人間関係を通して，一般市民は，より広い地域の重要な諸問題に精通することができる……」（Nelson，1954：224）。

（3）社会の未来が懸けられた運動

当時の公民館構想とGHQの受け止めが，社会をいわゆる地縁団体や組織ではなく，むしろ他者とともに生き，他者とともに自らの生活を立てようとする住民一人ひとりが構成する「関係」としてとらえているということにおいて，通底しているように見える。ここでは，住民は，「社会我」と呼ばれる自己ととらえられているように，「無知のヴェール」に覆われ，孤立した孤独な個人ではない。彼らは，他者の中に存在し，他者を自己の中に宿した関係のあり方を担う個人，つまり社会と入れ子になった存在でありながら，しかも「自覚的個性」として固有な存在でもある。ネルソンは，このような住民の存在を日本的だととらえ，公民館における住民の姿こそが日本文化にある集団主義の精神とつながるものだと受け止めたがために，次のように述べていたのではないか。「公民館は，また，日本の文化様式に調和するかのように思われた」（同上書：223）。

そして，デューイの言葉を引いて，ネルソンは次のように指摘している。「ジョン・デューイは……公民館の必要を支持するように思われる次のような言葉を述べている。「地域共同体的な生活が復興され得ない限り，自己を発見し，確立するという最も緊急な課題を適切に処理することはできない」」（同上書：224）。社会とはこういう地域共同体的な「関係」なのではないか。

だからこそ，寺中は公民館について，次のように述べている。「公民館は単なる施設，単なる建物ではない。公民館は町村と言ふ自治体と一体に結びついて居り，此の施設の背後には全町村民が控えて居る。又公民館には町村民の魂，町村公民としての自治精神が宿り，郷土の振興，民主主義の実践の理想に燃えて溌剌としてゐる。つまり公民館は施設と人と精神が結合して出来た機関であつて，日本を民主化し，文化国家，平和国家として更正しようとする原動力となるものなのである」（寺中，1946b：17）。

その上で，寺中は，公民館の性格を次のように挙げている（寺中，1946b：18-27）。

第一に公民館は一の社会教育機関である。
第二に公民館は一の社交娯楽機関である。
第三に公民館は町村自治振興の機関である。
第四に公民館は産業振興の機関でもある。
第五に公民館は新しい時代に処すべき青年の養成に最も関心を持つ機関である。

公民館とは社会的存在である個人が「関係」としての社会をつくり，経営していくための拠点機関なのであり，施設と人と精神が合一した，単なる建物ではない，むしろ「運動」としての機関だというのである。しかも，この運動には，社会の未来が懸けられていた。「新しい時代に処すべき青年の養成」すなわち社会を永続的につなげていく運動がとらえられているのである。

8 「学び」を再定位する

（1）二つの「自由」を支える「自治」

この運動を，「自由」と呼んだ。つまり，社会的存在である個人が社会をつくり，担い，経営し，次の世代につなげていく，永続的な，常にプロセスである運動を「自由」と呼んだのだといえる。そして，この運動を支える社会教育は「随所随所の自由な学習を建て前と」しなければならず，しかもそれは「自由な発展を期せられ」るべきものとしてとらえられていた（寺中，1984：10-11）。この二つの「自由」，つまり未来へと永続する「自由」と，そのためにこそ求められる現実の「自由」の二つを「法律の背景を持ったものに構成」するものとして制定されたのが社会教育法であった（寺中，1984：10-11）。

しかも，既述のように「公民館は町村と言ふ自治体と一体に結びついて居り，此の施設の背後には全町村民が控えて居る。又公民館には町村民の魂，町村公民としての自治精神が宿り，郷土の振興，民主主義の実践の理想に燃えて溌剌としてゐる」（寺中，1946b：17）のであって，この「自由」を運動として駆動し続けるものこそが，町村公民つまり住民という社会的存在である個人の「自治」なのであり，それは団体自治と住民自治から構成される自治体の自治なのであった。

つまり，「自治」に支えられた社会教育こそが，この社会をつくるのであり，それだからこそ社会教育は一般行政に優越していなければならず，それゆえに，住民自治が団体自治を支え，団体自治が住民自治を鍛える関係の中で，社会が永続的な民主主義の運動として展開していくことの保障につながるのではないか。そして，社会教育こそが「自治」を生み出す「自由」の営みなのであり，だからこそ「自由」な発展が保障されるべきであり，その「自由」を二つながらに保障しようとするものが社会教育法なのであった。

（2）社会教育ではない社会教育

社会教育とくに社会教育研究はこれまで，実践を重視してきたという。しかしそれは，実践から研究ループへと展開し，さらに社会ループへと紡がれて，社会の議論をリードすることにつながっていたのだろうか。例えば総務省の地域運営組織，厚生労働省の地域共生社会づくり，国土交通省の地域防災システム，まち・ひと・しごと創生会議の小さな拠点づくり，そして経済産業省の未来の教室などによって，いわゆる地域コミュニティが焦点化され，住民による社会教育の実践が注目を集め，公民館の活用が重視されていることに対して，真正面から議論し，それをリードしようとしてきただろうか。

「「社会教育」を基盤とした人づくり・つながりづくり・地域づくり」を中央教育審議会が提唱し，社会教育施設の一般行政への特例的移管を提起した（中央教育審議会 2018）とき，「社会教育」を地域運営組織，地域共生社会づくり，地域防災システム，小さな拠点と置き換えても違和感がないことに対して，それでも「社会教育」でなければならないという論理を社会教育研究は導き，その重要性を説き，かつ実践へと展開することができたのだろうか。

例えば，厚生労働省は，増え続ける認知症高齢者の存在を前提にして，地域包括ケアから地域共生社会づくりへと政策を展開させ，その政策の基本的な枠組みを地域コミュニティへの「福祉からのアプローチ」と「まちづくりからのアプローチ」とし，この両者を媒介するものとして「出会いと，学びのプラットフォーム」を形成するとしている。この施策は，「出会いと学び」を住民の中に組織し，住民自らが地域社会をつくり，担うことで，共生社会を福祉とまちづくりの双方から構成しようとするものであり，その実践的基盤は社会教育と重なり，かつ公民館を拠点とした住民によるまちづくりの実践をとおした，福祉機能の形成と向上なのである。この事例に見られるように，社会教育ではない社会教育として，それはすでに社会教育の実態を構成しているのである。

（3）一般行政のプラットフォームとしての社会教育

このような事態に直面して，改めて住民自治が育ち，団体自治が支えられ，それが改めて住民自治を鍛えつつ，社会の永続性を運動として生み出すことのあり方が問われている。例えば，公民館の設置を奨励した文部次官通牒には，次のように記されている。「国民の教養を高めて，道徳的知識的並に政治的の水準を引上げ，または町村自治体に民主主義の実際的訓練を与へると共に科学思想を普及し平和産業を振興する基を築くことは，新日本建設の為に最も重要な課題と考へられる……」。この課題に応えるために「町村公民館の設置を奨励すること丶なった……」。「尚本件については内務省，大蔵省，商工省，農林省及厚生省に於て了解済である……」（文部次官，1946）。

公民館設置の奨励については，文部省（当時）が主導するが，町村の民衆生活のあらゆる側面に対応する中央官庁，つまり当時の官制で内務省（今日の総務省に相当，以下同じ），大蔵省（財務省），商工省（経済産業省），農林省（農林水産省），厚生省（厚生労働省）が既に了解しており，その了解のもとで文部次官通牒として通達することとなったというのである。

住民生活の様々な側面に対応した行政領域が地域社会で総合化された，中核的な機関として公民館が構想されていたことがわかる。それを敷衍すれば，社会教育はいわゆる一般行政のプラットフォームとして，また一般行政の中に浸透しているべき理念としてとらえ返すことができるのではないか。

むすび

戦後の社会教育とは本来，一般行政の基盤をつくるものとして，改めて構想され，それは完成することのないプロセスである民主主義の運動としての「自由」を保障する「自治」を生み出し，かつそれを基礎とするものとして営まれるべき運動だったのではないだろうか。だからこそ，社会教育は，一般行政に優越し，かつ一般行政に浸透していなければならない，「目的」のない，それそのものが住民自身による未完の民主主義の運動だということなのではないか。

私たちには，既述のような社会教育ではない社会教育が社会教育の実態をつくらざるを得ない状況に対峙して，いま改めて，社会教育を基盤とした社会のあり方を構想し，実践することが求められている。そこでは「学び」がこの社会に改めて定位されなければならず，そのあり方が検討されなければない。これが本書編集の基本的な思いであり，本書はそのための課題提起の試みである。（なお，このような課題提起的な試みを行おうとする本書においては，社会的なダイバーシティとインクルージョンのあり方について検討することも重要であり，とくに稿を起こすことも考えられたが，今回は，様々な制約のため，それも果たせなかった。そのため，社会の多様性と包摂性については，全体を貫く通奏低音のような位置づけとすることとした。他日を期したい。）

（牧野　篤）

※本稿は拙稿「社会教育は社会教育でなければならない――自治を発明し直す」『月刊公民館』（2020年４月号―６月号）を大幅に加筆修正したものである。

第Ⅰ部

「学校」をかんがえる

第1章　地域から学校を組み換える

はじめに

学校は，みな「同じ」であることを重視する場から，一人ひとりの「ちがい」を認め合い，価値をつくりだしていくことのできる場へと転換されようとしている。地域との関係は，その転換の契機としても期待されている。本章では，学校と地域の関係をめぐる政策動向を整理した上で，先行研究が提示してきた地域の持つ様々な可能性とその課題を紹介する。そして，地域との関係から学校を組み換えていく視点を提起する。

1　変革を迫られる学校

2015年に中央教育審議会（以下，中教審）教育課程企画特別部会が公表した「論点整理」は，新学習指導要領の基本的な考え方を「社会に開かれた教育課程」として提示した。翌2016年に中教審初等中等教育分科会教育課程部会が審議をまとめ，現在，新学習指導要領が順次実施に移されている。ここでは，予測困難なこれからの時代を生きる子どもたちが，多様な他者と協働し，新たな価値を生み出すことができるよう，子どもたち一人ひとりの多様な興味・関心や個性を重視した「主体的・対話的で深い学び」が重視されている。学校そして教育課程は今や，従来のようにそれ自体では完結できず，社会に開かれたものとして構想されるに至っている。

こうした政策の動向は，学校の変化，そして学校を必要とし，学校によって拡大されてきた近代社会の変化としてとらえられる。牧野（2018）によれば，学校は，「同じ」言語を学び，「同じ」価値観を持ち，「同じ」身体の所作を身につけることによって，近代産業社会を生きることのできる国民を育成する制度として機能し，「みんな同じ」という人間観をつくりあげてきた。そして，みな「同じ」であるがゆえに，単一の尺度による評価と序列化が可能となり，競争が組織されてきた（牧野，2018：178-179）。

しかし，日本では1980年代後半から，こうした学校と社会のあり方がそれまでのように円滑に機能しなくなる。産業構造が転換し，価値観が多様化するにつれ，「同じ」であることの価値も揺らぎ，むしろ一人ひとりの「ちがい」を基本としつつ，それを認め合い価値を生み出していく新たな社会が求められることになった（牧野，2018：182）。

こうした中で，学校も変化を求められるようになる。この時期に顕在化したいじめや不登校といった学校の様々な問題は学校の変化を促す動因となったが，それらは「同じ」であるという人間観が学校において極度に強められることで生じた問題と理解された（竹内，1987）。依然として「同じ」であることを求め続ける学校は，子どもたちへの求心力を失い，社会の変化とともに「くずれ」（長谷川，1993：149）ていくようになったという。

学校と地域の関係は，以上のような学校と社会の転換点において一層，重要視されることとなった。次節ではまず，その1980年代以降の学校と地域の関係をめぐる教育改革の動向を整理する。

2　学校と地域の関係に関する改革動向

(1) 改革の枠組みとしての臨時教育審議会の答申

首相の諮問機関として設置された臨時教育審議会（以下，臨教審）は，1985年から1987年にかけての四次にわたる答申の中で，学校と地域の関係のあり方を方向づける提言を行っている。

答申の背景となっていたのは，当時，深刻な課題とされていた過度の受験競争やいじめ，登校拒否，校内暴力，非行などの「教育荒廃」と呼ばれる事象であったが，臨教審答申はこれらを学校あるいは社会の側の限界として把握しようとした。すなわち，戦後の急速な工業化を背景に，内容・方法・制度・価値観などの面で画一性を優先せざるを得なかった学校で，子どもの多様な個性への配慮が十分になされなかったことが「荒廃」をもたらす一つの要因となったというのである。このような課題意識のもとに打ち出されたのが，改革の基本原則としての「個性重視の原則」であった（臨教審，1985）。

この原則のもと，答申では「二一世紀に向けて社会の変化に対応できるようとくに必要とされる資質，能力は，創造性や自ら考え，表現し，行動する力である」(臨教審，1985) とされ，学校教育において重点的に育成すべき資質・能力が示された。これは，「個性」ともかかわりつつ，後に教育政策の目標となる「生きる力」に接続していく。臨教審答申の内容を踏まえて審議を行った1987年の教育課程審議会の答申は，教育課程の基準の改善方針の一つに「自ら学ぶ意欲と社会の変化に主体的に対応できる能力の育成を重視すること」を掲げた。これを受けた1989年改訂の学習指導要領の総則には，「自ら学ぶ意欲と社会の変化に主体的に対応できる能力の育成」，「個性を生かす教育の充実」が明記された。こうしたいわゆる「新しい学力観」に対応して，1991年に通知された学習指導要録の改訂では，評価の観点の筆頭に「関心・意欲・態度」が据えられた。臨教審以降の学力観の変化は，その後の学校と地域の連携のあり方を規定する枠組みとなる。

臨教審答申はまた，その後の教育政策によって実現される学校と地域の関係に関する具体的な方策を提言していた点でも，一つの枠組みとなった（以下，臨教審，1986)。まず学校教育に関しては，肥大化した役割の見直しのために，家庭や地域との間での教育機能の分担が求められ，この文脈で「学校週五日制」の検討が要請された。また，学校と地域の連携については，地域住民が郷土の文化や歴史に関する授業に参画できる制度が提案された。さらに，学校経営への参加の観点からは，保護者や地域住民の意見を学校の運営に反映させる「開かれた学校経営」が提言された。社会教育との関連では，学校施設・機能の地域への開放や学校教育での社会教育施設の活用などが提言され，その内容は1992年の生涯学習審議会（以下，生涯審）の答申などへと反映されていった。

(2) 地域との連携で育む「生きる力」

臨教審以降のいわゆる「新しい学力観」は1996年の中教審答申「21世紀を展望した我が国の教育の在り方について（第一次答申)」(以下，第一次答申）によって「生きる力」として再提示され，定着していった。

「生きる力」が提唱された背景には，中教審の次のような認識があった。すなわち，戦後の高度成長を通じて日本は，欧米諸国に並ぶ経済発展を達成したが，製造業を中心とした経済成長のモデルは東アジアを中心とした海外諸国の競争力の向上を受けて転換を迫られており，そうした経済構造の変化の中で終身雇用や年功序列といった日本型雇用システムが揺るがされている状況があるということ，その一方で，経済成長によって物質的な豊かさを享受してきた国民は今や，ゆとりや心の豊かさといった多様な価値を求めるようになっているということ，である。同時に「生きる力」には，いじめや登校拒否といった学校課題への対応という意味もあった。答申は，いじめや登校拒否の背景には社会の「同質志向」があるという見方に立ち，個性や差異を尊重する新しい価値観を育てることが重要であるとし，「生きる力」の育成がその問題解決につながるとした（中教審，1996）。

そしてここで地域との連携は，この「生きる力」の育成へと結びつけられ，その意義を示されることとなった。「生きる力」は「学校・家庭・地域社会が相互に連携しつつ，社会全体ではぐくんでいくもの」（中教審，1996）であるとされ，この見方を基本として学校と地域の連携に関する諸施策が実現されていった。

例えば臨教審答申でも提案された「学校週五日制」について，その後の「調査研究協力者会議」による「審議のまとめ」では，「子供が自ら考え主体的に判断し行動できる資質や能力」の育成へと「学校教育の基調を変えること」が求められているとされ，家庭や地域は「新しい学力観」の育成を目指す学校の「発展の場」，または「それを補完する場」と位置づけられた（社会の変化に対応した新しい学校運営等に関する調査研究協力者会議，1992）。第一次答申はこれを「生きる力」の実現に有効な方策として引き継ぎ，完全学校週五日制を提言した。

また，第一次答申は「「生きる力」が全人的な力であるということを踏まえると，横断的・総合的な指導を一層推進し得るような新たな手立てを講じて，豊かに学習活動を展開していくことが極めて有効である」（中教審，1996）として「総合的な学習の時間」の創設を提言した。「総合的な学習の時間」は「生きる力」の育成のために重要な役割を担う課程とされ，その展開に当たっては外部人材の協力や地域の学習環境の活用が求められた。

「生きる力」の育成に向けた地域との連携の論理は，生涯学習行政の領域にも見出せる。生涯審の答申は「今日の学校教育では，自ら考え，判断し，行動するなどの資質・能力を重視する教育が展開されている。こうした教育を進めていく上で，自然環境や日常生活の中での体験学習が効果的である」として，「学社連携のもっとも進んだ形態」とされる「学社融合」の推進を提起した（生涯審，1996）。

(3) 学校と地域の関係の制度化の進展

2000年代に入ると，学校と地域の関係の制度化が進行し，より組織的な連携が広がることとなった。臨教審答申でも言及された「開かれた学校経営」の文脈では，委嘱を受けた評議員が，校長の求めに応じ，学校運営に意見を述べることができる「学校評議員」制度が2000年より導入された。続けて2004年には，校長の作成した学校の基本方針の承認・学校運営への意見具申・職員の任用に関する意見具申の権限を備える「学校運営協議会」が制度化された。制度設計に問題点が指摘されるものの，これらの制度は保護者や地域住民の学校経営への参加権を一定保障する仕組みとして期待された。同時にこれらの制度によって，学校と地域の連携活動も促進された。「学校運営協議会」制度では協議会の下部組織として部会を設け，学校支援活動を行う運用が一般化している（岩永，2011）。

2006年には教育基本法が改定され，「学校，家庭及び地域住民その他の関係者は，教育におけるそれぞれの役割と責任を自覚するとともに，相互の連携及び協力に努めるものとする」という第13条が新設された。この改定を受けて2008年の中教審による答申「教育振興基本計画について」では，地域住民によるボランティア活動など，学校支援の取り組みの推進が重点施策に位置づけられ，「学校支援地域本部」が事業化された。同事業は学校の教育活動を支援する学校支援ボランティアを組織するもので，いわば「学校の応援団」であり，学習支援活動，部活動の指導，花壇の手入れなど学校の必要に応じたボランティアを，「地域教育協議会」による方針の決定と「地域コーディネーター」による連絡調整のもと実施するものであった。

(4) 学校と地域の「協働」へ

近年の政策では，これまでの施策の充実が図られつつ，学校と地域の関係が

「協働」へと展開され，両者の総合的な連携枠組みの構築が進められている。この動向は，学習指導要領の改定にかかわる教育論と，少子高齢化・人口減少を背景とした地方創生論の２つの文脈を有している。

前者に関しては，中教審教育課程企画特別部会（2015）が方向性を提示した。そこでは，2030年以降の学校と社会のあり方を想定し，これからの子どもたちには「自ら問いを立ててその解決を目指し，他者と協働しながら新たな価値を生み出していくことが求められる」（中教審教育課程企画特別部会，2015）とされ，そのために教育課程は学校内で完結し得ない「社会に開かれた教育課程」として構想される必要性が示された。学校教育を通じてよりよい社会をつくるという目標を社会と共有すること，地域の人的・物的資源や社会教育と連携することなどが，その要点とされた。

後者の文脈は，教育再生実行会議が提出した第六次提言に見ることができる。ここで学校は，郷土への愛着・誇りを持った地域を担う子どもを育成することと，地域課題に対応していくまちづくりの拠点となることを求められた。こうした観点から第六次提言は，全ての学校のコミュニティ・スクール化を図ること，学校を核とした地域づくりを目指すことを提案した（教育再生実行会議，2015）。

以上のような展開を踏まえ，学校と地域の関係に関する現在の政策の枠組みを提示したのが，2015年の中教審答申「新しい時代の教育や地方創生の実現に向けた学校と地域の連携・協働の在り方と今後の推進方策について」である。この答申は，上記のような「社会に開かれた教育課程」「学校を核とした地域づくり」などの実現に向けて，学校と地域が目的を共有しつつそれぞれの特性を生かすとともに，総合化・ネットワーク化を重視して行う活動，すなわち「地域学校協働活動」を推進していくことを提言した。学校と地域の活動状況に応じて，例えば「学校支援地域本部」や「放課後子供教室」などの既存の活動が「地域学校協働活動」として改めて位置づけられることが想定されている。そうした活動の推進の枠組みが「地域学校協働本部」であり，コーディネート機能を担うのが社会教育法に新たに規定された「地域学校協働活動推進員」である。今後は，「コミュニティ・スクール」と「地域学校協働本部」とを両輪とした，学校と地域の連携・協働の社会総がかりでの推進が求められている。

3 問われる地域の位置づけ

前節で概観した政策動向に対応しながら，学校との関係における地域の位置づけが様々に問われ，また数多くの実践が取り組まれてきた。本節では，そうした議論や実践を紹介しつつ，学校との関係において地域がどのようにとらえられてきたのかを見ていきたい。

(1)「生きる力」の育成を担う教育資源としての地域

臨教審答申以降，学校と地域の関係に関する諸施策が実施される中，1990年代前半には「学校週五日制」の導入をめぐる議論の中で地域の位置づけが問われることとなった。共通の認識となっていたのは，地域の担う役割は，休日となる土曜日に単に子どもの受け入れ先を用意することにとどまるべきではないということ，すなわち地域は学校の受け皿や下請けではなく，独自の意義を有するということであった。

そしてその意義は，学校への批判を介して見出されていった。新井（1993）は「すべての児童生徒を同じゴールを目指して同じ速さで走らせることが近代教育の課題」であり，「学校はいかにして大勢の子どもに一斉に画一的な知識を教えることができるかという観点から発達してきた」とし，その学校に適合できない子どもがいること，社会の急速な変化の中で学校もまたそのあり方の見直しを迫られていることを踏まえ，「学校週五日制」を転換の契機として位置づけた（新井，1993：26）。「学校週五日制」に対応した地域青年団の活動について論じた矢口は，活動を担う若者が子どもの自由と創造性を尊重しようとする点に共通性を見出し，それを管理や競争を強いられてきた若者自身の学校経験との関連でとらえようとした。学校週五日制時代の青年教育の課題は，学校が若者にもたらしてきたこうした「負荷」や「傷」を取り去っていくことにあるとされた（矢口，1993：155-159）。学校の画一性・一斉性に基づいた管理と競争が批判され，それを相対化する外部としての地域に期待がかけられていたと考えられる。

このような学校批判を経由して見定められていった地域の積極的な教育的意

義は，子どもの人間性や主体性を育むことであった。それは「学校の教育環境ではなかなか得にくく，家庭や地域社会における様々な人間関係の中で，直接体験を通してこそ修得できるもの」(斎藤，1993：10) と考えられた。そうした人間性や主体性といった要素は，「新しい学力観」に対応するものとして，既に学校の教育目標に定着しつつあった。

「生きる力」が提起されると，地域の持つ意義はこの「生きる力」の育成へと改めて結びつけられていった。尾木は，「総合的な学習の時間」で目指される「生きる力」の育成について，「その全人的な力という性格が，すでにして一人ひとりの子どもの全生活を前提としており，地域との連携抜きには考えられない」(尾木，1998：36) とし，「総合的な学習の時間」における地域との連携による「生きる力」の育成という中教審の議論の重要性を確認した。ここで地域は，「生きる力」の育成に向けて活用可能な教育資源，すなわち「地域人材」「自然・文化環境」「施設・設備」として整理，把握された。そして，学校教育の新たな機能を支える地域資源という認識は，「総体としての生きる力・主体性・社会性等を育む生涯学習社会の一環として」(玉井，2000：27) 再度，位置づけられた。

学校批判から見出された地域独自の教育的意義は，こうして，学校における「生きる力」の育成へと包摂されていったと考えられる。学校と地域との距離は，施策の進展とともに接近していった。そして現在，両者の関係は，さらに段階を進め，教育資源としての地域による学校への「支援」から，目的を共有し相互の活動の充実を目指す「協働」の関係へと進もうとしている。両者は一段と接近し，一体化しつつあるものととらえられている。

(2)「開かれた学校づくり」の参加主体としての地域

学校と地域の連携を推進してきた臨教審以降の政策動向は同時に，学校のスリム化や民間教育事業者の活用といった市場原理の導入と道徳教育の強化や奉仕活動の強調といった権威主義的な統制の両面を含んでいるとの指摘がなされてきた。太田は，こうした改革を国家と市場による「上からの」教育改革と批判的にとらえ，地域の様々な人々の共同による「下からの」教育改革を対置させた (太田，2001：62)。この観点から注目を集めたのは，高知県での「土佐の教育改革」，長野県辰野高等学校や埼玉県鶴ヶ島市での「学校協議会（三者・四者協議会）」の設置などの運動であった。これらは，教師・子ども・保護者・住民らによる学校運営への参加の制度を独自に創り出し，合意形成を積み重ねる中で学校運営の自治を進めた取り組みである。とくに，子どもを権利の主体ととらえ，子どもの参加を明確に位置づけた点は，「学校運営協議会」制度などには見られない特徴であった。また，「三者・四者協議会」は，子どもの主権者意識を育み，地域の大人の自治能力を形成する場としてもとらえられた。

2017年の地方教育行政の組織及び運営に関する法律の改定により，所管する公立学校での「学校運営協議会」の設置は地方自治体の努力義務となった。今後，ますます，学校運営への地域の参加が広がっていくことが予想される。一方でそこには，地域内部の力関係の影響が持ち込まれることによって多様な意見が委縮する（荒井，2017：13）という「開かれた学校づくり」の「二面性」（上杉，2001：54）がつきまとうとも言われる。「目的そのものの検討から始まり，内容・手段・方法に至るまで，できる限り学校に関わるすべての人たち（中略）の意向を確かめると共に，これらの人々の間でどのようにして十分な合意形成がなされたのか」（廣田，2002：12）という「開かれた学校づくり」で培われた観点が，改めて重要になっているといえる。

（3）大人の学びと地域づくり

「開かれた学校づくり」の議論にも見られたように，学校と地域の関係をとらえるにあたっては，かかわる大人の学びや地域づくりとの関係も重視されてきた。例えば，学校支援ボランティアの持つ社会教育的な意義として，①職業経験・学習成果の活用，②地域づくりなどの社会参加，③大人の学びとコミュニティ形成，④地域の大人の「教育力」の向上があげられた（廣瀬，2000：29）。学校支援を促進する制度や施策が広がった2000年代後半からは，そうした学校支援活動にかかわる地域の大人の学びについての実証的な調査が進められつつある。

熊谷・志々田・佐々木ほかは，「学校運営協議会」と「学校支援地域本部」を併置する10校を対象としたインタビュー調査から，それらの運用タイプを分類し，地域主導で活動を進めていた「地域教育協議会」は「地域住民が地域コミュニティや教育課題についての学びを深める場となっていること」(熊谷・志々田・佐々木ほか, 2013：216) を明らかにした。また，柴田は，「学校運営協議会」の委員を対象に行われたアンケートの自由記述から，地域貢献や自己実現などの視点を抽出し，「コミュニティ・スクール」は参加する地域の大人にとって「「学び」を深化させていく「生涯学習の実践の場」としての役割をもちあわせたもの」(柴田, 2013：133) であると述べた。このように，学校にかかわる地域の大人は，学校の要望に合わせた支援・資源を提供するだけでなく，活動を通して自らも学び，さらなる活動を進めていく。熊谷はそれを，大人自身の学びが子どもの成長とかみ合う「歯車」(熊谷, 2011：23) のモデルとして提示した。こうした両者の関係は，長期的には「失われかけている地域社会の教育力を再構築させる可能性を持っている」(熊谷, 2009：21) と見られている。

具体的な事例としては，住民参加による校舎の建設によって付設された「地域交流棟」で常駐する住民と生徒との交流を生み出した聖籠町立聖籠中学校や，学校の空き教室を拠点に住民の様々なグループが生涯学習活動を行うことでつながりを広げ，それが学校支援活動にも展開した習志野市立秋津小学校などが知られている。

さらに学校支援ボランティアが希薄化した地域の連帯意識を醸成する契機となり，「マチづくりの大きな力の源となる」こと，「地域の活性化に結びつく」こと (高橋, 2008：16-17)，といったより広いまちづくりや地域の活性化が期待されるようになる。「学校を核とした地域づくり」は政策にも盛り込まれ，「人づくり (教育) とまちづくり (地方創生) の循環」(井上, 2016：21) までが見通されている。

こうした中で注目されているのは，「教育魅力化」と呼ばれる実践の広がりである。例えば，「教育魅力化」発祥の地である島根県隠岐郡の島前地域は，少子化や島外への進学者の増加といった要因から地域内で唯一の高校である島根県立隠岐島前高等学校の統廃合問題に直面していた。高校の統廃合は，子どもとその親世代の流出とそれに伴う地域の産業や文化の衰退をもたらし，さらなる人口の流出・減少へつながる地域の存続にかかわる問題ととらえられた。島前地域では，誰もが行きたいと思う魅力ある学校づくりを目指して「高校魅力化」と称する様々な改革を行うことで，結果的に島外の生徒を含む入学者の増加を果たしたが，それはまた移住者や関係人口の増加による地域の活性化へと波及し，「地域の魅力化」にも展開している。「教育魅力化」は島根県内へ，そして全国へと広がりをみせている。

こうした「教育魅力化」の中でとくに重視されているのが地域との関係である。「教育魅力化」は，地域課題発見解決の学習を編成することで，これからの社会で求められる主体性や協働性を育む地域との連携・協働の教育改革であると同時に，そうした学習を通して地域の将来をつくる次世代を育て，これまでの向都市的な人の流れと価値観を転換し，「こうありたい」という地域の「意志ある未来」をつくろうとする運動でもある（第３期隠岐島前教育魅力化構想策定委員会・隠岐島前教育魅力化プロジェクト，2019）。

4 課題と展望

本章で整理してきたように，学校と地域の関係は1980年代以降，政策の議論に上り，今日まで両者の連携のための様々な施策が整備され，各地での実践が取り組まれてきた。その背景にはいじめや不登校といった学校の「荒廃」状況があり，それは工業社会の次の段階へ移行しようとする社会の変容の中で顕在化した学校の限界として把握された。それによって，一種の文化として学校に根付いた画一性とその背後にあるみな「同じ」の人間観の抑圧性が対象化され，転換が求められることとなった。地域との連携は，こうした文脈で，学校の転換をもたらす外部の契機として位置づけられる可能性を持っていたといえる。

しかし実際には，学校と地域の関係に関する議論は，学校のそうした特質を問い直す視点に，必ずしも意識的ではなかったように思われる。本節では，そうした課題をまとめた後，地域から学校を組み換える視点を示す。

（1）画一化と競争の課題

課題として指摘されてきたことの第一は，学校の画一性が，地域との関係においても維持される可能性である。例えば，学校と地域の連携の一環として取り組まれることも多い郷土文化の伝承は，地域の大人とのふれあいのを通して健全育成を図る教育意義の高い活動と評価される。一方で，それが全員で一斉に取り組まなければならない活動であるとき，地域との連携活動もまた従来の学校に指摘されてきた画一性の問題を生み出しかねない。伝承活動に参加したある中学生は，「どうしてこんなことをしなくてはいけないのだろう」「やりたいという気もあったけど，やっていくうちにはずかしいという気持ちがして，どうしてもこれを受け継がねばならないという気になれなかった」という感想文を残している（比和町教育委員会，1988）。もちろんこの感想文は「また来年もやりたい」と結ばれるが，地域との連携活動で生じうる子どものこうした受けとめ方に関心が向けられることは少なかったように思われる。

こうした事態について佐藤は，「生活体験学習の画一化と動員化という，知育偏重以上に危険な陥穽」と指摘する。「子どもによかれとする生活体験学習が画一的に価値づけされた集団的な方法によって推進され，自由な感受性の疎外と行動の動員化，集団からの排除を招」（佐藤，2002：164）くことが懸念されるのである。

この指摘は，地域と学校の協働が進められる現在においても重要であるだろう。なぜなら，現在，地域と連携・協働した学習活動として取り組まれている地域をフィールドとした課題解決などにおいては，そこでは，子どもにとっての活動の意味や価値，さらには地域と結びつけたキャリアや人生観までが問われているからである。学校の画一性が問い直されることのないまま進められる地域との連携・協働は，子どもに一様な意味・価値を強いる侵襲性を帯びかねない。

こうした課題を踏まえると，地域の大人も含めた参加と共同の「開かれた学校づくり」が重要になるが，「三者・四者協議会」の設置が問題の乗り越えに直結するとも限らない。池谷・藤田は，「開かれた学校づくり」の中で，地域の大人の参加によって自主的に取り組まれる挨拶運動が，地域ぐるみでの子どもの「監視」につながっていく「危険性」に注意を促す。また宮下によれば学校協議会を設置した当初，参加した地域の大人の議論は子どもの学力や生活態度への「管理」へと向かう傾向にあったという。これらの事例において地域は，学校の画一性を相対化するというよりはむしろ自主的に共有し，子どもへのまなざしを画一化させながら自ら学校秩序の健全化を支えようとする「生徒化装置」（尾崎，1999：215）の機能を果たした可能性がある。

第二に，こうした画一性を前提に，地域と連携した学校の教育活動が新しい競争へ転化する可能性である。片岡は，「生きる力」といった政策目標が日本型雇用システムの維持困難を背景に提起されたものであり，「今後の日本経済の雇用システムに対応した人材育成の要請に応えるものであることは否定できない」（片岡，1997：77）と見る。地域との連携・協働を通して育成が期待される幅広い資質・能力は，これまで，知識量にもとづく従来型の競争原理の外側において子どもを評価する基準としてあったが，企業社会が示す新たな有能さの基準として確立することで，そうした資質・能力をめぐる競争が生じ，子どもと大人との関係はより広範に緊張度を増すとも考えられる（片岡，1997：77-78）。

ここには，「あらたな競争と格差を生み出す生涯学習社会に帰着すること」（佐藤，2006：45）への懸念がある。近年の総合型選抜の拡大と学校・地域の協働の推進の中で，こうした競争と格差の行方が注視される。

（2）学校を組み換える視点について

以上のように，地域との連携によって広範な資質・能力の育成が達成されるという教育的な意義を強調するとらえ方がなされた一方で，そこには画一性と競争への転化という学校の特質にかかわる課題が残されていたといえる。ここで問い直される必要があるのは，学校によって強化されてきたみな「同じ」であるという人間観，とくに「私たち大人の側の従来の子ども観」（池谷・藤田，2001：23）と，そうした学校との関係における地域の位置づけであろう。

秋津小学校の校長を務めた宮崎稔の認識は，このような問いに対して示唆的である。宮崎は，地域と連携した特色ある学校づくりが「画一的な教育に陥っているように見受けられます」と指摘した上で，学校の「特色」を子どもたちの「個性」によって構成されるものととらえ直そうとしている（佐々木・岸・宮崎ほか，2001：13）。つまり，子どもが本来的に個性的であるという子ども観を特色ある学校づくりの基礎に置いているのである。そして，このような子ども観を踏まえることで，子どもたち一人ひとりの個性に応じるためにこそ，地域の人々との連携が可能な限り取り入れられなければならないという地域連携論が示される（岸，1999）。

それでは，こうした観点から，具体的にはどのような学習活動が構想されるのであろうか。ここではそうした実践として，地域との協働による教育の魅力化を進める島根県の事例に注目したい。島根県益田市では，「ひとづくり」を軸に地域振興と教育が一体的に進められており，その中で，学校でのキャリア教育の改革が行われている。これまで益田市のキャリア教育では，職業体験を行う「ワークキャリア教育」が中心であったが，子どもが職業に限らず広く生き方を考えられるような「ライフキャリア教育」への転換が図られている（ベネッセ教育総合研究所，2019）。その一環として取り組まれているのが，「認定NPO法人カタリバ」と連携した「益田版カタリバ」である。これは地域の大人と中高生が人生経験や将来の夢などを自由に語り合うものであるが，その際に特徴的なのは，子どもと大人が一対一で話をする機会が多くつくられていることである。それは，子どもの本来的な多様性に応じて，語りたいこと，聞きたいことが一人ひとり「ちがう」ことに対応している。この実践では，参加する大人は特別な経験や技術を有する一人の講師としてではなく，子どものキャリアの探究にかかわる大勢の伴走者としてかかわるのであり，そのような地域の大人との協働によって，すべての子どもの発話が受けとめられる環境，つまり子どもが「ちがう」存在としていられる場が学校において創り出されているのだととらえられる。

さらに，「益田版カタリバ」をきっかけに，子どもたちと地域の大人たちとのつながりが生まれ，それをコーディネーターが媒介することで学校外での活動も展開しつつある。同時に，こうしたかかわり方によって，子どもだけでなく大人一人ひとりの「ちがい」が意識されることにもなっている。益田市において，益田に生きる「ますだのひと」(2)自身のキャリアや地域に改めて焦点を当てた地域づくりが模索されている状況は，教育実践との関連の中で理解することもできるだろう。

以上のような実践から見出されるのは，「相互に受け入れあうことで生まれる関係」とその関係の中で「自分への「気づき」を新たにし続けるという運動」であり（牧野，2020：20-21），これが地域から学校を組み換える視点となるだろう。牧野はこれを「生成・変化」（牧野，2020：20）と呼ぶ。すなわち，学校との関係において地域は，子どもとの間で「ちがい」を認め合い，その「ちがい」によって自ら変化せざるを得ない新しい自分として子どもとの関係に入り，学校を組み換えていくような存在としてとらえられるのではないだろうか。ここにおいて学校と地域の関係は，「ちがう」存在としてあることを認め合う子どもと地域の人々との関係へ，そしてそうした人々の生成・変化の運動が継起する場へと開かれることになるだろう。

むすび

本章では，「同じ」であることを重視する学校の特質に着目して，学校と地域の関係に関する議論を整理した。学校との関係において地域は，これからの社会で必要となるとされる資質・能力の育成という意義を持つが，一方で画一性と競争への転化という学校の特質にかかわる課題を持っている。本章では，地域から学校を組み換える視点として，子どもの本来的な多様性を認め合いともに変化する地域というとらえ方を示した。

（大野公寛）

練習問題

身近な学校を一つ取り上げ，地域との連携・協働によってどのような活動が行われているかを調べよう。そして，その活動が誰にとって，どのような意義があるものなのかを考えてみよう。

推薦図書

日本社会教育学会年報編集委員会（編）2011 学校・家庭・地域の連携と社会教育 東洋館出版社.

学校・家庭・地域の連携を扱った日本社会教育学会の年報。学校と地域の連携を地域の視点から論じた論稿を収める。学校と地域の関係について，地域づくりや大人の学びなど様々な観点から深めることができる。

地域・教育魅力化プラットフォーム編 2019 地域協働による高校魅力化ガイド――社会に開かれた学校をつくる 岩波書店.

教育魅力化の関係者が編んだ，社会に開かれた学校をつくるための参考書風の書籍。教育魅力化の意義や効果，コーディネーターの役割やカリキュラムマネジメントなどがまとめられている。各地の事例を知ることもできる。

第2章　学校の「公共性」を問い返す
――民間教育事業者との連携の意味――

はじめに

社会の変化に伴って，学校教育を「多様な担い手」によって支える動きが出てきている。本章では「多様な担い手」のなかでもとくに慎重な見方が必要とされる「民間教育事業者」を取り上げ，学校の「公共性」について考えてみたい。そこで，本章では「民間教育事業者」のなかでもとくに「学校教育との親和性が低い」ものとしてとらえられてきた「学習塾」を取り上げる。

1　学校教育における「多様な担い手」の登場

2020年は新型コロナウイルス（COVID-19）の感染拡大によって3月から最長3カ月にわたる一斉休校の措置が取られ，学校はオンライン環境の整備や子どもの心身のケアが求められるなど，変容を迫られる激動の一年になった。このような状況は学校現場でも強く意識されており，有井・今村・石堀ほか（2020）の調査によれば，約70％の教職員がコロナ禍で「学校の役割」や「教師の役割」が変容したと回答しており，授業観が変化したと回答する教職員は約80％にのぼっている（有井・今村・石堀ほか，2020：20）。また，学校現場だけでなく教育学でも，新型コロナウイルスの感染拡大が終息した後の「学校」をどのようにデザインしなおすかが大きなテーマの一つになっている（例えば石井（2020）。また，教育学関連の学会でも「新型コロナウイルス」の影響とそれへの対応について検討するシンポジウムが数多く開催されている）。

ところで，学校に変容を求める動き自体は2020年に限ったことではない。小学校5年生から学校週5日制を経験した筆者は典型的な「ゆとり世代」であるが，近年では「ゆとり教育」のようなインパクトを与える教育改革以外にも，学校に変容を迫る教育政策がいくつも採用されてきた。ここではそのすべてを取り上げることはできないが，例えば「ゆとり教育」との関連でいえば，「ゆとり」と「詰め込み」の二項対立を乗り越えることを目指して「学校教育法」が2007年に改正された。ここでは，学力の要素が「基礎的な知識及び技能」「これらを活用して課題を解決するために必要な思考力，判断力，表現力その他の能力」「主体的に学習に取り組む態度」と明記され，「学力の三要素」と呼ばれている（小川，2019）。そして，このような学力観に基づきながら，2016年に文部科学省（文科省）が出した「幼稚園，小学校，中学校，高等学校及び特別支援学校の学習指導要領等の改善及び必要な方策等について（答申）」では，「学校を変化する社会の中に位置づけ，学校教育の中核となる教育課程について，よりよい学校教育を通じてよりよい社会を創るという目標を学校と社会とが共有し，それぞれの学校において，必要な教育内容をどのように学び，どのような資質・能力を身に付けられるようにするのかを明確にしながら，社会との連携・協働によるその実現を図っていく」（中央教育審議会，2016：1）という「社会に開かれた教育課程」を今後の教育改革の中核に位置づけて，「主体的・対話的で深い学び」である「アクティブ・ラーニング」の実現を提言している。

このような近年の学校をめぐる政策の特徴として，「多様な担い手」の登場を挙げることができる。例えば，「社会に開かれた教育課程」の土台にもなっている「コミュニティ・スクール」では，学校教育の「新たな担い手」として「保護者」や「地域住民」が登場している。2015年に出された「新しい時代の教育や地方創生の実現に向けた学校と地域の連携・協働の在り方と今後の推進方策について（答申）」でも，**図2－1**のように今後の学校教育を保護者や地域住民に「多様な担い手」を加えて担っていくことが目指されている。さらに，不登校児童生徒に対する教育機会の確保などを目指して2016年に「義務教育の段階における普通教育に相当する教育の機会の確保等に関する法律」が公布された。ここには「学校以外の場における学習活動等を行う不登校児童生徒に対する支援」について明記されており，現在フリースクールなどに注目が集まっていることもまた，「多様な担い手」の登場ととらえられる。

この「多様な担い手」の登場をめぐっては，第1章の「地域」についての議論のように慎重に受け止める必要があるだろう。とりわけ，**図2－1**に登場する「多様な担い手」のうち，「民間教育事業者」については，以下で見るようにとくに慎重な議論が行われている。そこで，本章では第1章で取り上げた

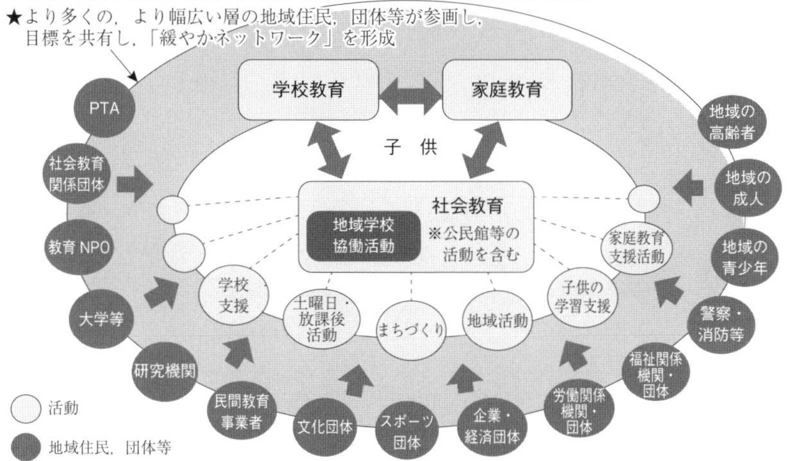

図2-1　学校教育における「多様な担い手」

（出所）「新しい時代の教育や地方創生の実現に向けた学校と地域の連携・協働の在り方と今後の推進方策について（答申のポイント等）」

「地域」に続いて，「民間教育事業者」について考えてみる。

2 「民間教育事業者」とは何者か

「民間教育事業者」という言葉には聞きなじみがないかもしれないが，近年の教育政策では「民間教育事業者」の学校教育への参入が大きなテーマの1つになっている。

そもそも「民間教育事業者」とは何者なのだろうか。「民間教育事業者」との連携について検討した文部省（当時）の会議（「教育行政機関と民間教育事業との連携方策に関する調査研究協力者会議」）では，「民間教育事業者」を次のように定義していた（教育行政と民間教育事業との連携方策に関する調査研究協力者会議，1998）。まず，①住民を対象とする学級・講座等を開講するカルチャーセンター，外国語学校，スイミングクラブ，フィットネスクラブや社会通信教育事業者等，教育事業を主たる目的とする事業者の意味で用いられる場合が多かったとしながら，「②茶道，華道やピアノなどを教授する個人事業者」「③書店，楽器店，CDショップ，スポーツ用品店等の教育・文化・スポーツ等学習活動に関連する業務を主たる目的としている事業者」「④地域貢献，企業のイメージアップ，その他の理由により，その事業者の主たる業務ではないが，教育・文化・スポーツ等学習に関連する事業・イベント等の取組を行う全ての事業者」にも言及している。

この定義では，「民間教育事業者」の「民間」には「企業」だけでなく「個人事業主」も含まれており，「教育」も「学習指導」に限定されない幅広いものが想定されている。つまりここでは，「地域で茶道教室を営む先生」も「学習塾の先生」も定義上は同じ「民間教育事業者」である。そのため，「民間教育事業者」との連携といっても，茶道教室を営む地域住民が学校で授業をするというような「学校教育と親和性の高い民間教育事業者」（連携に対する社会的な抵抗が弱い事業者）との連携を想定する人がいる一方で，受験一辺倒の学習塾のような「学校教育と親和性の低い民間教育事業者」（連携に対する社会的な抵抗が強い事業者）を想定する人もいるだろう。例えば石井は，「いわゆる「民間」で提供されるコンテンツやプログラムやサービスは，それぞれ特化した問題意識と強みを持っているのであって，それらをうまく組み合わせても，そこからこぼれ出てしまうものが出てきますし，とくに，複合的なニーズを抱える本当にしんどい子どもたちに届きにくい部分もあるように思います」（石井，2020：46）と指摘している。これは「学校教育と親和性の低い民間教育事業者」を念頭に置いたものと思われる。

さて，一般的に「民間教育事業者」といった場合に連想されるのは，後者の「学校教育と親和性の低い民間教育事業者」ではないだろうか。文部科学省もかつては「民間教育事業者」を「民間教育産業」と呼んで，学習塾などの「学校教育と親和性の低い民間教育事業者」を念頭に置きながら慎重な姿勢をとっていた。「民間教育産業」については，社会教育・生涯学習辞典編集委員会（2012）が『生涯学習・社会教育辞典』で「民間企業などの営利組織などが学習プログラムおよび教材の開発と教育サービスの提供を通して行う学習支援の総称」（社会教育・生涯学習辞典編集委員会，2012：571）と定義している。そして，具体例として1970年代に大都市を中心に発展したカルチャーセンターを挙げ，それに続けて学習塾，英会話学校，趣味・習い事，通信教育，企業研修，資格取得，ｅラーニングなどを挙げている[(3)]。この表現からも，学校教育の「新たな担い手」として連想される「民間教育産業」の代表格の一つは「学習塾」といえるだろう。

3　学校教育の「新たな担い手」としての「学習塾」の登場とその意味

もともと日本の学習塾は“Juku”というローマ字綴りでも通じ，日本を代表する教育実態の一つとして海外からも関心を集める教育機関であり（岩瀬，2010），1970年代には強く批判されながらもその数を増やして「学校外の教育機関」としての地位を築いてきた。実際，2017年度の「全国学力・学習状況調査」の結果を用いて試算すると，小学６年生の約半数（46.5％）が学習塾を利用しており，高校受験を控える中学３年生になると５分の３以上（61.2％）もの生徒が学習塾を利用している[(4)]。大学受験を控える高校生については通塾率を試算できるようなデータが見当たらないが，ベネッセ教育研究所が1990年から2015年まで実施している「学習基本調査」によれば，「学校外の学習機会」における高校生の学習塾の利用は，「通信教育」や「家庭教師」などと比較すると1990年から2015年まで一貫して増加傾向にある。

「民間教育事業者」の中でも「学習塾」は受験学力を連想させることから，石井（2020）が想定するような「学校教育と親和性の低い民間教育事業者」としてとらえられることが多かった。これは学校教育の領域に限らず，例えば生涯学習の領域でも田中・坂口・柴田ほか（2020）は次のように「民間教育事業者」に対して慎重な姿勢を示している。

> 民間組織による多様な事業の提供は，人々にとっての学習の機会を広げ，生涯学習の充実に寄与するものと言ってよい。ただし，民間の営利組織である企業の場合は，あくまでも「商品」としての学習機会を，消費者である学習者に「販売」する組織である。いわゆる市場原理のもとに，学習機会の提供事業が成り立っている。したがって，経済的なゆとりのない人々，十分な

顧客が集まりそうにない地方地域の人々などは，どうしてもこれらの学習機会から排除される可能性を持っている（田中・坂口・柴田ほか，2020：43）。

しかし，学習塾は学校教育の「新たな担い手」として，近年とくに学校との連携を深めている。学校と学習塾の本格的な連携は，2005年に進学塾「早稲田アカデミー」が東京都港区の公立中学校の「土曜特別講座」を受託し，土曜日に学校の教室で補習授業を行ったことを契機にはじまった。2008年には東京都杉並区立和田中学校で，成績上位層の学力を一層伸ばすことを目的に進学塾「SAPIX中等部」から塾講師を招き，平日の夜に学校で有料の補習授業を行う取り組みがはじまっている。この連携は平日に公立中学校で学習塾の授業が行われる点で社会的な注目を浴びた。そして2015年には佐賀県武雄市教育委員会と学習塾「花まる学習会」が提携し，武雄市内の公立小学校に花まる学習会の教育メソッドを取り入れた官民一体型学校「武雄花まる学園」を創設した。「官民一体型学校」は武雄市内の公立小学校に教育メソッドをはじめとする学習塾の「ノウハウや活力」を導入して，公教育を活性化しようとする取り組みである。「官民一体型学校」では，教師が花まる学習会の教育メソッドを用いて，朝の始業前の15分間で音読・計算・視写などに取り組む活動（「花まるタイム」）が週に２～３日程度行われている。加えて，花まる学習会のスタッフによる野外体験活動（「青空教室」）が２カ月に１度の頻度で「総合的な学習の時間」に行われている。

このように「学校教育と親和性の低い民間教育事業者」ととらえられてきた「学習塾」までもが学校教育の「新たな担い手」として登場していることは，「学校」にとって何を意味するのだろうか。例えば，大桃が2000年に当時の地方分権や規制緩和の推進を受けて「学校教育を中心として主に国家の存在を前提に構成される公教育概念から，多様な供給主体，多様な「公共性」の準拠を内に含んだ「公教育」概念への変容」（大桃，2000：296）と指摘していたように，学校の「公共性」は大きな論点の一つだろう。

学校教育は「公教育」といいかえられるように，「公」の性質をもつこと，すなわち「公共性」が特徴の一つである。齋藤（2000）によれば「公共性」は「①国家に関する公的な（official）ものという意味」「②特定の誰かにではなく，すべての人々に関係する共通のもの（common）という意味」「③誰に対しても開かれている（open）という意味」で使われることが多い（齋藤，2000：viii-ix）。

学校教育が「公共性」を持つ一方で，学習塾は「①企業や個人事業主によって運営されている私的な（private）もの」であり，「②学習塾に通う人々に限定された（personal）もの」であり，「③授業を払える人のみを対象とする閉ざされた（closed）もの」である。この意味で，学習塾は「公共性」とは反対の「私事性」を持つと考えられるだろうし，実際に教育学では多くの場合そうとらえられてきた。

しかし，近年の学校教育の「新たな担い手」としての「学習塾」の登場は，単に学習塾を「私事性」とみなし，学校を「公共性」とみなして二分することができない複雑な状況を生み出しているといえよう。実際，大桃（2020）は先にみた「官民一体型学校」を念頭に置きながら次のように述べている。

> 一条校と学習塾や予備校との関係も大きく変わってきた。塾や予備校は受験競争を煽るものとして批判的にとらえられることが多かったが，今日では学力向上やそのための教員の指導力アップに向けて，塾の講師が公立学校で講座を開くことが行われている。また，格差・貧困問題が深刻化するなかで，学習塾などの提供する「有償の教育機会」を含めた教育の平等保障の検討が課題となり，実際に「有償の教育機会」への公費支援が多くみられるようになった。政府が関わるオフィシャルな活動を「公」，民間組織のとくに営利追求に関わる活動を「私」とする区分はかつてのものとなりつつある（大桃，2020：6-7）。

学校教育の「新たな担い手」として「民間教育事業者」が登場したこと，その中でも「学校教育と親和性の低い民間教育事業者」として見なされてきた「学習塾」との連携が急速に進んでいる状況は，学校の「公共性」が問い直しを迫られている状況といえる。このような「学校」をめぐる状況の変化を踏まえて，私たちは「公共性」についてどのように考える必要があるのだろうか。そこで，以下では学校教育の「新たな担い手」として「民間教育事業者」がどのように登場してきたのか，さらに「学習塾」との連携がどのように進められてきたのかを追いながら,「公共性」について考えてみたい[(5)]。

4 「民間教育事業者」はいかにして学校教育の「担い手」になっていったのか

学校教育を「多様な担い手」によって支えていくという発想は,第1章でみたように1980年代の臨時教育審議会(臨教審)における総論の中で出てきたものである。臨教審での議論によって「保護者」や「地域」が「新たな担い手」として登場し,その後に少しずつ「民間教育事業者」が「新たな担い手」として登場する。しかし,以下で見るように「民間教育事業者」が「学校のソフト面」,すなわち管理運営や教育内容にかかわることは慎重に検討されていたため,当初の「民間教育事業者」の参入は学校施設の整備などの「学校のハード面」に限定されていた。

臨教審が行われた1980年代は社会全体で「行政のスリム化(小さな政府化)」が提唱されはじめた時期であり,「民間活力の利用」と公的施設の「民営化・民間委託化」が積極的に進められた時期だった(平塚,2003)。例えば1986年には「民間事業者の能力活用による特定設備基盤促進に関する臨時措置法」(民活法)が制定され,1987年には国鉄分割民営化が行われて,日本国有鉄道がJRになっている。

このような「民間にできることは民間にまかせていこう」という社会的な機運を受けて,「学校のスリム化」もまた目指されるようになった。とくに1990年代に入ると財政悪化を背景に行政が以前にも増して「民間」に依存するようになる。一方で,経済界も「学校のスリム化」を前提として「民間教育事業者の学校教育への参入」を求めるようになった。例えば,1995年には経済同友会が「学校から「合校」へ」を発表し,「学校を「スリム化」しよう」や「教育に多様な人々が参加できるようにしよう」「学校のコンセプトを考え直そう」などと提言している。とくに「教育に多様な人々が参加できるようにしよう」では「学校教育は教員だけが行うという固定観念を捨てて外部の教育機能を積極的に取り込む」(経済同友会,1995:3)ことが必要だと提案している。さらに「企業ができること」として「人材派遣,物的・資金的支援」や「体験学習・

教職員研修の受け入れ」を挙げて，学校の管理運営や教育内容にも携わることを希望している。このような社会的な情勢を背景に，1999年には「民間資金等の活用による公共施設等の整備等の促進に関する法律」（PFI法）が成立して，「民間教育事業者」が学校施設や設備のハード面で「新たな担い手」になることが法律上でも整備された。

2000年代に入ると民間の経営手法などを公的なサービスに導入する「New Public Management」（NPM）という手法に注目が集まるようになり，学校教育でも「民間教育事業者」を活用する流れに拍車がかかった。例えば，「21世紀日本の構想懇談会」による2000年の最終報告書「日本のフロンティアは日本の中にある－自立と協治で築く新世紀－」では「義務教育週３日制構想」が示された。これは初等中等教育の教育内容を５分の３程度まで圧縮して週３日を「義務としての教育」にあてながら，残りの２日は「義務教育内容の補習」や「学術，芸術，スポーツなどの教養，専門的な職業教育」などを自由に選んで学んでもらうという構想である。ここでは「国が給付するクーポンで，学校でもそれ以外の民間の機関でも履修できるようにすることが考えられる」（21世紀日本の構想懇談会，2000：19）として，「民間教育事業者」が学校教育の内容面にも携わる余地ができていた。さらに2001年の経済財政諮問会議による「今後の経済財政運営及び経済社会の構造改革に関する基本方針概要」では，「官から民へ」をキャッチフレーズに，公共サービスの「民営化，民間委託，PFIの活用，独立行政法人化」が宣言された。これを契機に民間委託化の動きが学校教育の諸分野にも広がり，「民間教育事業者」は教育委員会等との間で，総合的な学習（例えば外国語活動の講師派遣）・学校評価・学力実態調査・教員研修などの事業の委託請負と収益確保を担うようになるなど，「学校のソフト面」の「新たな担い手」にもなりはじめた。

5　「学習塾」はいかにして学校教育の「担い手」になっていったのか

上記のように「民間教育事業者」は徐々に学校教育の「新たな担い手」になっていった。しかし，これらは学校の施設整備や総合的な学習への講師派遣など，どちらかといえば「学校教育と親和性の高い民間教育事業者」であった。それでは，「学校教育と親和性の低い民間教育事業者」である「学習塾」はどのように学校教育の「担い手」になっていったのか。

文部科学省は学習塾に対して，当初は敵対的な姿勢をとっていた。そもそも学習塾はサービス産業の一つとして位置付けられていたため，学習塾と行政の関係は文部省ではなく通産省（当時）からはじまった（結城，2012）。通産省は役務取引の適正化や消費者保護などの観点から学習塾を対象に民間教育産業行政を展開していたため，1988年10月には社団法人として全国学習塾協会を認可するなど，学習塾を受け入れる動きを見せていた。一方，文部省は1980年代までは学習塾が受験競争を助長しているという認識の下で，学習塾を敵対視していた（佐久間，2014a）。

しかし，1980年代の臨教審によって学校教育の「多様な担い手」が提言されるようになると，文部省と「学習塾」の関係にも少しずつ変化が生じはじめる。1987年の臨教審の第三次答申には「民間教育産業の新しい役割」として「二一世紀に向けての展望のなかで，多様な民間教育産業の新たな発展とその新しい役割や影響を認識し，その基本的な在り方を検討していく必要がある。（中略）学校と塾など民間産業の関係のあるべき姿や教育行政の対応の仕方等についても，基本的な検討を行うべきである」（臨時教育審議会，1987：219-220）と明記された。そして，この答申を契機に1988年には文部省に生涯学習局が設置され，教育行政と学習塾との関係が築かれるようになった（結城，2012）。高嶋（2019）も1980年代の「教育の自由化」を掲げた臨教審以降は，学習塾への批判が社会的・政策的にも高まる一方で，学習塾を教育政策に位置づけようとする動きもまたあったことを指摘している。

さらに，1999年の生涯学習審議会の答申「生活体験・自然体験が日本の子どものの心をはぐくむ」では，過度の学習塾通いを問題視しながらも，学習塾を含む民間の教育機関をそれまでの「民間教育産業」ではなく「民間教育事業」と呼ぶようになり，「子どもたちの学校外での学習環境のひとつとして大きな役割を果たしています」（生涯学習審議会，1999：65）と評価した。その上で，「今後学校がその本来の役割をより有効に果たすとともに，学校・家庭・地域社会における教育のバランスをより良くしていくという観点から学校教育のスリム化が図られていく中で，これらの民間教育事業は学校教育とは異なる子どもたちの多様な学習ニーズに応えていくという役割が求められています」（生涯学習審議会，1999：65）と明記している。この答申を契機に，文部省は小学生を対象とした英語塾に財政支援を開始するようになり，今日まで続く様々な学校と学習塾の連携がはじまったという（結城，2012）。

今日ではとくに学校と学習塾の連携が推進され，さらに多様化している。黒石・高橋は「学校と学習塾の連携」を「①講師派遣による授業提供」「②受験生募集支援」「③教員研修および教員紹介・派遣」「④テスト提供」「⑤教材提供」「⑥コンサルテーション」に大別した。しかし，早坂（2017）が黒石・高橋による連携の分類は「「学習塾＝教育産業」として調査した点は，学校と学習塾の連携の比較的新しい形態としては不十分である」（早坂，2017：61）として，「「学習塾」という言葉が指す内容について，非営利の場合もあることを精緻に見ていく必要がある」（早坂，2017：61）と指摘するように，近年は黒石・高橋による6つの分類に当てはまらない連携も出てきている。また，冒頭で触れた佐賀県武雄市の「官民一体型学校」は，佐久間（2014b）が「学習塾が主体となり経営する私立学校や株式会社立学校とは一線を画するものである」（佐久間，2014b：24）と指摘するように，保護者や子どものニーズの多様化や行政におけるコストダウンの要請を背景に「①講師派遣による授業提供」の中にも様々な位相が出てきている。

6　教育学で「学習塾」はどのようにとらえられてきたのか

それでは，「民間教育事業者」の中でもとりわけ「学校教育と親和性の低い民間教育事業者」とされる「学習塾」について，教育学はどのようにとらえてきたのだろうか。例えば，Rohren（1980）は学習塾が受験戦争における戦略兵器であり，教育における「軍拡競争」では学習塾がますますエスカレートしていくと述べて，学習塾の存在が受験戦争に加担することで学校教育を歪めてしまうと指摘した。また Yamato & Wei（2017）は，学校と学習塾の連携は公教育に市場原理が導入されることを意味するだけでなく，公的なセクターの責任を学習塾に丸投げすることによって公教育の問題が永久に無視されてしまう可能性があることを指摘している。

これらの研究からは，学習塾が学校教育の本来的なあり方と対立関係にあるとする認識が窺えるだろう。この「本来的なあり方」の対立について，佐藤(2004)は学校が「責任」と「使命」にもとづくのに対して，学習塾は「サービス」と「営利」にもとづくと指摘し，田中(2009)も学校教育は「大人としての応答責任」を果たすために行われており，「サービスの交換責任」において行われるものではないと指摘している。つまり，学校と学習塾の対立関係の前提には，学校教育は学習塾のような「教育サービスの交換の場」ではないという認識があると考えられる。

この「教育サービスの交換性」を別の概念で表現するならば，先にみたように学校は「公共性」であり，学習塾は「私事性」であるということになるだろう。小玉(2009)も「学校」と「学校外の教育機関」の区別について次のように述べている。

> 学校以外の教育機関は，何らかの目的や必要性や興味・関心にもとづいて通う。それに対して学校は，目的や必要性がないにもかかわらず，多数の人間が一堂に集まって勉強をする場所なのである。目的や必要性がないにもかかわらず，多数の人間が一堂に集まって勉強をすることがなぜ可能なのかといえば，それは，学校が公教育の機関であるから，つまり，学校の正統性が公共性によって担保されているからである。ここに，他の教育機関にはない学校という場に固有の性格を見ることができる(小玉，2009：230)。

ここからわかるように，「学習塾」のような「学校外の教育機関」と「学校」は，その正当性が「公共性」によって担保されているかどうかによって区別されている。学校は「公共性」に由来する点で，「私事性」に由来する学習塾よりも「本来的な教育」をしていると認識されているのである。このように「学習塾」は政策における議論や教育現場の肌感覚だけでなく，教育学においても主に「学校との親和性が低い民間教育事業者」であり，「私事性」としてとらえられてきた。

7　社会教育的な観点から変容する「公共性」をとらえ返す

しかし先に述べたように，単に学校を「公共性」，そして学習塾を「私事性」としてとらえるだけでは，学校教育の「新たな担い手」としての「民間教育事業者」の登場，そして「学校と学習塾の連携」の現実を正確にとらえることができない。実際，学習塾はその「私事性」を批判される一方で，「民間教育事業者」が学校教育に参入する流れ自体には歯止めがかかっていない。そのため，「学校（公共性）―学習塾（私事性）」の「対立関係」を問い直し，従来とは違う視点からも両者の関係をとらえ直しながら学校教育の現実を把握する必要がある。

本章ではその際の視点として，「社会教育的な観点」からも学校の「公共性」をとらえることを提案したい。なぜなら次に見るように，社会教育は学校教育と性質が異なるために，民間教育事業者も社会教育のアクターの一つとして受け入れながら実践を形成してきたからである。

牧野（2018）が指摘するように，学校教育ではまず，「国家」が「学習指導要領」を定めることなどによって子どもたちに教える知識を選択している。そしてその知識は日本に住んでいれば誰にとっても共通の「学校」という空間を通して分け与えられている。そのため，子どもたちは「努力すればするほど自分の能力が上がる」という価値観に基づいて立身出世を目指しながら，「国民」へと育成されてきた。この場合，子どもが学習塾に通うこと，もしくは保護者が子どもを学習塾に通わせることは，「国家」の「学習指導要領」などによる直接のコントロールが及ばない場所で他人よりも知識を獲得する行為としてとらえられる。そのため，学校と学習塾の違いは「国家」が運営しているか，「営利企業」が運営しているかという運営主体の違いによって区別される。したがって，「公共性」と「私事性」もまた「誰が運営しているのか」によって区別されている。

一方，社会教育では学校教育のような「知識の分配」が前提に置かれていない。その代わりにその時々の「社会問題」，例えば公害問題などに基づきながら実践が創られてきた。また，学校教育とは対照的に，社会教育は「学校」のような画一的な空間ではなく，様々な空間で実践が行われ，それを通して人々は「国民」となってきた。また，社会教育では実践ごとに課題が変わり，その課題の解決方法も事前には決まっていない。したがって，課題を解決する際に「民間教育事業者」も含めた様々なアクターが関わることも，当然批判もあったが受け入れられてきた。つまり，社会教育では「公共性」と「私事性」の区別が「誰が運営しているか」だけではなく，「いかに運営されているか」よってもとらえられてきた。

そもそも「公共性」と「私事性」の境界線は，齋藤が「「公共的なもの」は，何を「個人的なもの」「私的なもの」として定義するかによって反照的に定義される」（齋藤，2000：11）と指摘するように，固定的なものではなくて流動的なものである。そのため，民間企業によって運営されている学習塾を純粋に「私事性」と定義づけることができない今日においては，この「いかに運営されているか」によって「公共性」と「私事性」をとらえることも重要である。社会教育的な観点から学校教育の実践をとらえ直すことで，例えば学習塾との連携を通して子どもにどのような変化がもたらされたのかに着目して，「公共性」や「私事性」の側面を論じていくこともできるのではないだろうか。あるいは，様々な空間を通して人々が国民になっていくという「社会教育の役割」を，学校それ自体が持つような実践としても解釈できるかもしれない。一方で，連携によって子どもと地域住民や，地域住民同士の関係が，固有の時間と空間ではなく，学校による統制的な時間と空間に回収されている可能性もある。このような新しい視点から「学校と学習塾の関係」を改めて批判的に問うこともできるだろう。

むすび

学校教育への民間企業の参入は，本章で取り上げた「学校と学習塾の連携」にとどまらず，教育の様々な分野で起きている。例えば近年の「高大接続改革」の中で英語民間試験の活用をめぐる不透明かつ錯綜した議論があったことも記憶に新しい。高大接続改革における民間企業の参入について，文科省をめぐる政治を詳細に検討した青木は，その背景に「教育の機会均等を保証する制度の維持」という選好を持っていた文教族（教育政策に影響力をもつ議員）が世代交代し，「制度改革から利益を得る」という選好を持つ文教族の登場があったことを指摘している（青木，2021：265)。このような政治的背景を踏まえると，これからも日本の教育の「公共性」と「私事性」の境界はゆらぎつづけることが予想される。今後はこの「ゆらぎ」を単純な二項対立に陥らずに「いかに運営されているか」という視点からもとらえて，教育実践に立ち現れる「公共性」を考えていくことが重要である。

（鈴木繁聡）

※本稿は，JSPS科研費21J12250の助成を受けて実施された研究の成果の一部である。

練習問題

公教育と民間教育事業者の連携事例を調べて紹介するとともに，その特質と課題について論じてみよう。

推薦図書

鈴木大裕 2016 崩壊するアメリカの公教育――日本への警告 岩波書店.

アメリカでは日本よりも一層急速に「民間教育事業者」が「新たな担い手」として学校教育に参入している。その様子をニューヨークで活動してきた著者が詳細な観察とともにまとめて問題点を指摘している。本書は学校教育の「新たな担い手」としての「民間教育事業者」の登場について，肯定的な側面だけでなく否定的な側面についても想像するきっかけを与えてくれる。

柳治男 2005 ＜学級＞の歴史学――自明視された空間を疑う 講談社.

だれにとっても身近な存在であり，なおかつ当たり前に受け入れられてきた「学級」について，「そもそも学級はなぜ存在するのか？」をはじめとする問いに基づいて，その歴史をたどりながら考察している。学校と学習塾の学級も比較されており，学習塾について考えるきっかけにもなる。

大谷尚 2019 質的研究の考え方――研究方法論からSCATによる分析まで 名古屋大学出版会.

社会教育は現場とかかわることが多く，研究も実践者へのインタビューやフィールドワークの手法をとるものが多い。質的研究の考え方について丁寧にまとめられている本書を読むことで，「たった一人へのインタビューがなぜ研究になるのか？」という疑問や，「研究参加者がインタビューの時にはそう言ったとしても，本当にそう思っていないかもしれない」という悩みにどのように向き合えばよいのかがわかる。

第3章　アソシエーションは可能か ——自治団体としてのPTAを考える——

はじめに

PTAは，戦後GHQによって導入されて以来，70年以上経過した今までも日本の保護者と学校をつなぐもっとも有効な組織として存続している。戦後教育改革の中でPTAの位置づけは，当時極度に中央集権化していた教育政策及び実践を，より分権化させ，地域住民の力でその地域の教育を展開できるようにするところにあった。それは，PTAが社会教育政策の一環として推進された理由でもあった。

戦後新しく発足したPTAは，保護者や学校関係者が社会的地位と関係なく個人の意見を自由に交換しあう場であり，民衆による教育への理解と支持を基盤として地域レベルで教育の民主化に向けて新しい教育計画や教育議論をつくり出す推進力として期待された。その活動が追求すべき最終目標は，地域社会の住民自治であり，それゆえのPT「A」，つまり「Association」であった。本章ではそのPTAの理念に関連する導入時の議論を歴史的に振り返ることによって，住民自治団体としてのPTAの意義を問い直す[(6)]。

1　戦後PTAはなぜ導入されたのか

（1）戦後教育改革の背景及び目的

第二次世界大戦終戦後，1945年からサンフランシスコ平和条約が発効した1952年までの約7年間，日本は連合国軍最高司令官総司令部（以下，GHQ）の占領下におかれることとなった。この間，各分野にわたって改革が構想されたが，教育改革もその中の一つであった。戦後教育改革の基本方針は，教育制度及び内容からナショナリズムの理念を根絶し，民主主義と平和への理念を基盤としたものに改編することであった。

GHQからみた当時の日本の教育は，天皇制を中心として強く中央集権化していた。終戦前まで日本の教育の中央集権化を支えていた重要な二つの文書は1889年の「大日本帝国憲法」（明治憲法）と1890年の「教育勅語」だった。「明治憲法」では天皇の神聖不可侵性が定められ，「教育勅語」では，日本の教育制度が天皇に対する国民の忠誠心や愛国心を涵養する手段とされていた（Nishi, 1982）。

また，文部省は『国体の本義』（1937）の編纂に取り組み，戦前の教育制度の理念を堅固にしようとしていた。ここで示している「国体の理念にもとづく民主主義」からみた西洋の民主主義は，「個人を超えた主体的な存在とせず，個人の利益保護，幸福増進の手段」であり，「奉仕という道徳的自由を忘れた謬れる自由主義や民主主義」が発生する恐れを含むものであった（文部省，1937）。このような教育理念を守ろうとする姿勢は，終戦直後まで文部省内に存続していた。1946年５月から文部大臣を努めた田中耕太郎（1946）は，「我が日本帝国が，天皇の統治したまう所であり，それが肇国のはじめからの歴史的事実であり，またそれが，将来に対する不動の根本規範であることは，日本国民の血肉となっている信念である」とし，天皇制の絶対性を主張していた。それは「我が国体に関してかかる信念を持つことを要求期待することが出来ぬ外国人に対しては，必ずしもその理論的基礎付けが必要でないとは云えない」ことでもあった（田中，1946：99-100）。ここで示す外国人はマッカーサーを筆頭とするGHQであった。

このような背景を踏まえ，戦後GHQの一部局であった民間情報教育局（以下，CI & E）は，1946年３月の第一次アメリカ教育使節団報告書を受け，「教育の分権化」を主軸とした教育の民主化政策を実行していく。それは，教育行政の分権化のみならず，「あらゆるレベルの教育を，分権化を軸に再検討する」というものであった（小川・新海，1991：9）。GHQが求めていたのは，既存の日本の国家体制や教育政策を改善することにとどまらず，「自治に対する日本人の考え方を革命的に変えること」であった（Nishi, 1982：149）。そして社会教育はその教育改革の推進策として注目されていた。つまり，教育の分権化・民主化は，「自治」に対する地域住民の実践を蓄積するための方針であり，社会教育では「民間団体の強化」，「地方分権」，「成人教育施設の設置」等に重点を置いた改革が行われた（Nelson, 1954）。

PTAは，戦後教育改革の中で，より民衆の意向を教育政策に反映していくための重要な取り組みであった「公選制教育委員会」と同様，教育の分権策であった。教育委員会は，「教育が不当な支配に服することなく，公正な民意により，地方の実情にそくした教育行政を行うために」設けられた委員会であり（文部省父母と先生の会委員会編，1949），教育委員は「民主的なPTAの経験を蓄積した地域住民から選出」されることが期待されていた（Van Staaveren, 1991：56）。CI & E（1948.7.23）の記録によると，PTAは「将来の教育委員における訓練の場」になるものと思われていた。

CI & E の成人教育担当官だったネルソン（John M. Nelson）が1946年6月に作成した教育の地方分権化に関する資料「分権化について」（Concerning Decentralization, 1946）では，中央集権への警戒及び地域分権への期待がみられる。ネルソンは，社会教育分野における活動が地方分権化に効果的であるとみた。例えば，当時すでに地域社会で行われていた活動としては，「地域社会教育センター機能としての公民館の設置」や「大学での成人教育講座提供」などが挙げられ，今後推進されるべき活動としては，「地域内で母の会とともにPTA活動の支援」が提示された。

ネルソンは，教育の地方分権化のためにもっとも先に推進すべき活動として，地域教育委員会の選出のための法的基盤を構築することであると明記し，文部省に集中している権力を分散する必要性を説いた。彼は，教員の採用や校舎の管理，地域社会の成人教育活動の監督などの機能を文部省から分離する上で，そのような機能を担当する組織は，県レベルよりもっとローカルな地域社会レベルに直接移転されるべきであると考えていた。

（2）戦後教育改革の対象になった保護者会：PTA構想の展開

戦後教育改革の初期段階で，CI & E は当時の日本の学校現場におけるPTA類似組織の実態を調査することから着手した。CI & E と文部省の調査結果（CI & E, 1946.11.25）では，「日本の学校には戦前からPTAのような団体が50年以上も存在してきたが，それに関する体系的な資料はほとんど残っておらず，学校が設立されると慣習的に父兄会や保護者会，母の会，後援会などを作ってきた」と述べている（CI & E, 1946：2）。同報告書は東京都の事例調査を通して戦前の父兄会等のほとんどが学校へ経済的支援をしていたことや一部の学校では会費を教師に賞与金として寄付していたような問題を指摘する。しかし，調査団によるインタビューでそれを認める公立学校はごくわずかであり，保護者組織の目的はあくまでも学校と地域の良好な関係づくりにあると証言した。その反面，多くの私立学校では戦争による被害を埋めるために保護者からの経済的支援は必要であることを認めた。ネルソンはこの調査報告を受け，以降の参考資料の作成や文部省との協議に挑むことになる。

戦後のPTAは，「教育の分権化」「民間団体の強化」という目標から社会教育の推進策として奨励された。1946年12月，地方当局担当官に送られた文部省普及版『社会教育通信』では，これまでの父兄会等の学校後援会的な性格を批判的にとらえ，PTAは「個人の自由な選択による加入を保障し，学校に通っている子どもの保護者以外の地域住民もPTA会員になれる」ように再編する必要があると述べている（CI & E，1946.12.17）。より多くの人がPTAに関わることによって，地域の教育活動が豊かになると考えていたからであった。

その後，CI & E と文部省は協議を重ね，PTAの手引書を制作した。1947年3月，「父母と先生の会－教育民主化への手引」が完成され，社会教育局長から各地方長官宛に送付された。その主な内容は，子どもの教育のために家庭と学校と社会が結び合う必要があるということ（第1項），PTA（父母と先生の会）は，そのような協力から民主主義教育を理解し，同時に社会を直していくための絶好の組織であるということ（第8・9項）だった。

また，これまでの保護者組織は主に学校支援にその活動が偏っていたため，PTAとしては少なくとも月一回の頻度で教育問題や社会問題を学び議論する機会を設ける必要があると説明した（第5項）。それまでの保護者会における学習の機会はほとんどなく，年一回程度の総会と校長からの要求に応じる不定期的な会議だけになっていた。

手引の「むすび」では，自主的な活動が社会全体に影響していくものとして，PTAへの期待を以下のように示している（社會教育聯合會編，1947）。

「父母と先生の会は，子供の幸福のために働き，（中略）そのためにならない悪い状態を取り除く。私たちのために社会を正しくしていく，教育的でないものを社会から取りのぞいたり，教育になることを社会へ奨励したりする力と権威がどこかになくてはならぬが，「父母と先生の会」は，まさにこのための絶好の組織であろう」(社會教育聯合會，1948：18)。

以上の内容から，戦後のPTAは，教育における分権化という大きな目標の下，民衆による教育への理解と支持を基盤として地域レベルで教育の民主化に向けて新しい教育計画や教育議論を創生する推進力となることとして期待されていたことがわかる。この議論の基盤は，地域社会の住民自治であり，それゆえアソシエーションとしてのPTAに意義があったと思われる。しかし，これが「会」と訳されているように，日本側にその意図が十分に伝わっていたかどうかは疑わしいと思われる。実際，文部省の中ではPTAと既存の保護者会の違いについて疑問を示し，「PTAはすでに存在しているのではないか。母の会とは何が違うか」について何度も繰り返し議論していた(CI & E，1946.12.5)。このような議論を踏まえ，CI & E はPTAと旧来の保護者組織の違いについてより積極的に説明する資料作成に挑むことになる。

(3) PTA組織理念の普及のために：PTA委員会の任務

1947年3月PTAの「手引」が配布されて以来，全国の学校単位で設置されていた保護者組織は，急速にPTAとして名前を変えていくことになる。1948年4月に文部省が初めて実施した全国PTA実態調査結果によると，全国で8割以上の小・中学校でPTAを設置していた(公益社団法人日本PTA全国協議会)。しかし，すでにこの時期からPTAの学校後援会的性格や非民主的運営への批判，つまり旧来の父兄会等の活動がそのままPTAに引き継がれる問題が出ていた。このような課題を受け，CI & E と文部省は，PTAの発展のために参考となる資料を作成し提供することを決める。その作業は，すでに1947年10月に文部省内に設置されていた「父母と先生の会委員会」(以下「PTA委員会」)が担当した。この委員会は保護者，教師，文部省官僚等を含む約25名で構成され，その目的はあくまでもPTAの組織及び運営に関する参考資料をつくることにあり，各PTAを直接指導することではなかった(PTA史研究会，2004)。

また，委員会の業務を支援するためにアメリカから成人教育専門家のコロン(Rose Cologne)をPTA担当顧問として招いた。コロンは，1948年7月から12月まで日本に滞在しながらPTAに関する情報を日本側の関係者に提供し，「質疑

表3-1　旧来の保護者組織と戦後PTAの比較

	PTA	後援会・父兄会・保護者会
会員資格	入会は自由意志による。 会員は平等な権利と義務をもつ。	在籍生徒の親は自動的に会員となる。会員の義務と権利は平等でない。
組織運営	教員と父母が対等の立場で協力する。	必ずしも民主的ではない。
活動の種類	児童青年のためにつくす。 父母，先生及び一般社会人に対する教育的な催しやレクリエーションを行う。	主な活動が，資金獲得または，学用品の購買である。
先生の立場	先生も父母も同様に入会し，（中略）仕事はすべて奉仕で，報酬は受けない。	先生は会に参加して一会員になることはない。父母から経済的に助けてもらう。
学校との関係	学校への経済的援助は，目的にほんの一部にすぎぬ。会員中に先生がいて，学校との関係は密接だが，学校に従属するものではない。	学校へ財政的援助をすることを目的としている団体で，学校に従属している。

（出所）　文部省父母と先生の会委員会編 1949 PTA質疑応答集 31-33 文部省.

応答集」や「参考規約」などの作成にかかわり，「PTA委員会」における作業を全体的に監修した。

「PTA委員会」の小委員会の一つである「質疑応答集作成委員会」では，当時PTAの活動における様々な課題にかかわる問題を抽出し，その解決を求めるための情報を提供することを目標としていた。それは，戦後PTAの意義を考える間もなく「GHQという外からの奨励，戦後の生活の貧困から児童少年を守ろうとする心ある父母と先生の要求，学校の財政難」という三つの要素が複合的に作用した結果，PTAの運営にかかわる様々な問題が生じたからであった（文部省父母と先生の会委員会，1949）。そして，委員会は約1年間の協議を経て1949年9月『PTA質疑応答集』を発行した。

ここで CI & E と文部省が新たに発足するPTAのあり方として説明した主な特徴は表3-1のようである。

資料で取り上げられたPTAの問題は，主に1948年5月から7月にかけて開催された社会教育研究大会で提起されたものであった。実際にPTAを運営していく中で発生する多様で具体的な問題が提示され，PTAの組織や運営方法に関わる根本的な理念が繰り返し説明されている。PTAについては，次のように記されている。

「これからの教育は，教育専門家の手にだけゆだねないで，一般国民が関心をもたなければならない。教育のことは国民が責任を分担するのである。（中略）PTAは自分の子供をかわいく思う自然な気持ちから始まって，その地域全体の子供の福祉をめざす団体である」（文部省父母と先生の会委員会，1949：38-39）。

ここでいうPTAは，戦後PTA構想において繰り返し強調されてきた，教育の分権化という目標から，住民一人ひとりが教育に関心を持ち，教育の民主化を推進する基盤となる団体として描かれている。

この内容から，PTAが参加の自由を保障し，その活動の目的はあくまでも教育に関わる団体として説明されていることがわかる。地域レベルでPTAを展開することは，PTAが一般市民の教育への関心を高める手段になり得るという期待と同時に，地域の民主化に関わる問題を内包しているものであった。

（4）地方レベルでの自立的発展に向けて

当時中央では文部省と CI & E を中心にPTA政策が出されていたが，実施に各地域での活動は主に地方軍政が管理しており，CI & E は全国各地の地方軍政関係者と頻繁に面談を行い，教育政策の趣旨を伝えていた。1947年1月ネルソンは各地方で教育活動管理に関わっていた地方軍政部を対象とした講演資料を作成する。この文書では，家庭生活と学校生活，そして子どもの共同体的生活を改善するために協力する方法を模索する必要があり，「PTAはこのような理解と協力を増進するための効果的な諮問機関である」と説明した（CI & E, 1947.1.9）。PTAへの加入は絶対的に自発性にもとづくべきであり，各PTAはそれぞれの地域で必要とするプログラムを自由に組み立てる自主的なものとして描かれている。

ここで注目したいのは，ネルソンがPTAの機能として，学校と地域社会との関係づくりに貢献できると記述していることやPTAの活動が地域社会に影響していく可能性をあげていることである。それは，「学校と地域社会の間で生じる課題の解決」のツールとしてPTAが機能することへの期待であった。例えば，「男女問わず，すべての児童に中等教育の機会を保障できるように支援」することや「男女共学及び学校制度再編に関する共通認識の拡大」,「教育民主化に対する地域社会の理解増進」「教育目的で使用する募金をする」ことなどであった（CI & E, 1947）。

また，地域社会で教育の民主化に対する理解を深めるための活動を展開するとともに学校の教師が地域社会で孤立せず住民と一緒に楽しく生活できるように関係を築くような活動も，PTAの重要な地域活動として挙げられた。つまり，CI & E は，PTAの活動を学校内の教育で完結されるものではなく，地域社会に拡大されていくようなものとして想定していた。

実際この後，各地方軍政はそれぞれの地域の状況を踏まえPTA政策を展開していく。それは，CI & E と文部省がPTAの前身となる保護者組織に対して直接対処をせずに各PTAが自立的に発展することを期待していたこととは別に，ときには地域によって強硬路線をつらぬく形として展開された。例えば，宮崎県の軍政部の教育担当局は，学校後援を第一目的とするすべての組織を1948年3月まで解散することを命じた（CI & E, 1948.2.18）。これに対し，CI & E と文部省は「現存する学校後援組織がPTAの精神により再編されるべきか，それともPTAを新たに設置するためにすべて解散されるべきかは，それに関連する地域の住民で議論すべきである」（CI & E, 1947）とし，軍政部の方針に直接指示を出さなかった。各地域のPTA活動における問題は，その地域の人により解決するべきものとして委ねていた。

以上の内容から，戦後PTA構想におけるPTAの組織理念は，教育の分権化という目標の下，保護者と教師が自発的に参加し，教育への関心を高め，教育課題を議論し，学習活動をつくっていくような，主体的で自主的な活動を基盤としていたことを明らかにした。そして，分権化の観点からみたPTAは，中央からの直接的な統制ではなく，各地域で自主的に組織されていくものとして想定されていた。しかし，地域との関係におけるPTAの実践の中でも，統制や支配の問題が生じることになる。以下では，PTAと地域の関係においてどのような課題と議論があったのか，詳しく見ていくこととする。

2 教育の分権化に向けて：PTAと地域の関係

ここからは，当時PTAをめぐる課題分析の尺度として，戦後PTA政策の意図と当時日本の地域社会の仕組みとの関係を提示してみる。なぜなら，PTAは戦後教育改革の大きな流れの中で，「教育の分権化」を実現するための方策であり，その「分権化」というのは，中央と地域との関係を再編し，地域住民の自治力を向上することであったからである。それは，地域の子どもの福祉増進や住民の学習における地域住民の責任感を向上することでもあった。中央から地域への権力移行は，教育の分権化及び民主化を達成可能とする鍵であったため，GHQはまず当時日本の地域社会が中央との関係において，また地域内の組織運営において，どのような仕組みになっていたかを理解する必要があった。本節では，占領期以前の日本の地域社会組織は，どうような特徴を持ち，またそれはPTAとの関係でどのように理解されていたのかを，当時のGHQの資料等を通して考察する。

（1）戦中・終戦直後の地域社会組織：GHQからみた日本の「コミュニティ」とは

日中戦争が起こった後，戦争が拡大していくことにつれ，国民生活の安定確保という名目の下，国民運動の地域的実践組織として，町内会，部落会等が整備された（自治大学校，1960)。その一環として1940年に日本政府は，「部落会町内会等整備要領」（昭和15年９月11日内務省訓令第17号）を発令し，「万民翼賛臣道実践の誠を効すべき国家態勢」を整えるため，町内会・部落会等を全国的に整備した。とくに，町内会の集会であった「常会」は，当時，社会教育の推進に有効なものとして活用していた地域が多かったが，この常会も国家の連絡手段としてその性格が変質していった。[(7)]当時の町内会等が果たしていた役割について，GHQは以下のように理解していた（SCAP，1949)。

「これら三つの梯隊は，住民と市町村との間に介在していた。この組織は，(一）善隣組織すなわち隣組（中略)，(二）ブロックの組織すなわち町内会及び部落会（中略)，(三）町内会の連合組織すなわち連合会（中略）の三つの縦の統合によって形成されていた。（中略）この組織は，実に巧みにつくられており，権力と支配の系統は，直接に中央政府，とくに，内務省につながっていた。住民全体に対して宣伝し，訓戒し，命令し，組織化する場合におけるこの組織の適格性及び有効性は，まさに驚異的なものであった」（SCAP，1949：262）と，GHQは当時の地域社会組織を分析し，これらの組織の影響を解体しようとした。またそれは，戦後教育改革の目標であった教育の分権化という文脈とも相通じるものであった。なぜなら，町内会等の地域住民組織を組み換え，地域と中央の関係を断絶し，地域ごとにその地域の住民による統制を実現することは，結果的に住民自治を実現することになるからであった。

強力な中央権力への集中は，社会の民主化との関係において，地域レベルでより適切に政策および実践を展開できる機能を制限するものであった。アメリカの場合，教育政策を統制する政府の中央部局はあったが，学校の業務に関しては地域の影響が強く，地域内の学校の決め事は主に地域（コミュニティ）の権限であったことも（Trainor, 1983），戦後日本の教育の分権化における方針の背景となり，日本の地域の仕組みをより地方自治に適合した形に再編する動きになったと思われる。

PTAは，教育の地方分権化を推進する重要な手段として提起され，GHQはPTAを通して地域の住民自らの自主的な参加による教育活動の創出を期待していた。一方，GHQから見た日本の「地域」の仕組みは，町内会等の組織を媒介として国家の中央集権体制に包摂されるようなものでもあった。GHQは，「政令第十五号」（1947）[(8)]により，町内会の解散を命じ，地域組織と国家権力の関係を解体しようとした。

PTA担当顧問のコロンがアメリカのPTA全国機関紙に投稿した記事では，当時日本のコミュニティにおける理解を以下のように示している。

「アメリカ人には信じ難く聞こえるが，日本語には「コミュニティ」にあたる語が無く，日本文化にはその概念がない。個々人の日本人は，自分の活動の方針を得るために東京の方を向いている。まさにPTAの機構が，日本人に近隣の人たちと考え，行動することを奨励している」（Cologne, 1949：12）。

つまり，PTAは地域社会内の住民同士が子どものことや自分たちのこと，教育活動にかかわることをともに考え，下からの自主的な実践をつくっていくためのツールとして設定されており，コロンが想定していた「コミュニティ」はそのような活動を支える基盤となるようなものであったが，その「コミュニティ」は当時の「町内会」とは区別されるものであった。

ここで読み取れる戦後PTA構想における「地域」の意味は，大きく二つに分かれる。一つは，そこに住んでいる保護者や教師，地域住民が自発的にPTAに参加し，学校教育を媒介として共通の教育課題を学習し議論する場としての地域，つまり，生活を基盤とする共同体としての地域である。もう一つは，国家と直結され行政の意向がそのまま反映されていくような地域社会組織を内包するものとしての地域である。前者はコロンが言う「コミュニティ」に近いものであり，後者は戦後当時の町内会等の組織に近いものである。戦後GHQがPTAを通して地域の民主化を図ろうとしていたことは，町内会を解散することによって中央行政との関係を解体し，分権化政策を進めようとしていたことと相通じるものがあったと思われる。

コロンがPTAの参考資料の作成に積極的に関わっていた1948年の活動記録によると，一部の人にPTAが支配され，PTAの本来の目的や機能がまだ地域住民の間で認識されていなかった実態が伺える。短期間で日本にPTAの精神が根付くことは難しく，まだ多くの住民がPTAと戦前の保護者組織との差を理解できず，あまりにも多くの時間や力を，学校を支えるために注いでいた(CI & E, 1948)。コロンはこのようなPTAの課題の解決には，長期にわたる成人教育の推進が必要だと思っていた。国や地域の有力者による統制から自由になり，学校教育を媒介として家庭や地域での生活向上を図る活動を展開する場としてPTAを発展させるためには，学校後援以外の自主的な学習活動にPTAの活動の重点を置く必要があった。

（2）PTAを通したコミュニティの再編：学校と「地域ボス」の関係

そしてCI & E が乗り越えようとした旧来の保護者組織の課題，つまり非民主的運営や学校への一方的な援助活動の裏には校長と結託し，保護者から資金を集める「地域ボス」の存在があった。「地域ボス」問題とは，一部の地域の有力者にPTAの役員が独占され，全会員の意見が意思決定に反映されず，PTAが非民主的に運営される状況を称する。つまり，「地域ボス」によりPTA

が支配される問題である。このような問題は，PTAが戦後GHQの提案によって日本に導入されたものの，それ以前から日本の地域社会で長い歴史を持つ保護者組織が定着していたことを踏まえた上で理解する必要がある。なぜなら，「地域ボス」は，戦後PTAの導入とともに突然現れたものではなく，戦前の保護者組織が主に担当していた学校後援会的活動の仕組みと結びついているからである。

旧来の保護者組織がPTAとして再編していく中で「地域ボス」問題はより明確に表面化されるようになる。1947年３月「手引」が発行された後も，PTAの組織理念や活動に対する理解不足から様々な課題が浮上した。とくに1948年４月文部省が実施した第一回目のPTA実態調査結果から，PTAの非民主的な運営の実態が明らかになった。

文部省の「PTA委員会」が1948年12月に出した「PTA参考規約」では，PTAから地域ボスの支配を排除しようとした痕跡が見られる。例えば，PTAの目的や方針，会員の資格，役員の資格及び選出等について参考となる基準を提示しつつ，役員の資格として「政令15号に該当しない者」を入れ，戦時の町内会等の長であった者をPTAの役員から排除した。つまり，「地域ボス」はPTAという団体の中で突然現れた問題ではなく，すでに地域内で町内会等の組織を通して国家の管理体制との関わりを持っていた者が，PTAまで影響することになったとみるのが適切であろう。

つまり，PTAは，地域社会レベルで子どもの教育問題を考える土台になると同時に，それが地域レベルで住民が強制的に動員されるような形にならないように注意を払わなくてはならなかった。そのような懸念は，当時一部の地域でPTAが地域組織として動員されるような実態があったという事実に起因するものであった。文部省と CI & E も，このような問題をよく知っていた。

「なるほどPTAはその地域の子供全体の幸福を願い，子供を含む社会環境をよりよくするのが目的である。そしてその努力の結果は当然その地域社会の文化を高める。こうしたことに関心をもち，協力を望む者はあえて父母と教師に限るものではない。（中略）しかし，形の上だけ間口をひろげることはむしろ危険である。あるPTAはその村民全部を会員として，あたかも戦時中の隣組のような組織をつくり，物資の配給から供米に至るまで，村のあらゆる都面に関係しようとしているものがあると聞いているが，根本の考えをはっきりしておかないと，こうした行きすぎになる可能性は十分あるのである。」と，PTAと地域との関係において生じ得る問題を指摘し，PTAはあくまでもその参加を希望する者が自由に活動する場として奨励していた（文部省父母と先生の会委員会，1949：47-48）。

（3）PTAはなぜ「学校」単位で始まったのか

PTAが最初から学校単位での組織を奨励されたことにも，教育の分権化という側面からの理由があった。ネルソンが1946年11月初めてPTAに関する提言を整理した「資料『父母教師会』」では，「まず父母教師会は各学校単位に設けられ下から盛り上がる力でつくられねばならぬ。（中略）それぞれの父母教師会は自治団体であって，その希望する計画を実施する自由を保有するものである」とPTAの性格を説明する（PTA年鑑編集委員会，1972）。ネルソンは構想初期段階からPTAが「下から」つくられる「自治団体」であることを基本としていた上で，その組織単位は各学校を想定していた。これはPTAの発祥地であるアメリカPTAの展開とは逆方向の進み方であった。[9]

このような議論の背景には，「組織の中央本部が地方単位を支配するという日本の歴史的傾向のゆえに，いかなるものであれ全国組織の設立を奨励する以前に，一つひとつの学校を中心に強固な地方単位PTAを組織することが賢明である」というネルソンの判断があった（Nelson, 1954：135）。ネルソンは地方当局が単位PTAを直接指導することを警戒し，PTAは各地域の状況に応じて保護者と教師の完全なる自由な意思により民主的に組織するべきであるという原則を，繰り返し強調した。PTAの発展の段階としては，まず学校単位での小規模で主体的に学習する基盤をつくり，それが徐々に地域と国家レベルへと展開されていくことを想定していた。当時の地域社会組織，例えば，愛国婦人会，青年団，消防団等の組織は東京に中央本部を持ち，地域の住民生活領域を管理していた。そして，このような地域社会組織は，ほとんどの場合，学校長や地域の長と連携していた（Embree, 1945）。つまり，CI & E がPTAを「学校」単位から始めようとしたことは，戦後教育改革の目標であった「教育の民主化・分権化」を実現するために，PTAの単位が地域の中にあるもっとも小さな単位の教育機関である学校とすることが適切であると判断したということである。また，学校と保護者の関係や地方と中央の関係を上意下達型からその反対型，すなわち住民自治を基盤とするボトムアップ型の運営方式に変えようとしたゆえの決断であった。CI & E は，PTAが他の地域社会組織のように中央と地域支部という関係から支配問題が発生しないように，自立的な団体として発展することを望んでいた。

そのため，CI & E は各単位PTAがその自発的参加と自主的活動の原則に基づいて定着できるまでは，連合会の結成を急ぐことに反対していた。1948年にはPTAの形式的定着は進んだものの，「ごくわずかのPTAだけが民主的に再組織され，依然として多くのPTAは建設的なプログラムを実行していない」ため，この時点で連合会を立ち上げることには，反対の意思を示した（CI & E, 1948.7.18）。連合会結成の時期尚早論に関しては，コロンも同じ立場だった。二人とも，PTAの活動がいずれは地域や全国単位として拡大されていくことが望ましいと思っていたが，それはまず外部からの圧力を受けない自立的な単位PTAの基盤を整えてからのことであった。

文部省も同じく，「真の民主的連合体は，ピラミッドのように下から積み上げるものであり，戦時中の統制的連合体とは根本的に異なる」と，単位PTAが強固なものになっていない状態での連合会結成に否定的であった（文部省父母と先生の会委員会，1949：78）。ここでいう「統制的連合体」とは，中央本部の指令によって下部組織が設置され，単位組織が中央本部に支配されるようなものを意味する。文部省がいう，「ピラミッド」型の連合体は，まず各単位PTAがそれぞれの個性と強い自主力を持っている時に実現できるものであった。

つまり，教育の分権化の推進策としてPTAが提案され，またその活動が「大きな力となって教育の振興に，さらには社会改良運動に貢献できる」ものとして想定されていたことは（PTA年鑑編集委員会，1972：81），PTAが国や地域行政に統制されない団体となり，さらには保護者と教師が平等な立場から議論できる場になる必要性を提起することであった。国や地方当局の統制からの自由を保障し，民主的運営を基盤として地域内で組織を発展していくことは，戦後のPTAが「学校の後援組織として後退するか，それとも教育に関する地域の責任と主体性を向上していく団体として発展するかという岐路に立っている」(Van Staaveren, 1949：165-166）という意味では，PTA構想における重要な課題であった。

3 自治団体としてのPTAを問い直す

戦後GHQは学校後援中心になっていた保護者組織を，より民主的にすべての参加者が教育における議論をするPTAとして再編することを通して，どのような成果を期待していたのか。それは，民衆による地域運営の実現，つまり，中央に統制されていた地域組織が，自主的に地域のことを考えて運営することを可能とする仕組みを構築することであった。今やPTAは子どもが学校に入ると保護者も自動的にPTAに加入し，学校の行事や活動を手伝う組織，つまり学校の支えるための活動を主な仕事とする団体というイメージが定着しているが，およそ70年前にPTAが日本に導入されたときから重要視されていたのは，一方的かつ受動的な「学校後援」的機能から脱皮し，教育問題を一部の人だけのものにせず，教育に関心のあるすべての保護者や地域住民，そして教師が平等な立場から学習することであった。また，そのような活動は個人の自由な参加をベースとした上で，ボトムアップ型の教育世論を創出すること，つまり「教育の分権化」を目標とするものであった。言い換えれば，自分が住んでいる地域の教育問題は，他の誰でもなく自分のこととして考える訓練を重ねる場としてPTAが提供され，それが住民の自律的な学習活動の場として機能することが期待されていたといえよう。

既存の保護者組織が担っていた「学校後援」的機能を，より地域と学校が平等な立場から学習し，保護者が子どもの教育に関して声を上げることができるような仕組みに変えていく方法がPTAであったといえる。またそのような仕組みへの転換は，個人の自由な参加を基盤としながら他の団体や行政組織に統制されない「草の根」からの発展を意味するものであった。

このようなPTAの性格は，当時，PTAと同じく社会教育政策の一環として展開された「公民館」の機能からも読み取れる。いわゆる「寺中構想」とも呼ばれる初期の公民館構想では，戦後の日本を民主国家として再建するための原動力として公民館を設定していた。当時の文部省社会教育課長だった寺中作雄

(1946) は，公民館を「社会教育機関であり，社会娯楽機関であり，自治振興機関であり，青年養成機関であり」，「それらの職能の綜合された町村振興の中心機関」であると説明した。また，当時公民館構想に積極的に関わっていたGHQの社会教育担当官であったネルソン（John M. Nelson, 1954）による公民館構想では，公民館の特徴を大きく1）民主的方法で個人が訓練する場，2）地域活動の拠点，3）社会教育の地方分権化の手段とされている。ここでは戦前の日本の地域社会が持っていた学校を中心とした求心力への懸念または国家により「上から」管理されていた地域社会の仕組みを「下から」の構造に変革させようとしたGHQの意図が読み取れる。

戦後PTA構想からみられる組織理念は，保護者と教師の自由な参加を基盤とし，国や他の団体に支配されない自立的団体として，教育への関心を高め，自ら主体的に教育課題を議論し学習活動を展開するような，下から発展する「自治団体」であった。その組織理念は，戦後教育の民主化及び分権化という目標を背景として構想され，CI & E と文部省の主導で全国の学校単位で展開された。PTAへの期待は，政府の統制により中央集権化されていた教育制度及び実践を，分権化するものとして推進された。そこから創出されるPTAの活動は，市民が教育への関心を持ち，自ら教育課題を学習し解決していくような，アソシエーション的な活動を内包するものとして想定されていた。

CI & E の意図としては，PTAを学校単位で組織することが，中央や地方当局との関係で指導や統制から自由になって発展できる条件になると考えられていた。しかし，すでに学校を中心に後援団体として機能していた多くの保護者組織が，戦後一気にPTAとして再編することは容易でなかった。また，そのような学校後援活動の裏には「地域ボス」の存在があり，学校と地域の関係，または学校と保護者の関係を平等で民主的な関係として再構築できる余地を与えない要因となっていた。そのため，CI & EはPTA発足の初期段階から「地域ボス」の影響から自由になれるような措置を工夫し，PTAの会員資格や役員選出の方法を変えようとした。

むすび

戦後の教育改革，とくに社会教育において重要な課題は，政府や他の団体に支配されない自主的な成人教育団体を発展させることであった。PTAは，教育の分権化という目標から，保護者と教師が自発的に参加し，教育に関する共通の課題について議論できる経験を得る場として奨励された。それは，教育の民主化を実現するための手段であり，CI & E はまず単位PTAの活動を強固にした上で，それが徐々に地域と全国レベルまでボトムアップ型で発展することを期待していた。

最後に，本章で考察したPTAの理念を踏まえ，今後の課題として，その活動から生まれる「自治」がどのように実践されていったのかをより具体的に検討する必要がある。各地域で進められた自主的なPTA研究活動，例えば，戦後GHQ占領期における地方軍政部毎の具体例等を検討することによって，より現実の教育課題に沿った当時のPTAの姿を読み取ることにつながることとなる。そのことがまた，改めて今日のPTAのあり方を問い返すことにつながるものと思われる。

（金　亨善）

※本稿は，「戦後GHQ占領期におけるPTAと地域の関係——教育の分権化の観点から」『東京大学大学院教育学研究科紀要』2021，第60巻に加筆・修正したものである。

練習問題

戦後GHQによって導入されたPTAは，既存の保護者組織と，その組織理念や活動内容においてどのような違いがあったのか？

推薦図書

PTA史研究会（編）2004 日本PTA史　日本図書センター．

戦後初期から80年代までのPTAの原理，歴史，事例とともに膨大な行政資料や関連書籍の情報を提供している。特に第1章では戦後PTAが新しく日本に定着し始めたその経緯について詳しく分析しており，後半の資料編では戦後初期の社会教育局のPTA関連資料，占領軍の英語および邦訳史料を豊富に載せている。

ネルソン，J.M. 新海英行（監訳）1990 占領期日本の社会教育改革　大空社．

戦後GHQ占領期，日本の教育改革にかかわったネルソン（GHQ・CI&E成人教育担当官）が，帰国後アメリカのカンザス大学で執筆した博士論文“The Adult Education Program in Occupied Japan 1946～1950”の翻訳書である。当時，ネルソンは日本の社会教育についてどのように分析しており，新しい教育の一環として推進した様々な社会教育関連施策にはどのような背景や経緯があったのかについて書いた貴重な資料である。

第Ⅱ部

「自治」をあらたにする

第4章　社会教育施設と自治の創造

はじめに

第二次大戦以後，社会教育法体系の中で整備されてきた公民館，図書館，博物館を中心とする社会教育施設の体系は，現在変化の途上にある。社会教育施設の歴史と，矛盾も内包する理念を概観し，とくにコロナ禍により顕在化した「集まること」の意味に注目しながら今後の施設のあり方を展望してみたい。ただし，紹介する各施設の活動は，コロナ以前の状況を基本にしている。

1　第二次大戦後の社会教育施設

第二次大戦後の教育改革において，占領軍は図書館を中心とした成人教育計画を構想していたが，日本の文部省が示したのは，総合的な機能を期待された多目的施設である公民館を中心とした社会教育の展開であった（根本，2011）[(10)]。よく知られているように，公民館は当時の文部官僚寺中作雄らを中心に構想された。新憲法制定，教育基本法制定以前の1946年７月，文部次官通牒「公民館の設置運営について」によって全国的な設置が奨励された。

その後，社会教育法（1949年）によって，公民館は詳細な規定がなされ，図書館及び博物館も社会教育のための機関とされた。そして1950年に図書館法，1951年に博物館法の制定がなされ，公民館，図書館，博物館を中心とした社会教育施設の体系が確立した。

なお，この３種の施設を中心とすることがもともと計画されていたわけではない。1947年制定の教育基本法は，社会教育を規定した第７条２項で「国及び地方公共団体は，図書館，博物館，公民館等の施設の設置，学校の施設の利用その他適当な方法によつて，教育の目的の実現に努めなければならない」と定めたが，それ以前の法案では「工場，事業場その他勤労の場においてなされる教育の施設は，国及び公共団体によつて奨励さるべきであること。新聞，出版，放送，映画，演劇，音楽その他の文化施設は教育的考慮の下になされることが望まれること。」とされていた（教育基本法要綱案，1946年11月29日）（新藤，2018a）。このように，当初は民間主体も含めた広い意味で「文化施設」の整備が構想され，「施設」の意味は物的営造物だけではなく「事業」に近い意味としても用いられていた。それが，成案に至るまでに範囲が狭まっていった経緯は，小林文人によれば，①公権力が社会教育の主体であることが否定されたこと，②家庭教育が広義の社会教育の中に含められたこと，③「勤労の場」における教育の奨励が消極的に成案化されたことならび，④文化活動に関する規定が社会教育の条項から切り落とされ削除されたこと，⑤「施し設ける」教化活動の意味における施設概念が整理され，物的営造物の意味を基本として含む施設概念が明確化されたとされている（小林，1974）。

こうして制度設計された社会教育施設であるが，1970年代以降は，施設整備や専門分化の進展，さらには所轄行政の多様化などから，個別の施設にしぼった議論が強くなり，総合的な検討がなされることは少なくなってきている[11]。

2　各施設の現在とその理念

社会教育施設の現在の整備状況を，３年ごとに実施されている「社会教育調査」をもとに検討してみよう（**表４-１**）。

2021年時点で平成30年度が最新の数値だが，全体として施設数は平成17年度をピークに減少に転じている。平成の自治体合併，施設老朽化等に伴い閉館となる施設がみられはじめているといえる。公民館，図書館，博物館に注目してみると，図書館と博物館は漸増しているが，公民館は減少が著しい。

また，高度成長期からバブル経済期に多数建設された施設の建て替え，自治体合併による施設の統合や複合化，その際の既存の建造物の活用などをどう進めていくかといった課題もある。

そして，2018年の文部科学省設置法改正に伴い，博物館の所管は文化庁に移ることとなった。博物館は引き続き社会教育法体系の中に残るものの，今後，戦後社会教育施設の制度がどう変わっていくか，注視が必要である（小林・河島・土屋，2020）。

表４－１　種類別施設数（2018年10月１日現在）

区　分	合　計	公民館（類似施設含む）	図書館（同種施設含む）	博物館	博物館類似施設	青少年教育施設	女性教育施設	社会体育施設	民間体育施設	劇場，音楽堂等	生涯学習センター
平成14年度	94,392	18,819	2,742	1,120	4,243	1,305	196	47,321	16,814	1,832	…
17	94,998	18,182	2,979	1,196	4,418	1,320	183	48,055	16,780	1,885	…
20	94,540	16,566	3,165	1,248	4,527	1,129	380	47,925	17,323	1,893	384
23	91,221	15,399	3,274	1,262	4,485	1,048	375	47,571	15,532	1,866	409
27	89,993	14,841	3,331	1,256	4,434	941	367	47,536	14,987	1,851	449
30	90,311	14,281	3,360	1,286	4,452	891	358	46,981	16,397	1,827	478

（注）1．平成20年度調査より都道府県・市町村首長部局所管の図書館同種施設，独立行政法人及び都道府県・市町村首長部局所管の青少年教育施設及び女性教育施設を調査対象に追加している。（以下の表において同じ）
　　　2．下線の部分は，調査実施以来過去最高を示す。（以下の表において同じ）
（出所）　文部科学省（2020b），筆者により一部簡略化

このほか，本稿ではふれないが，青少年教育施設，女性教育施設，社会体育施設，社会体育施設等があり，それらの存在も無視できない。

（１）公民館

既述の通り，町村の多目的文化施設として構想された公民館は，1949年の社会教育法によって，「市町村その他一定区域内の住民のために，実際生活に即する教育，学術及び文化に関する各種の事業を行い，もつて住民の教養の向上，健康の増進，情操の純化を図り，生活文化の振興，社会福祉の増進に寄与すること」（社会教育法第20条）を目的に，教育行政が管理運営する教育・学習のための施設として位置づけられた。その過程で，当初の多目的性が薄れていったともいえる。

その後，施設整備が進み，1970年代には後述するように都市化の中での市民の学習・文化活動としての位置づけがなされていった。この時代に公民館のあり方を規定した「三多摩テーゼ」と呼ばれる文書がある（東京都教育庁社会教育部「新しい公民館像をめざして」1974年）。ここで公民館は，①たまり場，②地域活動の拠点，③大学，④文化創造の広場という４つの機能があるとされ，また公民館運営の原則として①自由と均等の原則，②無料の原則，③学習機関としての独自性，④職員必置，⑤地域配置，⑥豊かな施設整備，⑦住民参加，という７点が提起された。この議論は，後に様々な議論を呼びながらも（鈴木，

2002)，都市部における公民館のあり方を規定するものとして影響力を持ち続けている。

その後，「生涯学習」が喧伝されるなかで，地域の学習拠点としての役割を果たしてきた一方，新自由主義の潮流や教育行政の再編の中で，教育施設としての独自性をどう保つかという問題が，1980年代以降現代に至るまで続く。

さらに，とくに2010年代以降は，地域の自治の拠点として，再び終戦直後の寺中構想や，その後の自治公民館をめぐる議論への注目が集まっている（牧野，2018a）。

公民館は，地域ごとの多様性が非常に高い施設である。都市部では，講座やイベントを中心とした学習・教養施設としての意味合いが大きい一方で，地方においては，集落行事や祭礼の場所としても用いられており，その性格を一様に語るのは難しい。しかしその多様性が魅力でもあり，歴史的蓄積を振り返りながら現代の地域社会の活力にしていく実践が各地で重ねられている（「月刊社会教育」編集委員会，2005；牧野，2019a）。

一方，政治的な問題をどう扱うか，という部分は，公民館が当初から抱え，曖昧にし続けてきた部分である。2014年に埼玉県で起きた，憲法９条を詠んだ俳句が公民館報に掲載されなかったことを発端に起きた訴訟において，その問題は顕在化した（佐藤，2018；九条俳句不掲載事件市民検証委員会，2021）。公民館を問わず社会教育施設において，論議を呼ぶことを危惧して政治的な問題を扱うことを避ける傾向があることは，否定はできないだろう。

（2）図書館

図書館は，「図書，記録その他必要な資料を収集し，整理し，保存して，一般公衆の利用に供し，その教養，調査研究，レクリエーション等に資すること」（図書館法第２条）を目的とする施設で，アメリカからその制度の多くを輸入している。性格も歴史的な変容をみせており，読書や勉強のための静かな場所から，高度成長期以降の貸し出しを中心とした機能，そして近年では，電子化の中でも場所としての意味が注目され，文化交流の場としての機能を重視した図書館づくりが現在の潮流となっている（根本，2011）。また，日本図書館協会による図書館の自由に関する宣言（1954年），「市民の図書館」の理念（1970

年）など，市民の学習，表現の自由を守り育むための議論は，公民館以上に積み重ねられてきたものがある。

図書館の理念は当然一枚岩ではない。近年ではいわゆる「ツタヤ図書館」をめぐる公共図書館の性格に関する論争がある。また，前述の通り交流やコミュニケーションといった機能が重視される一方で，従来の静かに本を読み，借り，勉強するといった機能とどう折り合いをつけていくか，といった問題もある。こうしたイメージや議論が折り重なりながら，図書館は現在も魅力的な知の空間として人々をひきつけてやまない。

コロナ以後は，資料の受け取りや返却を郵便局でできるようにするといった努力もされながら，情報へのアクセスを促進する試みが続けられている。また，図書館に行けなくても，オンライン上で図書館や自室の机上映像を配信しながら一緒に勉強する，という“Study with me”と呼ばれる活動が世界的に広がっている。以前からあるものだが，コロナ以降はさらに活性化している。個人学習やオンラインであっても，誰かと一緒に学ぶことにより得られる心地よさや適度な緊張感は，後述する公民館での「落ち着き」にも共通するものがある。学習における空間，他者の存在の意味を考えさせられる。

一つの例として，長野県小布施町図書館を挙げたい。「まちとしょテラソ」の愛称がつく現在の図書館は，2009年に開館した。以前は町役場の中にあり使いにくかったものを，「図書館のあり方検討会」を設置して自治会との懇談会など丁寧な準備を重ね，開館に至った。

古屋誠章の設計による平屋の建物は，書棚は丈の低いものに抑え，天井の空間が広々としている。閲覧スペースは飲食可とされ，学生の勉強はもちろんのこと，来館者のおしゃべりも遠慮なくすることができる。町内各所に本棚を設置する「まちじゅう図書館」や，町内の古地図や文書，文化財等のデジタルアーカイブなども進め，人口約１万人の小さな町の知の拠点，気軽に立ち寄れる空間として，柔軟な活動を展開している。

（3）博物館(12)

博物館は，「歴史，芸術，民俗，産業，自然科学等に関する資料を収集し，保管（育成を含む）し，展示して教育的配慮の下に一般公衆の利用に供し，その教養，調査研究，レクリエーション等に資するために必要な事業を行い，あわせてこれらの資料に関する調査研究をすること」（博物館法第2条より）を目的とする施設である。

博物館は諸物の保存と継承に関わる性格から，文化の「古典」や「正しさ」を形作ってきた社会的機関でもある。そのため，何らかの権威性をまとわざるをえない。古くは宗教的政治的権威，その後も王侯貴族や近代国家など，その時々の権威が付与されてきた。

それに対して，博物館をひらかれたものにして敷居を下げ，美の殿堂から市民のフォーラムへ，といった博物館論が，20世紀初頭，デューイや前衛芸術家らの議論などにすでにみられる。そして1970年代以降は，市場原理やポストモダンの思潮などの世界的な大きなうねりのなかで様々な角度から問い直しを受け，博物館を市民のために開かれた場所にしていくことがさらに求められるようになってきた。日本では，伊藤寿朗の諸論がその代表といえる（伊藤，1991，1993）。

一方で，博物館を「ひらく」ことのみをめざすあまり，商業主義への過度な接近や教育プログラムばかりの展開など，従来からの博物館の機能が見えにくくなっている面も否定できない。植民地主義との関係も未だ根深く，2019年の国際博物館会議（ICOM）京都大会でも，国際的な博物館の定義の改訂をめぐり途上国などから批判が上がり，2021年現在も検討が続けられている（松田，2020）。

博物館は，まとわざるをえない権威へのたえざる自己反省もモティベーションとしながら，これからもひらかれた空間をめざす活動を続けることだろう。歴史的にも多様な理念が折り重なる博物館は，時代の変化とともに，その存立基盤を確立すべく柔軟にその姿を変え続けている。この多様性，歴史性，可塑性，学際性こそが，博物館の魅力であるといえる。現在でも，世界各地で市民の学びの場としての実践が重ねられている。日本では2019年にあいちトリエンナーレをめぐる炎上騒動が起き，博物館が社会問題に踏み込むことは公民館同様萎縮傾向がみられる。しかし，海外の博物館ではときに議論もいとわずに論争的な主題を取り上げ，政治的な議論を喚起する取り組みが多数なされている（Clover, Sanford, Bell ほか，2016）。

博物館は「新しさ」だけに関わる場所ではなく，単に「未来」だけを志向する場所でもない。モノを媒介にして，過去と現在と未来の文脈をたえずつくりだし，そのプロセスに人々が参加していくことを励ます場所である。

一例として，岐阜県美濃加茂市民ミュージアムに注目する。同館は，博学連携と呼ばれる博物館と学校の連携を，2000年の開館以前の構想段階から計画を練り，現在でも地道に続けている。市内小中学校の年間指導計画に博物館の活用が位置づけられ，博物館学芸員だけでなく，学習係，ボランティア，そして教員も参画して，プログラムがつくられる。市内小学生は年に１回は必ず来館し，年間約１万人の子どもが博物館を訪れる。各学校は，課外活動でなく教科学習として博物館を活用する。学校活用プログラムは緻密に練られ，『みのかも文化の森 活用の手引き・活用実践集』という冊子にもまとめられる。プログラムにはボランティアも参加し，平易な言葉で子どもに語りかけ，子どものつぶやきも大切にして進められる。自分たちが育てた米で五平餅をつくるというプログラムでは，館内にある民家を移築した生活体験館のかまどでご飯を炊き，炊きあがったいい匂いの湯気に歓声があがる。ごまだれをつくるにあたり，すり鉢とすりこぎでごまをすった後，それら生活用具の展示や，使い方の映像をみることで，自身の経験と展示情報がつながる。この順番を逆にすると，おそらく映像資料が目にとまることは少ないだろう。このように，子どもを目の前の展示や地域の歴史，自然の不思議に関心を投げかける工夫が随所になされている。終了後は職員が毎回振り返りながら，よりよいプログラムづくりを続けている。

（４）公共ホール

公民館，図書館，博物館と比べ，制度設計が大幅に遅れたのが公共ホールである。

施設そのものは，高度成長，バブル経済期を通じて大型の公共ホールが建設された。呼称は公会堂，市民会館，文化会館，劇場等多様である。ここでは芸術鑑賞だけでなく集会機能などの多目的性に注目して公共ホールと呼ぶが，市民の文化芸術の鑑賞や創造，様々な集会といった社会教育・生涯学習の重要な活動拠点といえる。しかし，長らく公民館，図書館，博物館のような専門施設としての法的基盤をもたず，地方自治法にいう「公の施設」としての規定にとどまり，社会教育主事，司書や学芸員のような専門性をもつ職員が配置されることもなかった。第二次大戦中の文化統制への反省から，戦後長らく政府が文化に介入することが忌避されてきたことなどがその背景にはある（小林，2004）。

それが1970年代以降の文化行政の進展を経て，1990年代以降，文化芸術振興がさけばれ，2001年に文化芸術振興法が制定（2017年に文化芸術基本法に改正），そして2013年にようやく「劇場，音楽堂等の活性化に関する法律」（劇場法）が成立をみた。同法第２条で「文化芸術に関する活動を行うための施設及びその施設の運営に係る人的体制により構成されるもののうち，その有する創意と知見をもって実演芸術の公演を企画し，又は行うこと等により，これを一般公衆に鑑賞させること」が目的とされている。

近年は以前ほどは聞かれなくなったが，日本の公共ホールへの批判として，「箱物行政」「多目的は無目的」というレトリックがある。施設は立派だが中身がない，様々な催しに対応するため施機能も専門性に乏しい。欧米の劇場はそれに比べ専門性が高く，専属の楽団や劇団等を持ち，質の高い文化に触れられるが，日本は貸館主体で文化が育たない，といった素朴な東西比較文化論でもある。

これに対して建築学者の清水裕之は，こうした日本の特徴を，多様な活動に開かれた「オープンシステム」として積極的にとらえる（清水，1999）。さらに，歴史的にも多目的施設として形成されてきたことは，多様な催事を通して地域の歴史が積み重なる空間としても機能する，という側面もある（新藤，2018b）。いいかえれば，箱物だから自由に様々な文化を育むことができる，ということである。

日本の公共ホールで代表格の一つといえるのが，東京都千代田区日比谷公園内に位置する日比谷公会堂である。大正後期，東京市長後藤新平による，市政調査機関と市民の自治意識を涵養する機関の構想に端を発し，そこに共鳴した安田善次郎が多額の寄附を行うことで1929年に開館した。約2,700席の巨大な公会堂では，以後，様々な音楽演奏会や文化的な催事，政治集会が戦前戦後を通じて数多く開かれ，東京文化会館（1961年開館）など都内により近代的な音楽ホールができるまで，市民が文化と政治に触れる，都市の中枢，日本の中枢的な拠点となった（新藤, 2014）。

公共ホールには文書管理の原則があるわけではなく，催事終了後には資料を破棄してしまう場合も少なくないが，日比谷公会堂では開館以来の資料を丁寧に保存している。それを用いてホール内に過去のチラシ等を展示する「アーカイブカフェ」を開設したり，同様に長い歴史を有する大阪市中央公会堂（1918年開館），名古屋市公会堂（1930年）とともに「“３大公会堂”シンポジウム」を2017年に開催するなど，歴史的資源という強みを活かした意欲的な試みを続けている（2021年現在は耐震改修のため長期休館中）。

3　集まることの意味

社会教育施設の機能の根幹の一つに，集まることがある。むろん個人的な学習，展示や芸術の鑑賞などもあるが，人ともの，情報との出会いも含めれば，集まることは学習の基盤をなすといえるだろう。

東京都の北部，多摩地域に位置する西東京市は，平成の大合併で保谷市と田無市が合併して2001年に誕生した。人口20万人余りの市内に６館の公民館があり（柳沢，田無，芝久保，谷戸，ひばりが丘，保谷駅前），都市の中の集いの場として活発に利用されている。ほぼ毎月の公民館運営審議会での議論も形式的なものではなく，事業の企画立案から振り返りまで，職員と，市民から選出された委員が率直に語り合っている。

筆者は東日本大震災直後の2011年度から４年間公民館運営審議会委員として，またその後も折に触れて学習会等で関わりを続ける中で，同市公民館の魅力として，以下の点を考えてきた。第一に，集いの場としての役割である。子育てや介護，災害等，身辺の生活課題が顕在化したとき，個人や家族，またオンライン上のコミュニティでは解決しがたい部分で公民館は強みを発揮する。

第二に，地域が見え，生活実感を持てる場所である。とくに都市部においては，地域のつながりは見えにくく，学生や仕事をもつ世代には地域というものは可視化されにくい。しかし，公民館を訪ねることで，その地に暮らす人々の顔が見え，その地域に住んでいるという生活実感を持つことができる。

第三に，学び合う仲間の存在がある。もちろん個別のサークル活動で使うといった場合も多くあろうが，個人や所属団体の活動を超えて，横につながることが可能になる空間である。

第四に，そういった活動のための空間の存在も大きい。西東京市の公民館はロビーのにぎわいが豊かで（コロナ以前のことだが），日中は高齢者，夕方には学校帰りの子どもたちも加わり賑わいを見せる。こうした多世代交流が起きていくためには，オンライン上のプラットホームも当然重要だが，やはり限界があり，居心地の良い物理的な空間をつくることが重要になってくる。

第五に，施設を支える職員の力量が重要となる。当然単なる窓口対応だけではなく，市民との対話，事業の企画立案，施設の管理運営など，公民館職員の業務は多様に広がる。さらにコロナ以降，職員の負担は倍になったという。多忙な中で何を大事にしていくか，研修や人事制度の改善も含めた課題がある。

これらの指摘は特段新しいものではないだろう。しかし，技術革新はあったとしても学習という営みの根幹は変わることはない。この古くて新しい課題に社会教育施設はどうこたえていくか，常に問うていくことが求められる。

西東京市内6公民館のうちの一つ，ひばりが丘公民館は，ひばりが丘団地に隣接する都営住宅の一画に1990年に開館した。この時代の公民館には珍しく，保育室が設置されている。公民館保育室は，母親たちが学ぶことを公的に保障するという目的のもとに1970年代に広がった実践であるが，同館でも丁寧な議論の積み重ねを経て実現に至った。都市部の公民館としては珍しく，住民同士，また住民と職員の距離も近く，さらに職員の行き届いた配慮から施設清掃管理も丁寧に行われている，と利用者の評価も高い。文化団体の活動も活発で，毎年の文化祭も工夫しながら手づくりで行われている。

4　集まれない今

しかし，この活動の根幹にある「集まること」に衝撃を与えたのが，2020年に発生した新型コロナウイルス感染症である。これにより，施設に来ることはおろか，集まること自体が困難になってしまった。

雑誌『月刊社会教育』（旬報社刊）では，「新型コロナウイルス感染症関連情報」として，コロナ関連の各地の取り組みや論稿を紹介している（表4-2）。

これをみると，オンラインでの講座や展示情報を配信する活動もある一方，この時代だからこそこれまで行ってきたことの意味を噛み締め，再確認するような内容が多く見られる。

最初の緊急事態宣言下である2020年４月，仙台市社会学級研究会会長の菅野澄枝はこう綴った。

「私って不要不急（な存在）なんだ」。新型コロナウイルス感染拡大防止に関する対応が強化され，公共施設に集えなくなるにつれ，耳にすることが多くなった言葉である。私はこう答える。

「長年，地道な努力を続け，積み重ねてきた学びや地域のつながりは，生きていくのに必要不可欠。あなたみたいな人がいなかったら，社会は成り立っていません」。

仙台市社会学級研究会は，仙台市が1949年（昭和24年）に設置した社会学級の学びを学級生の立場からサポートする役割を持つ。110を超える小学校と特別支援学校の社会学級をつなぎ，学習に取り組んで来た。社会学級は市からの委託を受け，学級生自らが企画・運営し，地域や小学校に学びを還元している。地域に根差した活動が展開され，親子二代に渡って社会学級に携わる方もいる。

東日本大震災を経て，つながる力，地域コミュニティは重要性を増し，私たちの学習内容にも広がりが見える。（中略）そんな中，学びの場に危機的状況が訪れた。私たちは時間的，経済的に豊かだから活動してきたのではない。学級生の多くが仕事や子育て，介護，家事，地域活動等と学びを両立させている。そうやってがんばれるモチベーションの一つに，学習成果の記録，発表がある。学び直しの時間が実践へのヒントを産み，お互いを励まし鼓舞する機会をもたらす。年度末のこの騒動は，そんな贅沢ともいえない，学びたい，分かち合いたい気持ちに石を投げた。（中略）

本当に大切なことは促成栽培されない。培った学びの中に，情報収集の手法，判断力，冷静な行動，発信するコミュニティがある。人の命と尊厳を守るために，一人でいても，それらを活用する時が今なのだと思う（菅野，2020：65）

表4－2 『月刊社会教育』（旬報社）掲載のコロナ関連の実践報告（抜粋）

•新型コロナウイルス感染拡大に関する自然等への影響調査（加藤超大・公益社団法人日本環境教育フォーラム） •新型コロナ感染が広がる地域で外国人の生活を支える（石井ナナエ・NPO法人ふじみの国際交流センター） •“不要不急”に学びを思う（菅野澄枝・仙台市社会学級研究会） •今こそ，想像性と創造性を！（森本真也子・NPO法人子どもと文化全国フォーラム） •コロナ禍における障害者の生活と社会教育の模索（井口啓太郎・文科省障害者学習支援推進室） •感染拡大防止対策と揺れる学童保育（千葉智生・全国学童保育連絡協議会） •映画文化の灯を守りたい（竹石研二・認定NPO法人市民シアター・エフ「深谷シネマ」） •コロナ禍で，メディアを通じて学ぶこと（永田浩三・武蔵大学，元NHKプロデューサー） •日野社会教育センターのZoomオンライン講座の取り組み（山本江里子・日野社会教育センター） •コロナ渦から考える住民の学習（松下拡・元長野県松川町社会教育主事） •コロナ渦でもできることを―地域に広がる「子どもの居場所」（斉藤友歌里・一般社団法人全国職支援活動協力会） •コロナ下の公民館―全国の現場とつながり，動向をとらえる，いくつかの取り組みから（内田光俊・岡山市公民館振興室，岡幸江・九州大学） •住民の学びを止めないために「検証」を（大林清司・北見市教育委員会） •新型コロナウイルス感染症と文化芸術―音楽文化の観点から（戸ノ下達也・洋楽文化史研究会） •新型コロナウイルス感染症に「図書館」はどうしなやかに対応したか―saveMLAKによる全国図書館の動向調査レポート（呉服淳二郎・奈良市教育委員会他） •「COVID-19対応に伴う社会教育職員の雇用・勤務状況への影響に関するアンケート調査」の実施と結果の概要（荒井容子・法政大学） •コロナ禍と戦後75年の「原爆の図」読解―丸木美術館からの発信（岡村幸宣・原爆の図丸木美術館）	•新型コロナウイルス禍における地域のスポーツ施設，クラブ（堀松英紀・堀松スポーツ行政研究所，元羽村市市社会体育主事） •オンラインツールを使った不登校・ひきこもりの居場所支援への模索（櫻井裕子・奈良教育大学） •届けたいユースの声を（片岡一樹・尼崎市立ユース交流センター） •コロナ禍におけるアジアのノンフォーマル教育（大橋知穂・元JICA） •コロナ禍での夏休み体験学習の実施（谷郷揚子・滋賀県大津市立大石公民館） •新型コロナウイルス感染症のアマチュアオーケストラへの影響（胡子裕道・地域文化研究会） •コロナ禍のもとITでのつながり―食・農・健康を守る学習実践（山崎万里・家庭栄養研究会（月刊『食べもの通信』）） •コロナ禍でつながり学び合う子ども・大学生・公民館職員（生島美和・弘前大学／帝京大学） •コロナ禍　再開する公民館活動―奈良市の実践事例から（山田龍太郎・公益財団法人奈良市生涯学習財団登美ヶ丘南公民館） •コロナ禍のなかでのプレ地域運動会―ゼロからのスタート（文屋典子・東京都三鷹市四地区むらさき運動会実行委員会） •「地域に埋め込まれた自然学校」宝の山ふれあいの里ネイチャーセンター（高田研・都留文科大学，佐藤洋・都留市産業振興課（学芸員）） •コロナ禍で見出す里山管理の重要性（牛込佐江子・トトロのふるさと基金） •自然×地域×暮らしの「学び」を今こそ（辻英之・NPO法人グリーンウッド自然体験教育センター） •コロナ禍での公害資料館の模索―倉敷市水島の事例から（藤原園子・公益財団法人水島地域環境再生財団） •総視聴回数40000回！市民講師と一緒に作ったYouTube配信講座（高野名雄介・札幌市生涯学習センター）

（出所）　月刊社会教育 旬報社　64(7)-65(6)（2020年7月号～2021年6月号）よりコロナ関連の実践報告関係記事を抜粋。このほか，コロナ特集，関連学協会や文科省の声明，在宅学習支援情報，公民館および職員の動向調査，ユネスコ文書の紹介，研究者の論稿やインタビュー，対談，年表等がある。

また，2020年12月21日，東京都昭島市で公民館利用者連絡会の学習会「新しい生活様式と公民館の役割」の議論に注目してみたい。

1982年に開館した昭島市公民館は，市民会館（KOTORIホール）と併設の大規模都市型公民館である。公民館をつくる会の市民運動の成果もあって建設された同館は，陶芸窯や視聴覚室など様々な文化活動に対応できる設備だけでなく，保育室や，社会教育関係の書籍や過去の講座の記録なども読める資料コーナーなど，細やかな施設づくりがなされている。

感染症対策への配慮のもと開催され，筆者も参加した学習会には，公民館を利用する市民が多く集まり，久々に集うことの喜びと高揚感に満ちた時間であった。以下に参加者の感想を抜粋するが，公民館の現代的役割として，人が集まることによりつくられる落ち着きや，雑談の大切さ，集い学ぶという当たり前の行為の価値，古さの中にある新しさ，といった部分に関心が集まった。多世代が集う場や，高齢者がデジタル技術を学ぶ場に，といった課題も寄せられている。こうした声こそが，集まることの意味と公民館の可能性を雄弁に語っている。

- 公民館の役割で，人が集まることで落ち着きをつくる。社会教育は「不要不急」ではない。この二点が心に残りました。
- サークル活動で集まり，わいわいがやがや雑談が出来ないと，地域の情報も入ってこなくなりました。人と人とのコミュニケーション・雑談が大切だし，欲していたなあと思っています。
- on lineでない会ギは，雑談できる良さがある。
- 雑談の中に気づきがあり，発見がある。
- 昔の活動には戻れないので新しい形で，「祭り」の人々のつながり（代々）のようなものができれば地域全体が盛り上がり，活気があると思います。
- 古い中の新しさを大切にするという言葉はとても印象的でした。
- 公民館が市民の拠点になれなくなったのは時代にマッチしなくなった。興味がわけば出向く。高齢者の集りになってしまっている。
- 携帯やPCの機能を老人でも使えるようにすべきでは交流のユニバーサル化。ワード・メール・ズーム・ライン→子供や女性はすでに活用している。

老人にも開放して→公民館が指導

（出所：昭島市公民館提供資料）

むすび

社会教育施設とは，人々が集まり，一つのテーマ，一冊の本，一つの展示といった個別具体的なものを基点にしながら，普遍的なテーマと学習者を結びつけ，そこから社会を俯瞰し，変革できる力を育んでいく場所である。それは，自由な活動を通じて一人ひとりが自治の担い手になり（島田，1985），互いに学び合う関係を練り上げていく場所，といいかえることもできる。

前述の日比谷公会堂を構想した後藤新平は，「自治」の意義をことさら重視した人物であった。その自治の理念を涵養する空間として，東京市政調査会とともに日比谷公会堂を構想したのである。開館後は，講演や集会等のいわゆる「まじめ」な会は娯楽の催しに圧倒され，後藤の構想が実現したのかどうかは吟味の必要はある。しかし，後藤による啓蒙的な自治の理念を，市民が換骨奪胎する形で一人ひとりの内面で咀嚼していった空間だということはできる。こうした施設が各地で様々な形で近代日本の市民を形成し，そして市民が施設を形成してきた歴史は，今も重ねられている。

このような歴史も想起するならば，社会教育施設は，大衆社会における啓蒙の空間という矛盾を一面で孕みながらも，自由な活動を通じた市民による公共圏の確立と自治意識の涵養をめざす，可能性に満ちた社会的装置といえよう。霊長類学者の山極寿一（2021）は，他者とリズムを共有する社交能力が人間は類人猿よりも高く，適切な距離を取りながらも「集まる自由」の駆使を，と述べる。社会教育施設は，まさに文化を育む自由な集いの空間なのである。

（新藤浩伸）

練習問題

あなたの居住自治体の社会教育施設をリストアップし，それがどのような計画，理念のもとに運営されているか調べてみましょう。

推薦図書

今井康雄 2004 メディアの教育学──「教育」の再定義のために 東京大学出版会.

私たちは教育の経験が直接的で対面的なものであることに価値をおき，マスメディアを含めた「メディア」を，排除したり活用したりといった議論をしがちである。しかし，集まれない今，そのどちらでもない発想が教育には必要ではないか。教育を構成する空間の見方が変わる一冊。

トゥアン，イーフー 山本浩（訳）1988 空間の経験──身体から都市へ 筑摩書房（1993年ちくま学芸文庫）.

人間にとって空間とは何か。それはどのような経験か。何もない空間（space）が人により間仕切られ，意味づけられて場所（place）になるすじみちを追う。空間論，場所論は多数あるが，ある空間に人が身を置き，集まることの意味を問う，施設原理論ともいえる内容である。

新藤浩伸 2014 公会堂と民衆の近代──歴史が演出された舞台空間 東京大学出版会.

「ハコモノ行政」と悪名高い日本の公共政策は文教施設も例外ではないが，そのハコモノを自在に活用してきた歴史はあまり知られていない。清水裕之（1999）『21世紀の地域劇場 パブリックシアターの理念，空間，組織，運営への提案』（鹿島出版会）とあわせ，ハコモノの面白さを感じてほしい。

第5章　社会教育における仮想空間のインパクト
――オンラインによるコミュニティの形成と公民館――

1　社会教育における「オンライン公民館」の意味

民主主義（デモクラシー）とテクノロジーは，社会教育の基礎となった2つの条件とされている（宮原，1949：158-168）。その中で，社会教育と民主主義との関連が多くの研究において焦点化されてきた一方，社会教育におけるテクノロジーの問題は，あまり取り上げられてこなかった。

2020年ほどICTを中心としたテクノロジーに注目が集まった時期は，過去になかったと言ってよいだろう。2020年春，「オンライン公民館」が誕生したのは，新型コロナウィルス感染拡大によって全国に緊急事態宣言が発令される緊迫した状況下だった。多くの公民館施設が休館や事業の中止・延期等を迫られる中，「オンライン公民館」が草の根で立ち上がり，そのネットワークが各地に広がっていったのである。「オンライン」も「公民館」もそれぞれには聞きなれた言葉だったが，まさか公民館に「オンライン」という言葉が付される日が来るとは，おそらく2019年まで，社会教育関係者の誰一人として想定していなかったに違いない。

「公民館」に「オンライン」を付す形で名称化した「オンライン公民館」であるが，「オンライン公民館」は，一般の公民館施設とは独立した形で運営されている。この実践は，福岡県久留米市の「くるめオンライン公民館」から始まり，愛知県豊田市，兵庫県尼崎市，福岡県福津市などでも立ち上がった。その後も他の地域に波及している。通常，単に「公民館」と私たちが呼ぶとき，その多くは，市町村が条例に基づいて設置する社会教育施設としての公民館を意味している。しかし「オンライン公民館」は，施設としての公民館が主催する事業ではなく，公民館を活動場所としている実践でもない。

「オンライン公民館」とは，大まかにいえば，オンライン会議システムを利用して実施されているネットワーク型の生涯学習実践である。では，なぜ「オンライン公民館」は「公民館」なのだろうか。初発の「くるめオンライン公民館」では，「身近にある公民館のように楽しみ，学び，議論し合う場[13]」としての意味を込めたと説明している。ただし，久留米市民にとっては公民館が身近な施設であったとしても，全国の他の地域すべてにおいて公民館が「身近にある」施設かといえば，必ずしもそうではない。よって「オンライン公民館」が一般的な公民館施設とは異質なものであると結論づけるのは誤りではない。少なくともオンライン公民館では，「楽しみ，学び，議論し合う場」が公民館であると認識されている。

確かにこれまでも，公民館ではない施設や空間の中に，公民館が持つ核心的要素を見出す文脈や解釈は存在してきた。例えば，社会教育や公民館の関係者の間で時折，「公民館的」という表現が用いられる場合がある。「公式の公民館ではないが，公民館的な役割を持つ」というような意味だろうか。かつて社会教育専門誌の中では，そのような「公民館的」な役割を持つ場として，団体集会所，喫茶店，酒場なども取り上げられている（全日本社会教育連合会編集部，1974）。つまり「公民館的」とは，社会教育をその施設・空間の設置や事業展開の主要な目的とはしていないが，人々がそこに集い，交流や対話・議論等を通して結果として学び合っている場や機能を意味すると理解できる。

では「オンライン公民館」は，上記の意味で「公民館的」な場なのだろうか。「オンライン公民館」は，学び合うことを目的に据えた活動である点で，上述のような「公民館的」な場とは一線を画しているようにも思える。仮に「オンライン公民館」が，「公民館的」ではなく，真の「公民館」であると考えられるのであれば，それはどういう意味においてだろうか。「オンライン公民館」が公民館施設のオルタナティブを担いうる存在であるとすれば，あるいは，公民館施設と何らかの共通性を有しているのだとすれば，「公民館である」とはどのような意味なのだろうか。さらに，もし「オンライン公民館」を新たなタイプの公民館だと承認するならば，このオルタナティブの登場は，公民館ないし社会教育全体にどのようなインパクトを持つのだろうか。

以上の疑問に答えるため，本稿では，以下の流れで議論を進めていく。まずは，歴史的に見て「公民館」とはどのような概念なのかについて整理する。その中で，公民館が民主主義と強く結びついて構想された点を確認する。続いて，従前のように公民館が「施設」であることを唯一の前提としていた状況と比べて，「オンライン」という選択肢が加わったことで，公民館にどのようなインパクトをもたらすのかを検討する。ここでは，単に「オンライン」を利用したことによる長所・短所を整理するだけでなく，「公民館」を民主主義の実現に向けた学習を生む場であるした上で，そこでの教育や学習のあり方に対して，オンラインという要素が持つ意味を整理することとしたい。

2　公民館とはなにか

（1）最初の公民館構想と公民館の多様化

施設としての公民館の始まりは，1946年にまで遡る。1946年7月に出された文部次官通牒「公民館の設置運営について」（以下，通牒）によって，公民館の構想が初めて公にされた。第二次世界大戦終結の翌年に出されたこの通牒は，日本国民の中に民主主義の文化を根づかせる拠点となる「公民館」の設置を，地方自治体に推奨するものだった。通牒は冒頭で，「新日本建設の為に最も重要な課題」を，「国民の教養を高めて，道徳的知識的並に政治的の水準を引上げ，または町村自治体に民主主義の実際的訓練を与えると共に科学思想を普及し平和産業を振興する基を築くこと」だと強調している。

さらに「公民館の趣旨及目的」として，「今後の国民教育は青少年を対象とするのみでなく，大人も子供も，男も女も，産業人も教育者もみんながお互いに睦み合い導き合ってお互いの教養を高めてゆく様な方法が取られねばならない」と記されている。つまり公民館は，多様な世代，多様な職業，多様な社会的属性を持つ人々がともに学び合う生涯学習の場であり，日本を再建するために社会教育を通して民主主義を実現しようとした，壮大かつ切実な構想として誕生したといえる。

公民館の「公民」とは，誰のことを指すのだろうか。上記通牒における公民館構想は，当時の文部省社会教育課長であった寺中作雄によって発案されたものである。文部次官通牒から間もなくの1946年9月，その寺中個人によって，公民館構想の内容を広く一般に知らしめるために『公民館の建設』が執筆された。この書の中で「公民館は公民の家である」と説明がなされているが，寺中によれば，「国民」でもなく「臣民」でもなく「人民」でもない，「公民」という言葉を選択したのには，理由がある。それは「公民」という表現が，社会公共を尊重し，職域団体，国家，国際社会等のいずれかの集団の一員として，自発的に義務を果たせる人を指すからである。また寺中は，「公民」とは，法律上その資格がある人というような意味ではなく，「自己と社会との関係についての正しい自覚を持ち，自己の人間としての価値を重んずると共に，一身の利害を超越して，相互の助け合いによって公共社会の完成の為に尽す様な人格を持った人又は其の様な人格たらんことを求めて努める人の意味」であると記している（寺中，1946＝1995：188-189）。

その後，1949年には社会教育法が制定され，公民館の設置に法的な根拠が与えられることとなった。1949年５月の参議院文部委員会及び衆議院文部委員会で，当時の文部大臣より，社会教育法案提案の理由説明がなされている。その説明の中で，法案の骨子の一つとして公民館に言及し，次のような説明がなされている。

> 現在既に約５千の設置をみております公民館の目的，事業，運営方針，職員の取扱等を明らかにするとともに，政府においても積極的にその運営に対する財政的援助をなしうる道を開き，公民館が真に市町村における社会教育の総合的な中心施設として発展するように定めてあります。（社会教育法案提案理由，高瀬文部大臣説明[14]）

この法律[15]の成立は，結果的に，当初の公民館構想と法成立後に建設された法令上の公民館との間に様々な違いと生むこととなる。その後，各地の公民館は，設置の時期や経緯，そして自治体の財政状況等の違いを基礎的な条件としながら，多様化していく。1950年以降の社会の急激な工業化や都市化，そして都市への人口流入と農村の過疎化，さらには市町村合併等の制度的な要因にも影響されながら，公民館は，初期の農村社会を前提とした公民館から，都市型の公民館へと変貌していった。

（2）多様な公民館の組織と機能

1960年代に入る頃には，「公民館」の概念と実態は地域ごとに固有の展開を見せながら，都市型社会の実情に合った形へと変化していく。小林（1999：20）は，当時の公民館のあり方に関する議論を2つに大別して整理している。それが「地域総合的機能論」と「社会教育専門的機関論」である。前者は，公民館を地域振興と教育の総合的な施設と位置づけており，上記の文部次官通牒によって示された公民館の初期構想に由来する考え方だといえる。初期公民館構想当時，「青空公民館」といわれたように施設自体が貧弱であった状況下で，公民館には，農村を基盤とする生活全般にわたる万能的な機能（産業振興，自治振興，福祉，娯楽など）が期待されていた。それに対して後者は，公民館に，社会教育施設としての固有の専門的役割を求める立場である。総合的な役割を求める前者と，社会教育に固有の専門的な役割を重点化しようとする後者という2つの考え方は，公民館の所管問題（一般行政か教育行政か）の議論をはじめとして，現在に至るまで，公民館の基本的なあり方をめぐる争点となっている。

1970年代には，この2つの考え方をめぐって，「公民館近代化論争」があった（小林，1999：21）。1960年代以降，社会教育における「近代化」の中で，自治公民館方式，市民会館・公民館方式，公民館市民大学方式という3つの新しい公民館方式が現れる（小川，1973：322）。「自治公民館」とは，「従来，区または自治会とよばれていた部落会・町内会と部落公民館とを一体化したものの名称」であり，「慣例や形式的な決議や申し合せで実施されていた部落・町内の事業と，住民の学習活動とを直結し，民主的な住民自治をおし進めようとするもの」である（宇佐川・朝倉・友松，1964：80）。倉吉市で発足した「自治公民館」の背景には，市長の「町づくり，村づくりは人づくりから」という姿勢や，教養主義的な社会教育のあり方を脱皮しようという市の教育委員会や公民館関係者の考え方もあった。ここでは，生活と学習を結びつけ，公民館活動が地域組織と接続することで，地域の民主化と個人生活の向上につながると考えられていた（宇佐川・朝倉・友松，1964：82-84）。

一方で，自治公民館方式が「行政組織の合理化」の目的と結びつき，現実として担う行政連絡業務が経年的に増大していた点を問題と考える見解もあった（小川・花香・藤岡，1965：81-82）。ここでは，自然や社会についての「科学的真実や芸術的価値」を認識しながら，その過程で一定の「道徳性」を獲得していく過程こそが教育であり学習であると強調される（小川，1963）。ゆえに，自治公民館方式を擁する「総合社会教育論」については，「教育の独自的機能の問題，つまり何がどのように学習され教えられるのか，という過程の問題」が曖昧にされている点が問題視された（小川，1963：22）。

ゆえに，自治公民館方式は，「公民館における組織と運営の『近代化』という場合，たんに一定地域の成人のすべてが，形式的にこれに参加するというだけでは足りない」と批判される（小川，1963：28）。自治公民館が内包する問題点として指摘されている点の一つは，当時，封建社会の性格を色濃く反映してきた自治会や公民館の「近代化」を目指すはずが，現実には古い組織の維持温存に結びつくのではないかという懸念である。また，自治公民館が，市当局や地区公民館の下請け機関化するのではという疑念も存在していた。自治公民館が「自治」を名称として付していながらも，実態として，市役所からの伝達によって活動している例が多く，住民自らが発案して実施される事業が少ない点も挙げられている（小川，1963：26-27）。

以上の先行研究を整理すると，「地域総合的機能論」（以下，総合機能論）と「社会教育専門的機関論」（以下，専門機関論）は**表5-1**のように対比される。

二つの公民館論において争点となっているのは，生活と教育の関係をどう理論的・理念的に理解するかである。一方の総合機能論では，日常生活の中に学習の社会文化的な仕組みを見出し，それに期待した自治的な組織編成を企図している。他方，専門機関論は，生活の中に埋め込まれた学習の社会的文脈に潜む封建的文化や権力性に懸念を持ち，施設設備や職員配置等の環境整備を通した社会教育の専門的組織化を目指している。

どちらも，公民館の現実的なあり様を示しており，公民館のあり方として正誤の判断をできるものではない。ただし，両者は理論的に対立していただけなく，実践上でも，両立できないいくつかの矛盾点を抱えている。例えば，総合機能論では，学習されるべき知識は人々の日常生活の場面と経験の記憶に内在すると見なされるが，専門機関論においては，知識は専門性を有した人が持つ科学的知見に由来する。よって，前者では専門家や豊富な図書等の教材がなくとも公民館活動が十分に成立しうるのに対して，後者ではそれらの存在が不可

表5-1　2つの公民館論

	地域総合的機能論	社会教育専門的機関論
契　機	初期公民館構想	社会教育法
焦　点	総合性，自治性	固有性，専門性
前提とする社会	農村型社会	都市型社会
形　態	自治公民館方式	市民大学方式
理　念	自治（非指導性）	教育（指導性）
組織基盤	自治会などの地縁組織	個人のアソシエーション
知の本質	生活や経験の中に内在状況に埋め込まれたもの	科学的真実，芸術的価値

欠となる。

反面では，共通性もある。いずれの考え方においても，特定の場所に拠点や施設を有し，直接対面した形で地域の人々が集い，その場所と空間において同期的に学習が行われることを想定している（以下，対面型実施）。現代におけるICTを中心としたテクノロジーの劇的な発展は，その拠点を物理的な施設ではなく，オンライン上のバーチャル空間に移設することを可能にした（以下，オンライン実施）。オンライン実施という新たな選択肢の登場により，学習活動にはどのような変容がもたらされるのだろうか。

3　オンライン公民館の登場

（1）オンライン公民館の理念

オンライン公民館は，多様な人や情報との新しい出会いの機会であり，面識のあった人も初対面の人も含めて，対話する場となっている。講師を招聘して一方的に講義を聴くのに終始するのではなく，ひとりひとりが自らの「次の出番」を考えながら主体的・能動的に参加することが期待されている（佐藤，2020）。

社会教育の本質を民主主義の基盤構築に求めた宮原（1949）は，生活方法としての民主主義の観点から，自分に関わりのある事柄の決定に無関心であったり，この決定について外的な権威に依存したりするような状態を生み出さないために，社会教育が必要だと述べている（宮原，1949：166-168）。宮原も著書の中で参照していたアメリカの教育哲学者デューイは，民主主義の観念が持つ性質について，次のように述べている。それは，個人の立場からは，所属する集団の活動が形成され方向づけられる際に，個々人の能力に応じた責任ある参加が行われ，個々人の必要に応じて集団の持つ価値が分配されることである。集団の立場からは，そこでの利益や善と調和しつつ，各成員の潜在能力を解放することである。さらに集団間では，多様な集団同士が柔軟かつ十分に影響し合うよう関係づけられている必要があると強調している（デューイ，2014：184）。

デューイによれば，民主主義の実現には「コミュニティ」が鍵となる。コミュニティは感情と知性に支えられており，そのコミュニティの生成には，コミュニケーションによる伝達，つまり社会的意味での教育が必要である（デューイ，2014：189-190）。私たちが民主主義の実現によって自由を得られるのは，社会的な紐帯から離れて独立することによってではなく，他人との豊かで多様な結合関係において生じる個人の潜在能力の解放と実現によるからである（デューイ，2014：187-188）。

ゆえに，民主主義のために「対話」は重要である。フレイレ（2011）が「銀行型教育」を批判したように，知識を一方的に注ぎ込まれるだけでは，主体的に世界に関わろうとする意欲も，世界を変革しようとする批判意識も醸成されない（フレイレ，2011：79-83）。このような「銀行型」の方法をフレイレは「抑圧」の教育と表現し，その「抑圧」を克服するためには「対話」が必要だと論じている。対話があってこそ，異なる考えを持つ複数の人々が同じ対象について協働して認識を広げていくことができる（フレイレ，2011：100-101）。

オンライン公民館では，改めて声高に「対話が重要」と唱えたりはしない。しかし，それは「対話」を軽視しているからではない。敢えて言うまでもないほどに，基本的な前提となっているからである。実践者たちはデューイやフレイレを意識しているわけではないが，とくにオンラインで実施する場合，講師が一定の時間以上，対話なく一方的に話し続け，参加者が聞くだけの講座では「飽きてしまう」「疲れやすい」と感じている。そして，その形態では参加者の能動的な学習は成立し得ないと考えている。つまり，対話的なコミュニケーションこそが私たちの個性を解放し，社会的な関係を開放的なものにすることを，そこに関わるすべての人々が経験的に理解し，暗黙に共有しているからである。こうしてオンライン公民館は，多様な人や知らなかった情報と出会い，対話する場として実践されている。

（2）オンライン公民館の位置づけ

「オンライン公民館」の「オンライン」とは，最も広義に定義をすれば，インターネットを利用して行われるあらゆる行為全般を指す。私たちの生活の中に急速に浸潤してきたオンラインは，必要な物や情報を必要なときに入手し，あらゆる情報や自らのアイディアをいつでもどこからでも発信することを可能にした。これが極めて現代的な事象であるがゆえに，従前の公民館でオンライン化が想定されていない事は，無理もないといえる。

教育分野ではこれまでも，遠隔教育や通信教育が行われてきた。社会教育における通信教育とは，「一定の教育計画の下に，教材，補助教材等を受講者に送付し，これに基づき，設問解答，添削指導，質疑応答等を行う教育」（社会教育法第50条）とされている。放送大学をはじめとする通信制大学では，教材送付だけなく，テレビやラジオにより映像と音声を通して授業が行われている。しかしその大半は，事前に収録した動画や音声によるものである。つまり通信教育は，基本的には，非同期的な相互行為を前提とする。よって，同じ物理的空間を共有して行われる同時対面的な教育とは異質の特徴を有するものと定位されてきた。一方，現在実践されている「オンライン公民館」は，リアルタイムでの双方向的な学習機会を志向している点で特徴的である。本稿で注目する学習空間の「オンライン化」は，従前型の通信教育とは異なり，空間的な隔たりがある（＝学習の「遠隔性」）が，時間的な隔たりのない同時的で双方向的な学習（＝学習の「同期性」）を意味する。

上述の通り，2020年の世界的な新型コロナウィルス感染拡大により，多くの公民館施設が休館や活動停止に追い込まれた。公民館だけでなく，外出そのものに自粛が要請されるようになり，「ステイホーム」期間が長く続くこととなった。そのような中で，2020年春，各地で「オンライン公民館」が連鎖発生的にスタートした。各地のオンライン公民館は大同小異である。オンライン会議システム（Zoom）を活用し，参加者間の対話を通して楽しく学び合うという大きな理念は共通している。一方で，運営主体となっている団体や成員の構成，運営の方法や形態にはおそらく相違点も多い。そこで本稿では，筆者自身も第１回からその運営に参画している「尼崎オンライン公民館」を事例として紹介し，オンライン実施による特色を整理したい。

（３）事例「尼崎オンライン公民館[16]」について

「尼崎オンライン公民館」は，「くるめオンライン公民館」のアイディアに感化され，2020年５月より活動している。第１回が５月31日に開催され，第２回は７月５日，その後は毎月１回のペースで実施している。また，数か月毎に，他市のオンライン公民館と協働で「オンライン公民館ジャパン」も開催している。最近では毎回，概ね午前10時から午後３時くらいの時間帯で「開館」している。１番組あたり30分，長くても１時間程度を基本としながら，長時間の参加でも視聴者や参加者が飽きないよう工夫を凝らしている。

尼崎オンライン公民館では，「だれかの話を聞いてみよう」「知らなかった人と出会おう」「失敗は電波のせいにしよう」「自分の次の出番を考えよう」という４点を方針として掲げている。とくに重要なのは「失敗は電波のせいにしよう」という態度の共有である。前例のないこと，経験のないことに対しては，当然ながら「失敗するかもしれない」という不安が伴う。しかし尼崎オンライン公民館では，失敗やトラブルもすべて「電波のせい」にすることで，学びや交流に消極的になることなく，未知の領域にも積極的に挑戦することができる。これらの方針を明確にし，すべての参加者に共有されている。

「オンライン公民館」では，多様な参加スタイルが許容されている（若狭 2020：5）。参加者は，顔も声も出して参加する「フル出演モード」（カメラON／マイクON），顔は出さず声だけで参加する「声だけ出演モード」（カメラOFF／マイクON），ラジオやテレビのように視聴するだけの「リスナーモード」（カメラOFF／マイクOFF）の３つの参加方法を選ぶことができる。参加者がカメラをオフにしている場合には，「声だけ出演モード」か「リスナーモード」かが運営者側に分からないため，表示される名前を編集して冒頭に「耳」と付してもらうことで，リスナーであることを表明する。リスナーに対しては，講師や職員から質問や声かけをしない配慮がなされる。このようにしている理由とし

表５－２「尼崎オンライン公民館」の特徴

	尼崎オンライン公民館
契　機	新型コロナウィルス感染拡大
焦　点	総合性，自治性
前提とする社会	都市型社会
形　態	ソーシャル系大学方式
理　念	自治（非指導性）
組織基盤	個人のアソシエーション
知の本質	生活や経験の中に内在 状況に埋め込まれたもの

ては，「オンラインではつい双方向を意識しがちだが，実は個別に話す時間が苦手という人もいる」という点があった（若狭，2020）。小グループに分けて参加者同士で話し合う時間は通例推奨される場合が多いが，このスタイルでは，気軽に参加することができない，ということである。さらにZoomなどのオンライン会議システムの使用に不慣れな人々に向けては，YouTubeでも同時にライブ配信することで，聞くだけの気軽な参加を促すよう意識している。

オンライン公民館では，運営を担うメンバーのことを「職員」（以下，職員もしくはメンバーとも表記する）と称している。尼崎オンライン公民館の職員は，市外・県外からの参画者を含めて，現在（2021年３月現在）は約25名ほどである。ただし，各職員のコミットメントの度合いは多様である。毎回の運営を中核的に担っている職員は概ね10名程度であり，他のメンバーは，各自の仕事等の状況に合わせて，関わったり関わらなかったりする。彼らは全員がボランティアである。職員の職業的な背景は多様であり，複数名の市職員もメンバーとして参加している。職員間の話し合いや調整にはFacebookのMessengerがプラットフォームとして活用されている。また，ミーティングの際の情報共有には，Googleのドキュメントやclassroomを利用している。

オンライン公民館では，各回で中心となるホスト役を「館長」と呼ぶ。尼崎オンライン公民館においては，各回で交代しながら異なるメンバーが館長を担っている。2020年秋頃からは，当該回の館長により，「運動」「旅」「ゆく年くる年」「チャレンジ」「つくる」「青春」「推し」などのテーマが設けられるようになった。それぞれの館長の個性を活かしながら，プログラムの内容も，レギュラー番組とその回限りの番組を組み合わせ，「マンネリ化」しない工夫がなされている。

以上を踏まえながら，既出の**表５－１**と対応させてオンライン公民館の特徴をまとめると，**表5-2**の通りである。オンライン公民館は，基本的には市民大学方式の系譜に位置づくが，昨今は市民大学のあり方自体がソーシャル系大学[(17)]の方式へと移行してきており，その性格が強く反映されている。

4 対面実施とオンライン実施の相違点

オンライン実施が対面実施と異なるのは，主に以下の3点だと考えられる。第一に，対面実施では両立不可能だった「遠隔性」と「同期性」が，両立できるようになった。つまり，参加者間で所在している物理的空間が遠く離れていても，同期的な相互行為が可能になったのである。これにより，遠距離に所在する人々が同一の仮想空間に集まり，そこでコミュニケーションの機会を持つことが容易となった。物理的・地理的な距離は必ずしも一義的に双方の関係性や親密さを規定するものではないが，相対的には，近距離に所在する人々（例えば，家族や近隣住民，同じ職場で働く同僚，同じ自治体に居住する市民同士など）は関係が密で，相互の類似性は高い傾向にある。反対に，遠距離に所在する人々は相対的には異質で，異なる社会文化的背景や価値観を有している場合が多い（例えば異なる国籍の人，遠方の地域出身の人，異なる宗教的信仰や信条を持つ人など）。よって，オンラインにより，遠隔でありながら同期的な学習ができるようになったということは，異質な他者とのコミュニケーションを，質と量の両面から促進させる環境となる。

第1の点によって，第2の相違点が生まれている。それは，仮想空間の内部では学習者の身体性が喪失するという点である。身体性の喪失は，身体感覚の喪失とは異なる意味としてここでは定義する。VR（仮想現実）の技術が普及しているように，仮想空間にアクセスしている間も，視覚や聴覚や触覚をはじめとした身体感覚を失うことはない。しかし，少なくとも仮想空間に直接，自らの身体を所在させることはできない。仮想空間にある現実（リアリティ）は，身体性を喪失した記号と意味の集合なのである。

これは消極的な側面を持つ一方で，身体性からの解放という積極的な意味合いも併せ持つ。例えば対面実施では，多数の学習者が同時に存在するために，会議室等の相応の空間を確保しなければならない。しかしオンライン実施においては，そのような一定の物理的空間の制約から解放される。「施設」が重要であったのは，一定数の人々が集うための空間を安定的に確保し，またそこに必要な設備や備品等を揃えておく必要があったためである。もちろんオンラインでの活動においても，それを可能にするためのインフラの整備は不可欠である。しかし，大掛かりな施設を建設し維持管理するのに比べれば，安価な設備で仮想空間を確保できるようになっている。また，施設を利用する場合，限られた会議室等を利用するために，利用者間での競合が生じ得る。オンラインであれば，それが生じない。施設の場合，開館・閉館時間を厳格に規定せざるを得ないが，オンラインではそこに集う参加者のみの都合で調整できるようになる。つまりオンラインでは，空間を利用する上での制約の多くを取り除くことができる。

反面で，身体性の喪失により生じる困難もある。その一つは，身体性を伴うコミュニケーションに制限が生じる点である。オンラインにより，デジタル化されたデータの交換は円滑になる。一方で，あらゆる音声と映像が通信回線を通さなければ相手に届けられないために，一部の限られた情報しかやり取りできない。つまり，直接対面して人々が集まるときには，情報は五感を駆使しながら全体性を保って包括的に入手しやすいが，オンラインの場合は，それらの情報の各部分が，視覚と聴覚のみに偏った形で切り取られて交換される。これにより，講義を聴く場合のように特定の情報に集中したいときにはオンラインのほうが効果的である一方で，他者との関係構築や言語化するのが難しいテーマや状況でのコミュニケーションにおいては，オンラインであることが障害となる。

しかし，このような身体性を伴うコミュニケーションへの制限が，利点を生む場合もある。第3の相違点として，身体性の喪失によって，人々を抑圧的環境から解放する契機となる面がある。身体性は，親密性の高い関係構築を促進する要素となる。家族や恋人同士が身体的な接触によって十分な心理的つながりを確保するように，身体を媒介したコミュニケーションは，しばしば前言語的ないし没言語的である。これらは一見すると肯定的な意味が際立つが，このような非言語的コミュニケーションは，親密さを醸成するのに有効である反面で，沈黙と忍耐を強いる抑圧的な環境にもつながりやすい。

例えば，発言を許されない会議に長時間，参加し続けなければならない状況を思い浮かべてみよう。発言が許されていない以上，自らがそこに存在する価値が否定されたように感じるに違いない。しかし，抵抗的発言も退出も許されず，そこに身体を所在させなければならないとしたら，どうだろうか。それは，沈黙を強制され続ける時間となる。しかしそれがオンライン実施だった場合，仮想空間に存在しているのは仮想の自分であり，身体は安全な場所にある。回線を切ってしまいさえすれば（あるいはマイクやカメラをオフにしてしまえば）沈黙を強いる環境から容易に「退出」することもできる。オンライン実施では，その場にアクセスすることだけでなく，そのアクセスを遮断することも，対面実施の場合よりもはるかに容易なのである。つまりオンラインによって可能となる仮想空間では，他者と共有する空間から身体が隔絶されるがゆえに，安全や安心が保障されるという側面を持つ。

5 オンライン公民館のインパクト

以上の整理と議論に基づき，オンライン公民館が「公民館」であることの意味，そして公民館施設とオンライン公民館の今後の関係構築について，以下のようにまとめられる。

1946年に構想されたときの公民館の理念とは，多様な世代，多様な職業，多様な社会的属性を持つ人々がともに学び合う学習の場となることであり，そのような学習を通して民主主義を実現することだった。公民館の「公民」とは，公共を尊重し，社会の一員として，自発的に義務を果たせる人を指している。よって，公民館がその事業や活動を通して育成を目指す学習者とは，自己肯定感や自己効力感を持ちながらも自分だけの利害に終始せず，自己と他者あるいは自己と社会との関係を理解し，その関係をより良いものとするために他者と積極的に関わり，そして社会に存在する問題の解決に向けて自ら行動できる人を意味する。

そのような「公民」を育むための過程において，対話やコミュニケーションが欠かせない。オンライン公民館のようなオンラインによる実践は，対面実施においては不可避であったいくつかの問題を解決する可能性を持っている。民主主義の実現に向けて，主体的で対話的なコミュニケーションを通したコミュニティの形成が重要となる。しかし抑圧的な環境では，主体性も対話も生まれない。もちろん，オンラインにしたとしても，コミュニケーションの中で生じる抑圧的な状況を，完全に取り除くことはできない。しかし，オンラインによる身体性からの解放は，一部の人に生じる参加の障壁を軽減する。

例えば様々な理由により，外出が容易ではない人は少なからず存在する。そのような人たちも，オンラインであれば参加できる，ということがある。抑圧的な環境を生む差別や蔑視の要因の一つとして，「無知」があるに違いない。今まで自分には関係ない「他人の問題」と認識していた事柄が，当事者との対話を通して「私たちの問題」に変化する場合も十分にあり得る。また，オンラインの活用によって，個々人の個性を形づくっている身体的な特徴や個人間の差異に向けられる様々な差別やハラスメント，あるいはそれによって生じる様々な社会的障害を回避することにもつながる。民主主義を実現していく上で，無論オンラインは万能ではない。しかし，従前には不可能だった多様な主体による開放的な社会的ネットワークの構築が，テクノロジーによって一歩実現に近づいたといえるのではないだろうか。

このようにオンライン公民館では，従前から公民館が目指しつつも実現できなかった課題のいくつかに対して，解決や軽減のための策を見出すことが可能になっている。対面で実施される講座実施やサークル活動を中心とする公民館施設の事業とは異なり，オンライン公民館では，「遠隔性」と「同期性」の両立が可能となった。これにより，オンライン公民館は，身体性から解放された環境での対話を実現した。たしかに，身体性を媒介としたコミュニケーションが阻害される仮想空間では，親密性の高い関係構築が難しくなっている。これは一面では，コミュニティにおいて不可欠の信頼関係の構築が難しくなる等の問題を生じさせる。しかしその反面で，「近づきすぎない」ことにより，抑圧状況から距離を取り，個々人の主体的な意思に基づいた連帯を可能とする民主的な社会関係を促進させる。また，遠隔地と同期的につながることで，自分限りの生活世界における経験からでは得られない，多様な情報や経験を得ることができる。

オンラインの限界もある。同一空間に身を置きながら顔と顔を合わせて話せる状況である対面実施においてこそ，他者との深い対話が可能だという主張もあり得る。ただし従前の公民館では，その他者とは，近隣住民の中でもさらに公民館活動のための十分な時間を確保できる人々に限定され，自らと比較的同質性や類似性の高い他者になる傾向があった。かつての「近代化」論においても指摘されたように，同質性の高い閉鎖的な地域コミュニティでは，封建的性質や保守的な文化を残存させてしまう確率が高くなる。そこで，その閉鎖性を打破するために，専門的知識を有した職員や教材を配置し，または他所から専門家を招聘してコミュニティ外の情報を流通させる事業が社会教育に期待されていた。しかしオンラインにより，施設内に図書を配架せずとも世界中の専門的知識にアクセスできると同時に，自らが所在する地域コミュニティの枠を遥かに超えた所にいる人にも容易にアクセスできる。これにより，より開放的なネットワークを構築しやすくなった。以上より，オンライン公民館は，公民館の理念を共有しつつも，公民館施設の設置という方法では解決できなかった重大な問題のいくつかを解決できる可能性を持っている。であるならば，今後は，公民館施設とオンライン公民館それぞれの得手不得手を理解しつつ，民主主義に向けた効果的な学習の実現という共通目標に向けて，最善の関係構築を模索していくべきである。

（佐藤智子）

練習問題

身近な学習活動の中でオンラインを活用している場面をできる限り網羅的に抽出し，オンライン利用により，その学習の量と質，あるいは，その学習が持つ社会的な文脈や意味に対してどのような影響を及ぼしているかを考察してみよう。

推薦図書

寺中作雄 1995 社会教育法解説／公民館の建設 国土社.

日本の社会教育の中核的な施設である「公民館」の誕生を詳しく知る上で外せないのが本書である。『公民館の建設』（1946年）も『社会教育法解説』（1949年）も当時，文部省官僚だった寺中作雄の著作であるが，両者を対比させながら読むことで，公民館が内包する複雑な性質を見ることができる。

第6章 教育と福祉を架け橋する
――学びと自治による地域のあり方――

はじめに

少子高齢化・人口減少の進展や国家及び地方の財政難等により，従来の行政による恩恵的福祉はもはや期待できなくなりつつある。一方，人々の価値観やライフスタイルの多様化により，地域社会等のつながりや支え合いは希薄化している。さらに，AIや技術革新，グローバル化の進展により社会構造や雇用環境の急激な変化が招かれ，私たちの生活は予測困難な事態に置かれている。このような状況において，私たちのいのちとくらしを守るにはどうすればよいのだろうか。

本章では，こうした社会を取り巻く様々な課題の解決と持続可能な社会の実現に向け，住民の学びと自治を基盤として教育と福祉を架け橋する地域づくりのあり方について検討する。

1 20年後の私たちの暮らしはどうなるのか

日本の人口は2008年をピークに減少段階に入っている。国立社会保障・人口問題研究所が行った調査によると，日本の人口は2040年1億1092万人を経て，2053年には1億人を割って9924万人となり，2065年には8808万人になると推計されている（国立社会保障・人口問題研究所HP）。昨年（2020年）筆者が担当している学部生向けの授業で20年後の日本社会について訊いたことがあるが，多くの学生が少子高齢化による人口減少と移民の受け入れを予想し，それに向けての教育の課題として多文化教育を取り上げていたことが強く印象に残る。差別や排除のない多文化社会をつくり，外国人も住みやすい環境をつくることによって，労働力を確保すべきだという意見である。深刻な人口減少による労働力の不足問題はもはや避けることができないという認識が若者層にも広まっているのである。

2040年には1.5人の現役世代（生産年齢人口）が1人の高齢世代を支えるようになることから，超少子高齢・人口減少社会には労働力の減少問題はもちろんのこと，高齢世代の困窮化や孤立化，介護問題，東京圏への一極集中と歯止めのかからない地方人口の減少による地方消滅の危機など様々な課題が山積している。このような課題を直視し，社会保障，雇用，住宅，まちづくりを横断する政策を立て，2040年を乗り越えることができれば，日本という国と地域の持続可能性は大きく高まるという意見もあるものの（宮本，2018），制度改革や政策的取り組みだけで私たちの暮らしをめぐる諸課題を果たしてどこまで解決することができるのかまだ不安は残る。

一方，人々の価値観やライフスタイルの多様化により，地域社会でのつながりや支え合いの希薄化が進んでいる。ところが，現在も進行中の新型コロナウィルス感染症（以下，「コロナ」という）や年々その被害が巨大化している自然災害等のような想定外の大災害に対して，公的セクターの対策が十分に追い付いていないことを私たちは何度も経験している。このような大規模災害への備え及び復旧を含め，貧困や格差，社会的排除，孤独・孤立の問題など私たちの生活をめぐる多様な課題に対して，公的な支援だけでは対応することができないことが明らかになりつつある。

以上のような背景から，近年地域住民の参加と協働による地域を基盤とする政策が次々と打ち出されている。例えば，福祉分野においては安心につながる社会保障として，地域共生社会の実現が掲げられ，地域住民の参画と協働による地域福祉政策への転換が図られている（原田，2019）。その代表的な例が地域包括ケアシステムである。地域包括ケアシステムは，「団塊の世代が75歳以上となる2025年を目途に，重度な要介護状態となっても住み慣れた地域で自分らしい暮らしを人生の最後まで続けることができるよう，住まい・医療・介護・予防・生活支援が一体的に提供される地域包括ケアシステムの構築」を目指す政策として，「市町村や都道府県が地域の自主性や主体性に基づき，地域の特性に応じてつくり上げていくことが要請されている[18]」。つまり，住民の参加と自治によって地域住民のつながりを再構築し，地域に誰もが支え合う体制をつくっていくことが求められているのである。教育分野においても，コミュニティ・スクールや地域学校協働活動の実施など学校と地域の連携・協働を図る取り組みが進められている。このような取り組みは住民の自主的な参加と主体性によって可能となり，持続性も担保される。では，地域や地域住民の自主性や主体性はどのようにして形成されるのか。この問いへの答えが20年後の私たちの暮らしを守ることができる，地域共生社会の実現のカギになると思われる。

2　コロナ禍が露わにした「セーフティネット」の脆さ

2020年全世界を混乱に陥らせたコロナ禍は，従来の社会システムの弱点を露わにした。とくに，コロナ禍の中で経済的・社会的に弱い立場にいる階層が最も大きく被害を受けているのは世界共通のことである。日本の場合，生活保護の手前の人を支援し，自立してもらうために，2013年より「生活困窮者自立支援制度」を実施しており，それに対する期待も高まっている。しかし，感染症対策としてソーシャルディスタンスの確保が求められるコロナ禍の状況では，就労自立を重視する支援策はどうしても労働市場の状況に左右されてしまうので，限界がある。

また，緊急事態宣言によって一斉休校になったとき，貧困家庭の子どもの中には，一日一食も食べられないほど困っている子どもたちも多く存在していた。このような子どもたちをケアし，支えたのは，近年増えている「子ども食堂」を運営する地域の民間支援団体や住民たちであった。NPO法人「全国こども食堂支援センター・むすびえ」が2020年12月23日に発表した結果によれば，子ども食堂の箇所数は4960箇所である。前回発表時（2019年6月26日）より1242箇所増えており，コロナ禍（2020年2月以降）の中でも，少なくとも186箇所の新設が確認されている。

2019年6月に改正された「子どもの貧困対策の推進に関する法律」では，「子どもの貧困対策は，子どもの貧困の背景に様々な社会的な要因があることを踏まえ，推進されなければならない（第2条3）」と明記された。すなわち，子どもの貧困は親の責任ではなく，その背景にはワーキング・プアなどの社会構造的な課題があることを反映した改正であるが，コロナ禍によってその問題がより明確に露呈してしまっているのである。

そして，昨年1年間のコロナ禍のなかで増加した自殺者数にも注目する必要がある。警視庁の調査によれば，日本の自殺者数は2010年以降10年連続減少し，2019年には1978年から始めた自殺統計で過去最少となっていた。しかし，2020年にはコロナ禍によって増加に転じ，前年より912人（約4.5%）が増えて2万1081人となった。性別でみると男性は減少しているが，女性は前年より935人も増え，全体の増加数を超えている（警視庁，2021）。これは，小売業やその他のサービス業で働く労働者に占める女性の割合が高く，非正規雇用の女性の比率も高いことがその原因といえる。そして，これは，母子家庭の半数以上が貧困状態であることとも関係があり，子どもの貧困につながる要因にもなっている。2020年の小中高生の自殺者数は過去最多であり，8月における児童生徒の自殺者数が前年同月と比較して約2倍（文部科学省，2020a）となっているのも偶然ではないだろう。

以上のように，想定外の感染力で長期化するコロナによって従来以上の困難を抱える人々が急増しており，その人々への支援に対して行政の対策が十分に追い付いていないのが現状である。つまり，コロナ禍が行政の弱さ，とりわけセーフティネットの脆さを改めて顕在化させたといえよう。感染症や自然災害のような想定外の事態のときだけではなく，生活問題が複雑化・多様化し，見えにくくなっており，人々のつながりも脆弱化している現代社会の中で，制度から漏れ落ち，はざまに陥る人の増大が社会の課題となっていることを考えれば，社会的排除の状況に陥る前に予防的に発動するセーフティネットがいっそう求められる。はざまに陥る人を放置する社会は，誰にとっても安心して生活できる場所とはなりえない。社会的孤立・社会的排除の課題を，個人の責任に帰するのではなく，地域社会全体の課題としてとらえなおすことで，安心して暮らせる社会をつくることができる（川島，2015）。

コロナによるパンデミックは，従来の社会システムやそのあり方，生き方等に関して私たちに多くの問いを投げかけている。例えば，テレワークへの切り替えによる働き方や暮らし方の変化と可能性とともに，その転換に伴う課題が問われており，教育分野においてもオンライン授業が実施されることによって，学校や大学教育の今後のあり方と課題が問われている。そして，何よりも生活困窮者や制度のはざまにいる人々のためのセーフティネットは，十分に用意され，機能しているのかという問いが突きつけられている。

3　社会教育と福祉の結合

1970年代に社会教育学の分野において，小川利夫によって教育福祉論が提唱されて以降，教育福祉論は教育と社会福祉の両分野において議論されてきた。とくに，上述のような現代社会をめぐる多様で複合的な諸問題がますます深刻化しており，近年それらの問題解決に向けての教育と福祉の融合が議論されている。その中でもとくに注目できるのが松田武雄らによる「社会教育福祉論」である。

松田（2015）は，教育福祉論を展開した小川（1985）が教育福祉を福祉国家のもとでの教育権保障の問題として論じていると指摘しながら，今日は教育権保障にとどまらない，福祉社会における教育福祉のあり方が問われているとし，社会教育と福祉を結ぶ概念として「社会教育福祉」を提唱する。この概念は，教育と福祉を融合したヨーロッパの Social Pedagogy やアジア諸国・地域のコミュニティにおける教育福祉的な活動等も参照し，住民自治によるコミュニティ・ガバナンスの構築を基盤とする，社会教育と福祉を統合した新しい領域として構想されたものである。松田は，社会教育と福祉は歴史的に入れ子状の発展過程をたどってきており，その入れ子的構造は，戦後公民館において表出されたと述べる。すなわち，1949年に制定された社会教育法において公民館の目的規定として「健康の増進」と「社会福祉の増進」が位置付けられたが，その後の公民館の普及過程において，教育機関としての性格が強調され，福祉機関の整備とも相まって，社会教育，公民館において教育と福祉がしだいに分離していったという（松田，2015：3-4）。

ところが，近年人口構造及び家族形態の変化，低所得層と不安定雇用の拡大によって今後社会保障制度の機能不全が見込まれるなか，従来のような国への過度な依存は難しくなりつつある。それゆえ，国は，自治会などの地域自治組織に権限を委譲して，地域住民が必要なサービスをお互いに提供し，享受し合う仕組みを広げようとしている。すなわち，地域住民主体による共助・互助による新しい地域協働の創造が求められており，その中で教育と福祉の融合の必要性も語られている。

しかし，長らく続いてきた福祉労働行政と文部科学行政の縦割りによって制度的に教育と福祉の「谷間」を架け橋することは容易ではない。それゆえ，小さなコミュニティを基本とした，総合的な支援が受けられる仕組みづくりが必要である。そして，コミュニティにおける相互扶助や協働の精神を育ませ，個人の孤独・孤立化を防ぐための取り組みも求められる。それらを可能にするのは，地域住民の主体的な学びを基盤とした自治と協働である。つまり，これが近年社会教育と福祉の結合が再び求められる所以なのである。

4　教育と福祉の結合がつくりだす地域のセーフティネット

教育と福祉の結合は，日本だけではなく，ヨーロッパやアジア諸国においてもみられる。ドイツの社会教育学（Sozialpädagogik）とその影響を受けているスウェーデンやフィンランドの社会教育学は，福祉と社会教育の機能が融合した概念として理解されている。とくに，両国の社会教育学では地域づくりやコミュニティとの関連も重視されており，日本の社会教育の概念に近いものがあるようにみられる（松田，2015）。一方，韓国では1990年代後半以降貧困や格差問題が深刻化し，教育格差も拡大することによって，「教育福祉」に関する議論が高まり，教育福祉関連の政策が打ち出されるようになる。そして，最近は超高齢社会に向けて将来抱えるようになる高齢者問題（医療，介護，孤独死など）への対策として，教育と福祉を融合した地域づくり事業に取り組む地域も登場している。

日本においても少子高齢・人口減少社会が引き起こす諸問題への対応として，地方分権と住民参加による地域福祉づくりが求められている。その中，公民館（社会教育）を拠点にして新たな地域福祉活動を展開する地域が現れている。つまり，教育と福祉をつなぎ，地域で安心して暮らせる仕組み（セーフティネット）をつくっていく試みが図られているのである。

そこで，本節では，教育と福祉の結合による，住民主体の地域づくりに取り組んでいる日本と韓国の先進的な実践事例を紹介し，その特質について考察したい。

（1）松本市における公民館を基盤とした地域福祉づくり

長野県松本市の公民館を拠点とした社会教育実践は，先進的な事例として社会教育関係者の間で高く評価されている。すべての地区に公立公民館が設置されているとともに，町会単位に設置されている町内公民館の活動も活発であり，公民館を基盤とした住民自治の地域づくりが展開されてきた長い歴史がある。このような社会教育施設の完備と住民の高い自治意識は，超少子高齢型人口減少社会の進展による地域課題の増大かつ複雑化といった変化への対応において，大きなメリットとして機能する。

松本市は，1995年「松本市地区福祉ひろば条例」を制定して各地区に福祉ひろばを設置し，地区公民館と連携した活動を展開していった。すなわち，社会教育と地域福祉の一体化を図るということである。その後，高齢化による介護や防災問題，買物難民等の地域課題とともに，人間関係の希薄化や地域活動への無関心，町会への未加入と役員の担い手不足などといった厳しい状況を，住民が主体となって解決していくための地域コミュニティの再構築に乗り出していった。

「健康寿命延伸都市・松本」をビジョンとして掲げ，「市民が主役，行政は支援」の理念に基づき，地区を単位とした住民自治を大切に考え，公民館や福祉ひろば等を地区単位に設置して住民と行政が一緒に地域課題に向き合ってきた。具体的にいえば，「支所・地域づくりセンター，福祉ひろば，そして公民館という地域振興・地域福祉，そして住民の学習を三位一体で整備するまちづくり」を骨子とする「松本市地域づくり推進行動計画」（2010年）が策定され，「公民館における住民の学習を基盤とした住民自治の振興による地域福祉の拡充」が図られてきたのである。しかし，近年の新たな社会変動とともに，福祉ひろばが地区単位における福祉サービス提供の仕組みだったことで，住民の行政依存を招くことにもなり，住民の自立を促し，住民主体の地域福祉づくりの仕組みをつくりあげるためには，地区より下位の町会単位で地域住民の学びにもとづく自治を練り上げ，取り組んでいく必要があるという指摘もある（牧野，2019：11）。

松本市には，ほぼ全町会に町内公民館が設置されており，この町内公民館を中心として地域住民がつながり，学び合い，助け合う共助の取り組みが実践されてきた歴史がある。東京大学大学院社会教育学・生涯学習研究室が2018年度から松本市と一緒に行っている共同研究での調査においても，町会と町内公民館を拠点として住民たちが主体となって地域福祉・地域づくりを進めてきた歩みと実績を確認することができる。例えば，島立地区大庭町会の公民館では，古くから仲間づくりの活動が積極的に行われ，高齢者中心の「ひだまりサロン」やお酒を交えて気軽に集まれる居場所として「居酒屋おれんぢ」などを運営している。そして公民館利用層を広げていくために，最近は子育て中の母親や子どもたちへのアプローチを模索している。寿地区寿田町町会は，地域づくりは「町会づくり」ととらえ，最も大事なのは場づくりだとして町内公民館を活用した活動をしている。公民館居酒屋やそば会，笑顔の会（子供の居場所づくり活動）などを通じて町づくりに励んでおり，このような「場づくり」を通して得た参加者の行動や意見等を踏まえ，専門家と連携しながら，町会としての地域包括ケアの取り組みを進めている。笹賀地区二美町は，町会夏祭りや親子のひろばなど，多世代交流の事業を行い，子どもから高齢者までがともに交流しながら楽しめる活動を進めている。そして，町会や公民館活動への男性参加者を増やすために，囲碁や卓球，サロンカラオケ，健康麻雀などの活動を開催して，男性住民の参加を促しており，住民同士が飲みながら気軽に何でも話せる「居酒屋よってけや」という場づくりを公民館で行うことによって，「安全で安心な楽しい町づくりができる」仕組みを生み出している（東京大学大学院教育学研究科社会教育学・生涯学習論研究室「住民自治を基盤とした社会システム構築事業」共同研究チーム，2019）。

松本市も他の地方都市と同じく少子高齢化・人口減少が進んでおり，どの町会も担い手不足問題を抱えている。しかし，大半の町会では今の状況を踏まえつつ，今自分たちにできることや今後の課題について常に話し合い，住民相互のニーズを認め合いながら，住民のつながりや参加を増やし，住みやすい町づくりのための活動を，公民館という場を拠点にして行っている。このような各町内公民館の学びや活動が，松本市の地域づくり・人づくりの基盤となっているのである。

(2) 韓国における教育と福祉の地域共同体づくり

①　教育福祉支援事業がつくりだす地域共同体

韓国は，少子高齢化の急進展と首都圏への一極集中，貧困及び格差の拡大，雇用の不安定化，孤立・孤独化など様々な面において日本と共通の課題を抱えている。この中，格差問題，とりわけ教育格差問題に関しては日本以上に社会の関心が高く，それに対応する政策もいち早く打ち出されている。

韓国の大学修学能力試験（日本の大学入学共通テストに当たるもの）日に遅刻しそうな受験生を，警察官がパトカーや白バイで試験会場まで送り届ける様子が，毎年日本のテレビニュースにも紹介されているように，韓国の大学入試は国を挙げた一大事である。日本と同じく学歴社会といわれているが，受験競争は日本のレベルを遥かに超えている。ところが，この熾烈な競争において勝負を分けるのは，いまや生徒自身の能力や努力というより，家庭の所得や親の学歴水準といえる。子どもの入試を成功させるためには「母親の情報力，父親の無関心，祖父の財力」が必要だという笑い話があるほど，家庭の経済力が教育に及ぼす影響力は日々高まっている。

韓国社会において貧困層が急増し，経済格差が大きく拡大したのは，1990年代後半の金融危機以降である。このとき，中間層が崩壊し，その影響は子どもの教育にまで及んだのである。金融危機が韓国社会を襲う直前の1995年に，グローバル化や情報化等の社会変化に対応できる強い国づくり・人づくりの教育改革案が提示された。しかし，金融危機以降，労働市場の構造変化と雇用の不安等によって経済的に困難を抱える人が増え，またその被害が教育にも影響を与えることによって，教育格差の解消と教育機会の保障のための教育福祉に関する論議が始まるようになった。

韓国政府は，2003年から「教育福祉投資優先地域支援事業（現在は「教育福祉優先支援事業」，以下，「教育福祉事業」という）」を実施し，家庭環境や十分な学習機会に恵まれない子どもたちを支援してきている。1対1学習指導や放課後教育プログラム等の学習支援分野をはじめ，文化祭，サークル活動，ボランティア活動，美術館や博物館の見学等を通じた文化体験分野，相談や心理治療，学校不適応予防プログラム等の心理分野，医療支援や文具支援，おやつ代の支援等の福祉分野など多面的な支援を行っている（大韓民国教育部，2020)。

教育福祉事業は，学校を拠点として展開されるが，家庭及び地域社会との連携を通じた支援も図られている。それゆえ，同事業の支援を受けるようになった学校と教育庁（教育委員会）には，「教育福祉士」という専門職員が配置され，家庭や地域との連携プログラム等も企画・運営するようにしている。とくに，ソウル市の場合は，2012年から各自治区に「地域教育福祉センター」という教育福祉の拠点施設を設置し，ソウル市教育庁には「教育福祉チーム」を，そして11圏域の教育支援庁[(19)]には「教育協力福祉課」を設置して，学校と家庭，地域を結ぶ地域教育福祉ネットワークを構築することによって，教育福祉関連サービスの重複や支援対象の漏れ防止，そして子どもの教育問題以外の地域課題の解決にもつなげていく独自の取り組みを展開している（李正連，2018）。

教育福祉事業に参加する学校は毎年大きく増加し，2003年小学校と中学校を合わせて45校だった支援対象の学校が，2018年現在小中高校合わせて3187校へと約70倍増えている（손병덕・구철회・김민선ほか，2018:392）。家庭や地域環境等によって教育や文化に恵まれない子どもに対する国家レベルの支援が始まり，「教育福祉」という用語が初めて公式に使用され始めた点，そして教育福祉に対する関係者や市民の認識と理解を高めた点は，同事業の大きな成果ということができる。また，教育福祉事業は，上記のように教育格差の解消のために単に費用や物品等の支援にとどまるのではなく，教育と文化に関する様々なプログラムをも提供して，子どもの生活の質を統合的に支援し，そして，地域との連携体制の構築を通じて教育福祉の基盤づくりに取り組んだ。これが，その後の「革新都市」や「地域共同体」づくり事業の構想にも大きく影響を与えたと評価されている（이희현・황준성・유경훈ほか，2019：78-85）。

② 超高齢社会に向けた教育と福祉の地域共同体づくり

2018年の韓国の出生率は0.98を記録し，その後も0.92（2019年），0.84（2020年）と深刻な右肩下がりを見せている。一方，2018年に14.3％の高齢化率で高齢社会になり，その後も高齢化率は毎年増加し続け，2021年２月現在16.6％に達している（韓国国家統計ポータル）。日本に比べてはるかに速いスピードで少子高齢化が進んでいる。地方の状況はよりいっそう深刻であり，日本と同じく地方消滅の危機にさらされている。

このような状況から，少子高齢化・人口減少が急速に進んでいる地方では，出産・育児支援政策や産業の振興策で人口流出を防ぎ，福祉サービスの充実化を通じて高齢者問題に対応しているものの，少子高齢化や人口流出による人口減少は止められず，福祉サービス利用者も増えるばかりで，地方自治体の財政逼迫度は年々上がっている。それゆえ，人口減少の深刻な地方からは「地方消滅対応特別法（仮）」の制定を強く求める動きも出ている。

このような状況の中，他地域とは少し違う取り組みを見せ，注目を浴びている自治体がある。それは，韓国の中央部に位置する都市農村複合型都市で人口約16万人（2021年2月現在，外国人は除く）の論山（ノンサン）市である。主な産業は農業と製造業であり，2000年代に入ってから人口が減り続けている。高齢化率は2021年2月現在27％で，韓国平均の16.6％よりはるかに高い（大韓民国行政安全部，2021）。一人暮らしの高齢者は2019年現在13.6％で，全国平均7.5％の2倍近く多い[20]。最近地方では人口減少に伴い，医療施設が財政難で廃止される所が増えており，公共交通の基盤も弱いので，病院や役所などへのアクセスが困難な地域も少なくない。

このような状況を踏まえ，最近論山市は，各地域（町会レベル）に高齢者の居場所として設置されており，地方であるほど利用度の高い敬老堂[21]やマウル会館[22]等を住民の共同生活空間として活用し，住民間の親睦を深めると同時に，住民の教育や文化的ニーズを満たし，高齢者の健康や介護問題などの地域課題も地域住民と行政の協働で対応していくという「温かい幸福共同体‘同苦同楽’事業（以下，「同苦同楽事業」という）」を始めた。同市の生涯学習と健康，高齢者福祉という3部局でそれぞれ行ってきた共同体関連事業を基にして始まった事業として，部局横断型の仕組みを新たにつくり，より効率よく効果的な運営を試みている。2017年市役所に「100歳幸福課」を新設，その下に「老人福祉」「幸福学習」「共同体健康」という3チームを設置して，同苦同楽事業に取り組んでいる。

同事業は，学習共同体，文化共同体，生活共同体，健康共同体の4つの共同体づくりを目指し，それぞれ非識字高齢者向けの「ハングル大学（識字教室）」をはじめ，「地域音楽会」「一人暮らし高齢者共同生活制度」「地域出前共同体健康管理」等のプログラムを敬老堂やマウル会館を拠点として行っている（詳しくは，李正連（2020）を参照）。すなわち，主に個人への直接的な介護や医療支援を中心とした従来の福祉サービスにとどまるのではなく，教育や文化的な活動を通じてともに学び，楽しみ，活動する共同体プログラムによって予防医療を実現し，また高齢者たちの共同生活ができる環境を整え，サポートする仕組みを官民協働で構築することによって，高齢者の孤独・孤立を防ぎ，安心して暮らせる地域づくりを展開している。2018年には「論山市同苦同楽マウル自治会の設置及び運営条例」を制定し，各マウル（＝地域）に「マウル自治会」を設置して，住民たちが主体となって地域課題や地域運営に取り組むことができるようにしている。

以上のような論山市の新たな取り組みは，全国から注目を浴びており，2020年には教育部（日本の文部科学省にあたる）と国家生涯教育振興院が共催する第17回大韓民国生涯学習大賞において，同市の「マウル全体が同苦同楽の学び場，出前ハングル大学」事業が教育部長官賞を受賞した。住民が主体となって教育と福祉の拠点をつくり，自主的な地域共同体づくりを実践することによって，高齢者のみならず，地域住民全体の生活の質向上にもつながっていることが評価されている。

5 学びと自治を基盤とした地域づくり

2021年2月19日，コロナの長期化に伴って深刻化する孤独・孤立問題に対応するため，内閣官房に「孤独・孤立対策担当室」が新設された。既述のようにコロナ禍の中で自殺率が高まっており，高齢者の見守りや子どもの貧困などの問題もいっそう深刻になっていることから内閣府をはじめ，厚生労働省や文部科学省など6府省の職員約30人が集まって省庁横断で取り組む対策に乗り出したのである。

孤独・孤立は病気や自殺にもつながりかねず，社会的，経済的にも大きな損失につながる。すなわち，孤独・孤立は個人の問題ではなく，社会的問題としてとらえるべき問題なのである。人は自らの力だけでは生きていけない。個人の幸福や自己実現の尊重とともに，次世代のための共同体の存続，つまり社会の持続可能性を担保するための努力が伴われなければならない。だからこそ人々が互いに寄り添い，認め合い，支え合える仕組みが必要になる。

ところが，これまで関係を持ってこなかった地域組織や団体等にいきなり入っていくことは決して容易なことではない。例えば，男性高齢者の場合，退職前は地元の自治会や地域行事などに参加する機会が少なかったため，退職後地域への参加は周りからの誘いや何らかのきっかけがないとなかなか参加しにくいところがある。それゆえ，地元に誰でも気軽に参加できる環境や仕組みづくりが求められる。

第3節で紹介した韓国ソウル市の地域教育福祉センターのうち，ある自治区のセンターでは，生徒に対するメンタリングを地域住民や親（保護者）からメンターを募集して多様な形式で行っているが，その中でも注目できるのが地域内の退職者や高齢者をメンターとして迎え入れて行う「高齢者の自叙伝づくり」を通じたメンタリングである。通常は，メンターが人生の先輩として助言や自分の経験などを語って終わりがちであるが，同センターでは生徒と高齢者でいくつかのグループをつくり，グループごとにメンタリングの最後の段階で高齢者の語りをまとめて生徒たちがメンターの自叙伝アルバムを制作し贈呈するという双方向の情緒支援を行っている。メンターの高齢者たちは自身の人生を振り返るとともに，子どもたちの目線でまとめてもらった自叙伝アルバムを通して，他人から自身の人生を認めてもらい，またそれが子どもたちに役立ったという思いや経験を得ることになる。つまり，子どものための活動で始まったが，それに関わる中で地域の大人も学習し，成長していくのである。そして，その経験が地域への関心とさらなる学びや活動へとつながり，地域における自身の役割や居場所を見つけていくといった効果をも生み出している。

改善の見通しの立たない経済格差は教育格差を生み，また教育によって貧困が再生産されるという負の連鎖をどう断ち切るのか。そして，少子高齢化及び人口減少による地方消滅の危機，地域社会の解体や帰属の不安定化，それによる孤独・孤立化など，現代社会を取り巻く多様で複合的な課題をどのように解決していくのか。このような諸課題の解決に向けての抜本的な改革とともに，人生100年時代を見据えた人づくり・社会づくりがいま強く求められている。

むすび

以上述べてきたように，人口減少時代に突入し，いわゆる「地方消滅」の危機が現実味を増してきているなか，現代社会を取り巻く様々な社会問題に対して，近年国家行政だけでは対応しきれないことが増えている。それゆえ，私たちの生活と健康を守り，安全で安心できる社会，そして持続可能な社会をつくっていくためには，これまでのような「与えられる福祉」だけではなく，ともにつくりあげていく「共創福祉」も考えていく必要がある。そして，その実現のためには，共創福祉に対する共通認識や情報共有等のための学び（教育）が求められる。

「一人の子どもを育てるには，一つの村が必要だ」，「一人の高齢者が死ぬと，一つの図書館がなくなる[23]」といったアフリカの古い諺からもうかがえるように，人づくりには多くの知恵と力が必要であり，それは地域（社会）の一人ひとりが蓄積してきた経験と学びによって支えられるのである。これからの人生100年時代において，子どもから高齢者までが安心で安全な暮らしができる持続可能な地域づくりを実現していくには，地域構成員一人ひとりの学びと参加がいっそう求められる。

（李　正連）

練習問題

教育と福祉の結合による実践事例を調べて紹介するとともに，その特質と課題について論じてみよう。

推薦図書

松田武雄（編）2015 社会教育福祉の諸相と課題――欧米とアジアの比較研究 大学教育出版.

現代社会の貧困問題や様々なリスクに抗することができるような社会教育の新たな可能性と課題を，欧米及びアジア諸国と比較研究しながら，社会教育と福祉を統合した「社会教育福祉」という領域を構想することによって見出している。

第Ⅲ部

「青年」をふりかえる

第7章　青年の職業的社会化
——専門学校における学びを対象として——

はじめに

社会変化のなかで，職業教育に対するニーズが高まっている。しかし，職業教育そのものや，そのなかでの学びや成長の実態や意義・課題についての検討は十分になされているとはいえない。職業教育と，そのなかでの学びや成長をとらえるための適切なアプローチを研磨する必要がある。

本章では，こうした問題意識のもと，職業的社会化という観点からのアプローチを試みたい。対象としては，日本における中核的な職業教育機関である専門学校をとりあげ，専門学校における教育や学びを職業的社会化という観点から浮かび上がらせていく。

1　専門学校における教育・学びについての誤解

（1）様々な専門職業人を養成する専門学校

まずは，専門学校の概要をおさえておこう。

専門学校は全国に約2800校あり，高校を卒業した人のほぼ6人に1人が専門学校に入学している。加えて，社会人や外国人留学生も多く入学しており，現在，約60万人の学生が専門学校で学んでいる。高校後の教育機関としては，大学に次ぐ規模といえる。

専門学校教育の特徴は，後で詳述するように，専門職業人（プロフェッショナル）の養成を行っていることにある。それぞれの学科やコースが，特定の職業を対象として目的とする人材を設定し，その人材養成に特化した教育を実施している。例えば美容師養成の学校なら，美容師養成を軸とした教育を2年間集中的に行う，といった具合である。

対象とする職業は多岐にわたるが，その多くは，人々の身近な暮らしを支える職業となっている。医療分野や教育・社会福祉分野のケア労働はもちろんのこと，工業，農業，衛生，服飾・家政分野は「衣食住」に密接にかかわる職業人を育成しているし，文化教養分野では人々の文化生活を豊かにする専門職業人を育成している。上記の職業の多くは，コロナ禍で改めてその重要性が着目されている「エッセンシャル・ワーカー」とも重なっている。私たちの身近な暮らしは，多くの専門学校卒業生の日々の労働によって支えられているともいえる。

（2）専門学校における教育・学びは「狭い」？

このように，専門学校は，高校後の教育機関として，そして，社会にとって不可欠な専門職業人の養成機関としての役割を果たしている。しかし，専門学校における教育や学びについては，否定的なとらえ方がなされることが多い。例えば，以下のような声は，高校関係者や大学生からよく聞かれるものである。

高校教員Aさん

「専門学校で学ぶことができるのは，特定の資格や職業に関する内容ばかり。得られる知識や能力も限定されてしまい，将来，自分が進む道を決める際に，選択の幅も狭まってしまう」。

大学1年生Bさん

「私自身は専門学校進学を考えていたのですが，親や教師から強く反対されました。専門学校だと，どうしても学ぶ内容が『狭く』なってしまうし，大学に比べて学習環境も整っていないと言われていました」。

こうした否定的なとらえ方の背景にあるのが，職業教育に対して向けられる知の固定化・狭小化と選択肢の固定化・狭小化の観点である。

前者は，「職業教育においては，とくに専門学校のような特定の職業に対応した職業教育においては，特定の職業社会に対応する実用的な知や現実主義的な知に基づいた教育がなされがちであり，その結果，学生の知の獲得のあり方が偏る・狭まる」という観点。後者は，「（専門学校のような）職業教育ルートは，特定の業界・職業へのキャリアラダーであるため，その他のキャリア選択がしにくいという意味で，青年の選択肢を固定化したり狭めたりする」という観点である。この2つの観点が表裏一体となって，専門学校・職業教育は青年の知やキャリア形成を固定化・狭小化するものとして，多くの人々の意識の中に定着し，その結果，専門学校における教育・学びについて否定的なとらえ方がなされることとなってしまうのである。

(3) 職業的社会化という観点からとらえなおす

しかし，知の固定化・狭小化や選択肢の固定化・狭小化といった観点のみで，職業教育における教育や学びをとらえてよいのだろうか。はたして，専門学校などにおける教育や学びの実態や意義・課題をとらえきれているのだろうか。筆者の答えは「NO」である。職業教育とそのなかでの学びをとらえるための適切な観点が研磨されなければならない。

さらには，社会変化のなかで，専門学校をはじめとする職業教育へのニーズは高まり，その社会的役割も大きくなっている。今後の職業教育のあり方を丁寧に検討するためにも，職業教育とそのなかでの学びの実態把握や意義・課題の検討は適切になされなければならない。

こうした問題意識のもと，本章が，職業教育とそのなかでの学びをとらえていくためのアプローチとして紹介したいのが，職業的社会化という観点である。その内実は，本章全体で見ていくこととなるが，ここでは以下のように職業的社会化を定義しておこう。なお，社会化概念がそうであるように，職業的社会化もそれぞれの職業社会へと参加する側と参加を受け入れる側との双方向的な営みを指しているため，参加する側と受け入れる側のそれぞれを主語にした形で定義し，場合によって①と②を使い分けていく。

① 人々がそれぞれの職業社会に接近・参入・定位していく過程のなかで，必要な知識，技能，行動，価値観などを習得していく過程と営みの総体。
② 職業社会に接近・参入・定位をしていく人々に対して，職業社会の側が必要な知識，技能，行動，価値観などを習得させていく過程と営みの総体。

この観点から，以下では，大きく，専門学校における教育・学びの特徴（2

節）と，専門学校における教育・学びの成果（3節）の2つに分けて，今まで，否定的にとらえられがちであった専門学校における教育・学びをとらえなおしていこう。そして，そうした作業をふまえて，職業教育とその中における学びをとらえていく観点としての職業的社会化概念の有効性や課題についても考えていく（4節）。

2　専門学校における教育・学びの特徴とは

（1）まずは6W1Hのフレームワークで確認してみよう

専門学校における教育・学びの特徴を検討していくにあたって，まずは，専門学校における教育や学びのイメージを共有しておきたい。ここでは，みなさんにもなじみのある5W1H〈Who（誰が），Why（なぜ），What（何），Where（どこ），When（いつ），How（どうやって）〉に，もう1つのW〈Whom（誰に）〉を加えた6W1Hのフレームワークを用いて，専門学校における教育を整理してみよう。

表7－1は専門学校が学校案内やHP等で公表している事象や，筆者が行ってきた調査で把握してきた事象から，共通する要素や特徴的な表現（「○○」）を，6W1Hのフレームワークで整理したものである。まずは，みなさんが今まで経験してきた初等・中等教育の6W1Hをイメージして，それらと比べてみてほしい。事象の表面的な整理というレベルでも，専門学校教育を構成する諸要素が，一般的な学校教育のそれらと異なるところが多いことがわかるだろう。

以下では，いくつかのポイントに焦点をあてて，この図を職業的社会化の観点からとらえなおし，専門学校における学びの特徴を浮かび上がらせていくことにしよう。

（2）職業的社会化という目的を共有するメンバー

専門学校教育においてどのような目的が設けられているのか。そして，どのようなメンバーによって，専門学校は構成されているのか。職業的社会化の観点からとらえなおしていこう。

第一に，Whyについて。**表7－1**にあるように，専門学校の教育目的は，

表7－1 6W1Hでとらえる専門学校

6W1Hの構成		専門学校の6W1H
Who	誰が教えている？	専門学校教員，実習先担当者，特別活動等の連携企業，「一流の特別講師」。
Whom	教わっている（学んでいる）のは誰？	専門学校生：若年層が多いが，社会人学生や留学生も一定割合存在する。 関連分野への就職を目指す人が多い。「夢の実現」。
Why	何のために？目的は？	関連分野の人材養成・就職，資格取得・技能習得。「現場で通じる職業人の育成」，「人間性の涵養」など。
What	何を教えている？	専門的知識・技能。資格試験対策。「プロとして必要な考え方」，「現場で行動できる実践的能力」など。
Where	教えている場所は？	学校（講義室，演習室など)。学外（実習，インターンシップ)。「現場を再現した実習室」，「リアルな現場こそ実践的な学びの場」。
When	いつ教えている？	昼間部が主
How	どのように教えている？	講義，演習・実習，職場実習・インターンシップ，特別活動・イベント，生活指導・クラス活動。「実践を重視した授業」，「企業・業界と連携したリアルな創造的活動」，「VR・AR技術を用いた現場テクニックの習得」。

（出所） 筆者作成

〈関連分野の人材養成・就職，資格取得・技能習得，「現場で通じる職業人の育成」，「人間性の涵養」など〉というように様々な形で表現されるが，職業的社会化という観点からとらえなおしたとき，それらに共通するものとして表れてくるのが，「特定分野の専門職業人の養成」という特徴である。どんな表現をとっていたとしても，例えば鍼灸科であれば鍼灸師を，電気工事科であれば電気工事士を，服装科であればファッションデザイナーやパタンナーを養成する，というような形で，それぞれの学科が対象とする専門職業人の養成を目的としていることがわかる。

この専門職業人の設定幅には多様性がある。上記例のように，学科・コース名が示す職業の専門家が目的となる場合がイメージされやすいが，例えば「ダンス業界で活躍する人材の養成」や「スポーツビジネスで必要とされるプロフェッショナルの養成」という形で，業界に多種存在する職業人を設定する場合も少なくない。また，これとは逆に，「目標企業は○○。世界水準のサービスができるホテリエの育成」や「地域の生活に根差した医療に貢献する看護師の養成」という形で，人材像をより絞って設定する場合もある。こうした違いはあるものの，それぞれの専門学校は特定の専門職業人の養成を目的としていることに変わりはない。

第二に，WhoとWhomについて。**表7-1**にあるように，専門学校の教育アクター（Who）は，専門学校教員はもちろんのこと，実習や特別活動においては実習先のスタッフや特別講師がアクターとなる。職業的社会化の観点からとらえなおしたとき，これらのほとんどが，目的（Why）で対象とした職業社会の専門職業人として整理することができる。例えば，調理師養成の学科をイメージしてみよう。教員はほとんどが（元）調理師であるし，実習先や特別活動で関わる人たちも調理師もしくは飲食業界の関係者となる。専門学校の教育アクターは，自分たちの職業社会の後進を育成するという目的に沿って行動する職業社会の先人なのである。

同様に，専門学校の学習アクター（Whom）＝専門学校生も，職業社会への接近・参入を目指す者としてとらえなおすことができる。学生の属性や進学要求は多様であるが，専門職業人になることを希望することはほとんどの学生に共通している。もちろん，なかには，卒業後の進路という側面よりも，「興味のある分野について学びたい」といった形での在学時の学びの側面を重視する学生もいる。とはいえ，こうした学生も，職業的社会化の観点からとらえると，職業社会への接近を目指す者となる。専門学校の学習アクターは，自分たちが目指す職業社会への接近・参入を目指すという目的にそって行動するルーキー（新人）なのである。

このように専門学校のWhy・Who・Whomを職業的社会化の観点からとらえると，特定分野の職業社会への社会化という目的を共有するメンバーが，双方向的に職業的社会化の営みを行う空間としての専門学校像が浮かび上がってくる。

（3）職業的社会化のための内容，方法，場面

What，Where，Howについても，職業的社会化の観点からとらえなおしていこう。

自分の学校で何を教えているのか（What）について，学校案内やHPで教育内容やカリキュラムを見ていくと，**表7-1**で示したように，学校ごとに力点や表現は異なっている。例えば，「国家試験合格のための知識」に力点を置く看護学校があれば，「現場で役立つ看護技術や行動力」に力点を置く看護学校もある，という具合だ。これらの違いは，職業的社会化の観点からすると，専門学校段階において目指す専門職業人像のグラデーションとしてとらえられるものである。それぞれの学校が，「専門職業人に必要な知識・技能・価値観・行動」を想定しているのであり，それを教育内容やカリキュラムに落とし込む形をとっているのである。

こうした職業的社会化の観点からのとらえなおしをふまえるならば，WhereやHowについてみたとき，「職業現場における学び」や，「実践を重視した授業」などが強調されるのも理解しやすいだろう。現実の職業社会で必要とされる能力や価値観などを育成するのに効果的な方法や場面として，実践との往還や現場実習等に力点がおかれるのである。職業社会に際して具体的で文脈依存的な教育・学びの展開がなされがちであることも，専門学校の教育・学びの特徴であろう。

（4）専門学校における学びのメリット

（2）・（3）をふまえて，専門学校の6W1Hを整理しなおしたのが**表7-2**である。どうだろうか。専門学校における教育や学びの見え方が，今までとは少し変わったのではないだろうか。

実際，筆者らはこのようにとらえなおすことで，専門学校における教育・学びの営為自体のメリットを明らかにしてきた。詳しくは参考文献に記した著書や調査をみてもらうことにして，そのなかから特徴的なメリットを２つ紹介しよう。

第一が，教育アクターと学習アクターの関係性ならびに学習アクター同士の関係性がもたらすメリットである。**表7-2**をもう１度見てみよう。専門学校の教育アクターは「特定分野の専門職業人」，学習アクターは「特定分野の専門職業人を目指す者」であり，彼・彼女らは同一の職業社会を軸として，価値観や行動スタイルを共有しやすいという条件を有している。こうした条件は，

表7－2　職業的社会化の観点から分析した専門学校の6W1H

6W1Hの構成		専門学校の6W1H
Who	誰が教えている？	特定分野の専門職業人（教員・実習先担当者・特別講師など），業界団体
Whom	教わっている（学んでいる）のは誰？	特定分野の専門職業人になることを目指す者，特定分野の職業社会への接近を目指す者
Why	何のために？目的は？	特定分野の専門職業人の養成
What	何を教えている？	専門職業人になるために必要な知識・技能・価値観・行動など
Where	教えている場所は？	専門職業人の養成に効果的な場所（講義室，演習室，職業現場など）
When	いつ教えている？	昼間部が主
How	どのように教えている？	専門商業人の養成に効果的な方法の組み合わせ（理論と実践の往還など）

（出所）　筆者作成

教員―学生間の信頼関係や，学生間の信頼関係の醸成につながる契機となりうることが，調査から見えてきている。さらには，学生にとって，教育アクターらは，自分たちが目指す職業社会の先人達であり，また学生同士は同じ職業社会を目指す仲間・ライバルであるという要素は，職業的社会化に向けた刺激となり，学習意欲を向上させる契機となりうることもわかってきている。

第二が，職業社会に対応した具体的・実践的な教育内容・方法等がもたらすメリットである。（3）で論じたように，専門学校では職業社会で具体的・実践的に役立つという観点から，教育内容や方法が設計され，実施されている。こうした教育は，学生にとっては，学ぶ必要性を感じやすく，理解もしやすいため，学習意欲を向上させる効果を持つ。筆者が実施してきた調査においては，「看護師になるために必要な知識だし，興味があることだから授業は毎日楽しい」，「高校までは授業は苦痛でしかなかったけど，専門学校の授業は現場実習も多くて具体的だからわかりやすい」といった声が非常に多いし，全国の専門学校生へのアンケート調査においても（ベネッセ教育総合研究所，2017），高校時代よりも専門学校への授業に関心・興味を持つ学生が大幅に増えていることが明らかになっている。

どうだろうか。上記のようなメリットは，今まで専門学校に関する議論ではまったく取り上げられなかったものである。職業的社会化という観点を用いることで，専門学校における教育・学びの見え方が変わり，それらのメリットを（もちろんデメリットも）議論する足場がようやく形成されるのである。

3 専門学校教育における学びを通して得られるもの

（1）職業的社会化の観点からとらえる専門学校生の習得

2節では職業的社会化という観点から，専門学校における教育・学びのとらえなおしを行った。3節ではそれを足場として，「専門学校教育における学びを通して学生が習得しているものは何か」，という問いを設定することにしたい。

検討にあたって，職業的社会化の定義をもう一度振り返ってみてほしい。この定義にそって，（2）では「知識・技能・行動」に，（3）では「価値観」にそれぞれ焦点を当てて，「専門学校教育における学びを通して学生が習得しているものは何か」という問いにアプローチしていこう。

（2）専門学校教育における学びを通して得られる知識・技能・行動

専門学校で習得できるものとして一般的にイメージされやすいのは，それぞれの職業に必要な専門的な知識・技能，もしくは，その証明としての資格である。例えば，美容師養成の学科であればカットやシャンプーの技能や衛生管理の知識が，ダンサー養成の学科であれば様々なダンスのスキルや表現方法などの知識がイメージされるだろう。

もちろん，そのイメージ自体は間違いではない。ただし，それらの専門的知識・技能は，専門学校で習得できる「知識・技能・行動」の一部に過ぎないことが，これまでの調査で明らかになっている。その例として，**表7-3**を見てみよう。これは，専門学校で獲得した能力についての専門学校生・卒業生らの語りから，3つの学科（「ホテル・ブライダル学科」「ダンサー学科」「看護学科」）の学生たちの特徴的な語りを取り出したものである。

一見してわかるように，いずれの学科においても，一般的にイメージされる専門的知識・技能以外の様々な能力が挙げられており，とくに「行動」の観点

表7-3　専門学校で習得する能力

学　科	習得した能力に関する語り
ホテル・ブライダル	•「体調管理や時間管理能力は徹底的に鍛えられましたね，今では習慣化しています」。 •「様々なお客様に，主体的にサービスを提供していく姿勢を実習などで身につけました」。 •「職場では様々な職種の方がいます。その人たちとの協調性も欠かせないので，実習はもちろん，日頃の授業などでも，多様な人との協調性やコミュニケーションを意識していました」。
ダンサー	•「ダンスはできて当たり前。基本的なダンススキルを身につけるのはスタートラインです」。 •「常に自分の見られ方は意識します。体型管理などの自己管理能力は徹底的に身につきました」。 •「先生に目をかけてもらう，オーディションを勝ち取る。そのための主体性・積極性ですね」。 •「個性豊かな子たちとチームでダンスをつくりあげていくことに，苦労しました。たくさん泣きましたけど，そうした中で協調性やコミュニケーション能力が身についたと思います」。
看　護	•「医療の現場で適切なコミュニケーションをとるためには，根拠をもとに意見を述べる必要があると徹底されました。だから，学校外の人と話すときも『根拠は？』とかついつい考えてしまいます」。 •「看護学校は課題も多くてハードです。だから，体力・精神力はもちろんつきますし，行動の優先順位などを付ける力も身についたと感じています」。 •「看護の知識はもちろん前提なんですけど，それを正確に思い出すというよりも，現場に応じた柔軟な対応ができるかが大事，ということを実習では思い知らされました」。

（出所）筆者作成

からの能力が挙げられていることがわかるだろう。なお，こうした傾向は，この3学科に限ったことではないし，語りについても偏った形で抽出したものでもない。学科が異なれば語られる能力に多少の違いは出てくるものの，こうした傾向は専門学校に共通する。

その理由も職業的社会化の観点からとらえれば，実にシンプルだ。現実の職業社会においてそれらの能力が必要だからである。専門職業人として職務を遂行するためには，具体的な問題を解決する力，主体的に行動・判断する力，同僚と協調する力，様々な顧客や取引先と接する力，自らを律し管理する力など，様々な能力を総合的に駆使できるようにならなければならない。だからこそ，職業的社会化の過程＝専門学校段階においては，専門的知識・技能を実践的な行動に結びつけるための能力の習得が総合的に目指されることになる。

もう一度，表7－2を振り返ってみてほしい。WhereやHowにおいて現場での学び，実践的な学びが強調されたりするのは，まさにこのためである。日々の授業や指導はもちろんのこと，現場実習・インターンシップなどを通して，実践的に求められる能力を総合的に身につけさせる職業教育。そうした教育のなかで，専門学校生たちは，「知識・技能・行動」に関する多様な能力を習得しているのである。

（3）専門学校教育における学びを通して形成される価値観とは

専門学校生の学びの成果として一般的に論じられることはほとんどないが，本来，職業的社会化過程における「価値観」の習得は，「知識・技能・行動」（に関する能力）の習得と並んで非常に重要な要素である（表7－3）。なぜなら，人は，それぞれの職業社会に存在する固有の価値観（本論では，もののとらえ方・認識枠組みなどを意味する）を知り，習得・研磨していくことで，その職業社会のメンバーとして認められていくのであり，またその過程の中で，自分なりの接近・参入・定位の仕方を見定めていくことができるからである。

もちろん，一言で「価値観」といってもその対象は多岐にわたる。例えば，ファッションデザイナーを例にして考えてみよう。ファッションデザイナーとしてやっていくためには，洋服のデザインや素材，パターンの多様な進化のあり方をとらえるクリエーターとしての価値観はもとより，自分は何を創り出したいのか，誰のためのどのような服を生み出したいのかといった自己認識や，どのような商品にニーズがあるのか，どのようなマーケットをねらうのかといったビジネス的な価値観も必要だ。さらには，仕事への向きあい方，金銭感覚，家族形成，自身の生活やキャリアプランなど，労働者・生活者としての価値観も必要である。これらの価値観は，ファッションデザイナー全員に共有されているものもあれば，勤める企業・ブランドや個々人によって異なるものもある。こうした多岐にわたる価値観から，個々のファッションデザイナーは自身なりの価値観を形成し，それを基盤として「知識・技能・行動」に関する能力を駆使して，様々な洋服を創り出し，自身の職業生活を維持している。

こうした多岐にわたる価値観を一定程度身につけておかなければ，職業社会への接近・参入自体，おぼつかない。それゆえ，職業的社会化過程でその「接近・参入」段階に位置づく専門学校教育においても，様々な契機を用いて，それぞれの専門職業人に必要とされる価値観の習得が目指されている。

例えば，表７－２のWhoにおいて，専門職業人が多く配置されるのは，この点と大きく関わっている。専門職業人である教員が普段の授業や生活指導等を通して様々な価値観を伝えるのはもちろんのこと，実習や特別活動の中では，様々な専門職業人らがそれぞれの立場で必要なものの見方・考え方を，学生に伝えていく。そうした営みの中で，学生たちはそれぞれの職業社会に存在する固有の価値観を知り，習得していくのである。

（４）専門学校教育における学びで習得する能力・価値観の有効性の範囲

こうして習得される能力や価値観は，それぞれが参入する職業社会において役立つのは言うまでもない。重要なのは，専門学校で習得される能力や価値観の有効性は，そこに限定されないということである。

第一に能力について。（2）でみたように，専門学校教育においては，専門的知識・技能を実践的な行動に結びつけるための能力の習得が総合的に目指されおり，自主性や協調性，コミュニケーション能力，自己管理能力など，近年は「非認知能力」としてカテゴライズされる諸能力の習得が重視されている。これらの非認知能力が，特定の職業社会に限定されない汎用性を持ちうることは理解しやすいだろう。実際，キャリアチェンジをした専門学校卒業生への聞き取りにおいても，専門学校で習得した非認知能力の転用可能性を示す語りは多い（表７－４参照。）

第二に，価値観についても同様である。それぞれの職業社会において習得される価値観は，他の職業社会等においても通じる汎用性を持ちうるし，なかには，それらの価値観を持っていることが独自の強みとなることも少なくない。表７－４にあるように，専門学校で習得した認識枠組み（価値観）を用いて，様々な対象への認識を深めていくことも十分可能なのである。

以上，３節では，「専門学校教育における学びを通して学生が習得しているものは何か」という問いに対して，職業的社会化の観点からみることで，専門学校生らがそれぞれの職業社会において必要とされる「知識・技能・行動」の

表7-4 能力・価値観の転用可能性や汎用性に関する語りの例

		専門学校で習得した能力価値観の転用可能性や汎用性に関する語り
能力について	ダンス科卒：劇場スタッフ	「学校時代に培った『観察力』は，今でも後輩スタッフの指導等において役立っています。その子たちの癖を見つけたり，体調を気づかったりできています」。
	ファッションデザイン科卒：建築士	「デザイナーにはなれませんでしたが，学校時代，本気で頑張ったことを無駄だと思ったことはありません。とくに，課題をこなすなかで身につけた仕事の進め方や人への頼り方は，建築士になった今でもとても役立っていると思います」。
	エアライン科卒：一般事務	「徹底的に接遇やマナーを鍛えられました。CAにはなれませんでしたが，それらの能力を評価していただき，人事部で会社説明会や社員研修などを担当させてもらっています」。
価値観について	鍼灸科卒	「東洋医学では人を全体でとらえる観点を特に重視しています。そうしたホリスティックなもののとらえ方は，鍼灸の場面ではなく，日常的な生活のなかでも常に意識するようになりましたし，それによって物事のとらえ方も広がりました」。
	情報処理科卒	「効率的なものの考え方，システム的なものの考え方を学校時代を通して身につけたと思っています。仕事をすすめるうえで，どのようなルールがあるのか，どのようなやり方が効率的なのかということを意識すると，仕事のやり方も大きく変わることを実感しています」。
	ファッションデザイン科卒	「自分の世界観を持っている人ばかりだったので，私自身も世界観を持つように普段から意識しました。たとえば，何かをみて『いいな』と思うのはどうしてなのか，ということをノートに書く習慣をつけましたし。そうしているうちに，自分の価値観や好みの特徴もわかりましたし，ものごとをみる解像度もあがったと思っています」。

（出所） 筆者作成

諸能力や，多岐にわたる「価値観」を習得していることが浮かび上がってきた。そして，それらは，専門職業人として有用な能力・価値観であると同時に，他の職業等においても汎用性を持ちうることも見えてきた。

従来，専門学校教育における学びの成果についての議論は，ほとんどなされてこなかったと言ってよい。職業的社会化の観点を用いることで，専門学校教育における学びの成果について議論するための足場もようやく形成されるのである。

4　職業的社会化概念の射程

ここまで，職業的社会化の観点から専門学校における教育と学びの特徴と成果について整理を行ってきた。4節では，それらをふまえて，職業教育とそのなかでの学びをとらえる観点としての職業的社会化に焦点を移し，その意義や課題について3点に絞って述べて本章のまとめとしたい。

（1）職業教育とその中における学びを総体的にとらえる観点として

第一に，職業教育とその中における学びを総体的にとらえる観点としての，職業的社会化概念の有効性と課題について。

職業教育は，職業の多様性と，職業教育を構成する要素の複雑性ゆえに，本質的に把握が難しい対象である。実際，専門学校に焦点を当ててみても，対象となる職業は非常に多く，職業教育を構成する要素も複雑であるために，それらを総体的にとらえる研究はなされてこなかった。こうしたなか，本章2節・3節で行ったことは，職業的社会化の観点で専門学校を総体的にとらえる試みの一部である。多種多様な学科の共通性を，職業的社会化という観点で抽出して，専門学校における教育と学びの特徴や成果を描き出すことを行っている。職業的社会化の諸要素に関してはまだまだ議論すべきであるが，こうした作業を行うことで，専門学校を総体的にとらえ，議論する足場をつくることができると考えている。

そして，この職業的社会化の観点は，専門学校以外の職業教育や，労働領域における教育・学びにも適用可能だと思われる。本来，社会教育学は労働領域における教育や学びを総体的にとらえていくことを役割として置く学問であることを振り返るならば，これらの対象にアプローチする一つの観点として職業的社会化は，これからの社会教育学においても研磨・活用されていくべきだろう。

（2）職業教育における学びを通して習得できるものをとらえる観点として

第二に，職業教育における学びを通して習得できるものをとらえる観点としての，職業的社会化概念の有効性と課題について。

1節で述べたように，特定の職業に対応した職業教育を行う専門学校における学びの成果に対しては，これまでは，知の固定化・狭小化や選択肢の固定化・狭小化といった観点で狭くとらえられがちであった。それに対して3節では，専門学校教育における学びの成果について，職業的社会化の観点からとらえることで，それぞれの職業社会において必要とされる「知識・技能・行動」の諸能力や，多岐にわたる「価値観」をあげ，そしてそれらが，他の職業等においても汎用性を持ちうることを論じた。

これは，専門学校における学びの成果をとらえなおすものであるが，同時に職業教育の成果に対する見方を大きく変える試みでもある。すなわち，「特定の職業に対する教育・学びは特殊・限定的な知の習得やキャリア形成にしかつながらない」という把握に対して，むしろ，「職業という個別具体的な教育・学びは，様々な社会で通用する知の習得やキャリア形成につながりうる」という新たな把握の仕方を提示しているからである。そして，こうした把握を可能とするのが，職業的社会化概念に他ならない。

そもそも，職業社会とは，その他の職業社会はもちろんのこと，職業領域以外の社会も含む，様々な社会との多層・連関のなかで形づくられるものである。例えば，ある鍼灸師が属する職業社会を思い浮かべたとき，各業界団体（「○○鍼灸師協会」），各企業（「△△鍼灸院グループ」），各職場（「△△鍼灸院グループ□□支店」）といった様々な社会が多層的に重なって，その鍼灸師が属する職業社会が構成されていることがイメージできるだろう。また，他の医療職の職業社会とは密接に関係するし，専門学校などの教育領域の諸社会，行政や地域社会などとも連関することもイメージしやすいはずだ。

それゆえに，こうした社会の多層性・連関性という性質をもつ職業社会に参入する個々人の側に目を向けたとき，彼・彼女らは職業社会を構成する多層な社会への社会化を通して職業的社会化を果たしていくのであり，また職業的社会化の過程のなかで連関する諸社会への社会化も果たしていくという見方となっていく。

こうしたことを意識して職業的社会化の概念を用いたならば，上述した「職業という個別具体的な教育・学びは，様々な社会で通用する知の習得やキャリア形成につながりうる」という把握はなんら不思議なものではなく，むしろ，当然の把握ともいえるだろう。逆に，従来なされてきた，「特定の職業に対する教育・学びは特殊・限定的な知の習得やキャリア形成にしかつながらない」という把握の問題性が大きく浮き彫りになるはずだ。

（3）メンバーシップの問題としてとらえることの意義

最後にあげたいのが，職業的社会化の観点を用いることで，職業教育における青年層の学びや，青年層のキャリア形成を，メンバーシップの問題としてとらえることの意義である。

専門学校をはじめとして，青年層のキャリア形成に関しては，政策的にも研究的にも個人の側に焦点がおかれがちである。もちろん，個人の能力開発や選択といった側面も注目されるべきであるが，それらが社会的条件と密接に関連して形成・遂行されるものであるにも関わらず，個人の側にばかり焦点があてられると，社会の側の責任や問題を隠ぺいすることにもなりかねない。

それに対して，職業的社会化の観点は，職業教育における学びや，キャリア形成を，それぞれの職業社会のメンバーになっていく，もしくはメンバーとして受け入れていく営みとしてとらえなおす回路を本質的に有している。例えば，本章２節で，専門学校の教育アクター（Who），学習アクター（Whom），教育目的（Why）をとらえなおし，「特定分野の職業社会への社会化という目的を共有するメンバーが，双方向的に職業的社会化の営みを行う空間」として専門学校を描きなおしたのもその一例だ。すなわち，職業的社会化の観点でみることで，学習者は，同じ社会のメンバー（もしくは，それを目指すメンバー）となり，彼らの学びやキャリア形成は，受け入れる側の責任や問題としてもとらえられることとなるのである。

むすび

職業教育とその中での学びや成長をいかにとらえていくのか。本章では，職業的社会化という概念からとらえることの意義と課題について，専門学校を題材としながら論じてきた。まだまだ研磨が必要である概念ではあるが，有効性や射程も大きい概念だと筆者は考えている。専門学校はもちろんのこと，その他の職業教育や，労働領域における教育や学びに対するアプローチの一つとして，ぜひ，みなさんにも考えてほしい。

（植上一希）

練習問題

職業的社会化概念を用いて，自分自身の現在の学びをとらえなおしてみよう。

推薦図書

植上一希 2011 専門学校の教育とキャリア形成――進学・学び・卒業後 大月書店.

専門学校における教育と学びやキャリア形成について，様々なデータをもとに総体的に明らかにしている。専門学校研究と社会教育との学問的関連についても論じているので，ぜひ読んでみてほしい。

第８章　「地方」出身の青年にとっての「地元志向」を考える

はじめに

2000年代以降，青年層の「地元志向」は高い水準にある。だが，この「地元志向」は，キャリア形成をしていく上で，必ずしも肯定的にとらえられてきたわけではない。それはこの「地元志向」が，とりわけ「地方」出身者に特有の問題として語られてきたことと関係している。本章では，このような「地元志向」に対する批判的なまなざしを相対化していくために，そのまなざしの形成に大きな影響を与えていると思われる「教育」という営みの原理的側面に着目する。その上で，「地元志向」を青年のありうるべきキャリア形成の一つとして認識していくために，社会教育学がどのような点で有効性を持っているかを指摘したい。

1 「地方」出身者にとっての「地元」

あなたの「地元」はどこだろうか，という問いについてまずは考えてみてほしい。「ここだ」とすぐに答えられる人もいるだろうし，「どこだろう」と悩む人もいるだろう。

あるいは，次のことについても考えてみてほしい。今，「地元」から離れて暮らしている人は，将来その「地元」に戻りたいだろうか。今もなお「地元」で暮らしている人は，将来も「地元」に残り続けたいと思うだろうか。それとも，一旦は「地元」から離れたいと考えるだろうか。

「地元」という場所は，それぞれの個人にとって，キャリアを選択していく際の重要な要素であるといえる。そして近年においては，青年を含む若い世代において，こうした「地元」に残ったり，あるいは戻ったりしようとする動き，すなわち「地元志向」が高い水準にあるという指摘がある。例えば，労働政策研究・研修機構の調査（労働政策研究・研修機構，2015）では，進学時の移動，就職時の移動，そして進学・就職に伴った移動という三時点の地域移動のパターンが分析されている。その結果からは，とりわけ「地方」出身者の地元定着率が先行世代よりも高い傾向にあることが指摘されている。図8-1は，「地方」出身者のうち大学および大学院を最終学歴とする男性の地域移動のパターンを年代別に示したものであるが，20代では進学時や就職時に他地域へと流出する傾向が減少し，反対に「地方」へのUターンやあるいはそもそも移動しないという人が先行世代に比べて多いことがわかる。

このような青年層における「地元志向」は，本稿執筆時点である2021年8月現在も続く「コロナ禍」の中でより顕著になっているように見える。例えば北海道の事例では，大学進学について，例年であれば首都圏の有名私大を併願していた層が，2020年度は道内の私大を合わせて受験する傾向にあることなどが指摘をされている[24]。また「地元志向」に限った話ではないが，朝日新聞が2022年3月卒業予定の大学生と大学院生に対して行った調査では，UターンやIターンといったかたちで「地方」での就職を希望する学生が，回答者全体(681名）の47.4%にのぼったことが指摘されている[25]。その具体的理由について見てみると，「家族と一緒に暮らしたいと思うから」(29.6%）や「地元に貢献する仕事をしたいと思ったから」(27.1%）といったものが上位にきている。回答者が「地方」での就職を前提としていることを考慮すると，これらの選択肢はいずれも「地元志向」を希望する青年層の声を反映していると考えられるであろう。

こうした状況を踏まえた上で，さらに発展的に考えてみてほしい。「地元」に残りたい／離れたい／残りたいけど離れなければならない／将来的には戻ってきたい……といった様々な選択をしようとするとき，そこであなたは何を考慮するだろうか。恐らく多くの人が，自分自身の今後のキャリア形成に関わる種々の要素（生活環境，仕事，結婚，子育て，あるいは家族や友人などの人間関係など）を考慮して，地元に残るか，あるいは離れるかの選択をしているのではないだろうか。例えば，「「地元」には家族がおり，なるべく自宅に近いところから通勤したいから「地元」に残りたい」とか，「自分のやりたいと思う仕事は「地元」にはないので，「地元」から離れざるを得ない」とか，「自分自身の可能性を広げるために「地元」にとどまらず，外へ出たい」といったように。

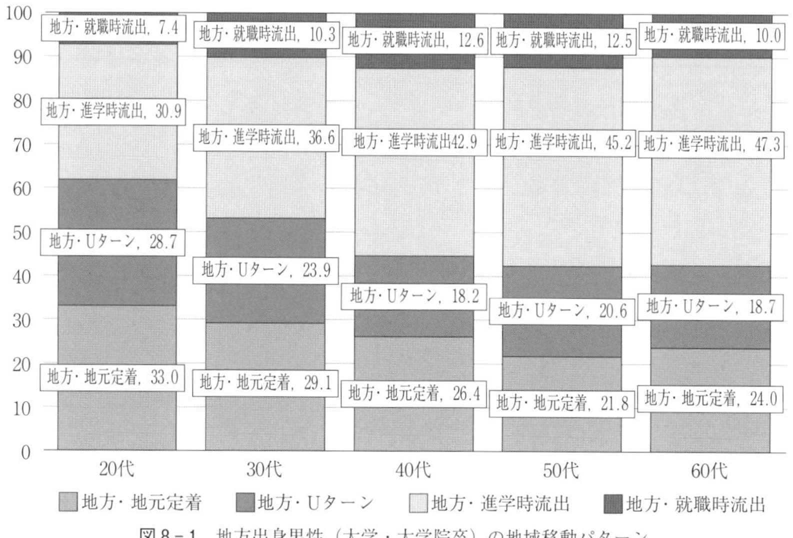

図８－１　地方出身男性（大学・大学院卒）の地域移動パターン

（出所）労働政策研究・研修機構 若者の地域移動－長期的動向とマッチングの変化. 資料シリーズ162, 概要（https://www.jil.go.jp/institute/siryo/2015/162.html）の図表３を抜粋。

それではもし,「地元」が今後のキャリアを展望していくための資源に恵まれた「都市」にあるのだとすれば，どうだろうか。例えば生活環境に着目したとき,「車がないと生活できないから…」「近くに病院や学校がないから…」といったような心配は,「都市」の場合不要であろう。また仕事についても,「大卒として働けそうな仕事がない」「給料が低く生活していくのが難しい」「やりたい仕事がない」といったことも,「都市」の場合は表面化しづらいかもしれない。このように考えてみたとき,「地元」に残るか否かという選択を文字通り迫られるのは,「都市」よりも「地方」に「地元」がある人たちに多いのではないだろうか。

こうした「地元」をめぐるキャリア選択上の葛藤は，筆者自身も例外ではない。筆者は大分県の北部に位置するＸ市の出身である。「平成の大合併」の流れの中で４町が合併して誕生したＸ市は，2021年現在，人口３万人を割り，高齢化率は４割を超える典型的な「地方」である。市内には鉄道が通っておらず公共交通機関はバスのみであるが，そのバスでさえ，中心部から離れれば一日３往復しかない。車がなければ，日常生活はままならないだろう。また大学や専門学校といった高等教育機関も市内にないため，高校を卒業して進学を考える人たちは，そのほとんどがX市から離れざるをえない。筆者が通っていた小学校，中学校は既に廃校となり，入学した高校も在学中に統合され閉校となっている状況である。近年の「地方」論においては，「イオンモール」に代表されるような複合型商業施設が「地方」における「ほどほどの暮らし」を担保していることが指摘をされている（阿部，2013）が，X市内にはそのような施設さえない。仕事も，市役所や学校，病院といった公的な施設か，あるいはX市に広く分布している第二次産業分野に関わるものが主であり，決して「多様」に選択肢が開かれているというわけではない。X市を「地元」とする筆者にとって，「地元」に残るか／を離れるかという選択は，極めて制約を抱えたものなのである。

では筆者にとって「地元」であるX市は離れたい場所であったかと問われれば，決してそうではない。そこには，両親や友人をはじめとする身知った人たちがおり，見知った景色がある。生活上の便益や経済的な負担といった面でリスクを抱えるかもしれないが，それを補いうる存在論的な安心感があるのもまた事実である[(26)]。「地方」出身者にとって，「地元」に残るか／を離れるかという選択は，そこに伏在する（制約を含めた）様々な要素を天秤にかけながらなされているのだといえる。

2 「地元志向」は避けるべき？

それでは，「地元」が「地方」の場合，その「地元」に留まろうとしたり戻ろうとしたりすることは，避けるべきことなのだろうか[(27)]？　例えば，2000年代初頭に青年層の「地元志向」をいち早くとらえた労働経済学の分野では，次のような議論がなされている。経済学者の太田聰一は，当時大きな社会問題となっていた高い若年失業率の原因の一つを，この「地元志向」に求めている（太田，2003）。太田は，若年層が「地元」を目指そうとする傾向が強まっていること，すなわち学卒後の県外就職率が低下傾向にある理由を，若年層自身や保護者の意識変化に求めようとする言説や，「冒険する」意欲の低下に求めようとする言説に触れながら，それらの要因に加えて，「長期不況の下で多くの企業が新規採用を抑制しているために，地元から離れても，労働条件の良い，あるいは自分の適性に合った仕事を見つけにくくなっている」（太田，2003：47）状況を指摘している。そして，「労働移動率は労働市場全体の需給が逼迫しているときに高まりやすい」という労働経済学における知見の一つを引きながら，「地元志向」の高まりは「他地域における優良な雇用機会の減少に起因」するものであって，「「よそに行ってもいい就職口がないならば，地元にとどまろう」という，ある種のあきらめ」であると解釈する（太田，2003：47)。

このような「地元志向」の解釈は，同じく経済学を専門とする樋口美雄の議論にも見ることができる（樋口，2004)。樋口もまた，地方における若年失業率上昇の要因を，企業の労働需要不足と，若年者の地元定着率の上昇，すなわち「地元志向」に求めている。樋口はその原因を，「子どもの数が減り，近くに置いておきたいという親の気持ちが強まった。と同時に，子どもも都会暮らしの魅力が弱まったためか，あるいは親の近くに住んで経済的援助を受けたいと考えるようになったためか，大都市へと移動しなくなった」（樋口，2004：25）ことにあるとする。

あるいは，多くの大学生にとって身近であろう就職活動と「地元志向」の関係を分析した研究では，「地元志向」が当人たちの「就職への意識の弱さ」を示すとされている。平尾元彦と重松政徳は，山口大学の学生409名（学部3年の7月時点）にアンケート調査を行い，「地元志向」と就職活動についての関係について考察している（平尾・重松，2006)。平尾らは，先の太田や樋口など知見をもとに「地元志向」の要因をとらえた上で，学生の就職に対する行動や意識を総称したものを「就職力」とし，その「就職力」の弱い学生が率先して地元志向を表明しているかもしれないとアンケート調査の結果から推測している。さらにそれは「就職力」の弱い者，すなわち彼らの「働く意志」の弱さに原因があるとされている。こうした「就職力」の弱い人たちが「地元」に残ったり戻ったりすることは，その地域の経済に悪影響を及ぼす可能性があり，それゆえに「地元志向」は，学校のキャリア教育において取り除かれてしかるべきものとされている（同上：168)。

こうした当事者たちの「意識」の問題とは別に，キャリア選択上の制約をもたらす「地方」という場そのものに対して批判的な視点が向けられることもある。阿部幸大は，「都市」出身者と「地方」（阿部の議論においては「田舎」と表現されている）出身者との間に，金銭的な格差以上の格差，すなわち文化や教育との絶対的な距離がもたらす「想像力」の格差が非常に大きな影響力を持って存在していることを指摘している（阿部，2018）。阿部はここで，自身の出身地である北海道の釧路の状況を例にあげながら，「大学」との物理的な隔たりがある環境においては，「大学進学」という選択肢自体が開かれておらず，それゆえに学力というポテンシャルの価値が脆弱であること，「本やCDを買う」といった日常的な行為でさえも，地元の小規模な店舗で済ませるしかないといった状況が，「地方」においては当たり前に存在していることを訴える。その意味で阿部にとって，こうした「地方」に生まれた人々は「弱者」としてとらえられるのである。

阿部が指摘するように，確かに「都市」と「地方」との間には，大学進学率や就業後の賃金，そしてそこに至るまでの選択肢を「想像する力」など，多くの点で歴然たる格差が存在している。冒頭に例示したX市の状況を踏まえれば，想像に容易いだろう。こうした格差の只中において生活している「地方」の若者の暮らしにアプローチしたのが阿部誠・宮本みち子・石井まことらによる一連の研究である（阿部・宮本・石井，2017）。「地方圏の若者の生活・産業基盤やそれを支える社会経済制度のあり方と若者が生み出そうとしている新たな社会＝大人像との関係を問わなければならない」という立場から石井らは，東北地方および九州地方に対する132名のインタビュー調査とその分析から，地方圏の青年の自立を可能にするための制度的保障の必要性を提言している。ここで「制度的保障」とは，「地方」における就業機会の創出や，困難を抱える青年への生活支援などのことをいう（阿部，2017：293-300）。

青年たちが暮らしている「地方」の現状を分析し，その結果に沿った様々な制度的保障の必要性を提言する彼らの議論は極めて重要である。しかしその提言の裏には，石井らが「地方」に暮らす青年たちをどのようにとらえているかが垣間見える。それは，親や友人との関係を重視し地元での就職を目指す大学生の様子を「悪い選択肢ではない」とする傾向に対し，石井は次のような疑問を投げかける。

「はたしてそうでしょうか。親という条件がなければ若者は選択の範囲を広げるのではないでしょうか。郷里の友人以外にも新しい人との出会いに刺激を求めるのではないでしょうか。自立した若者であれば，生まれた場所にかかわらず，受けたい教育や就きたい仕事に向けて行動できるのではないでしょうか」（石井 2017：56）。

こうした表現からは，「地方」という環境の中では青年たちは自立できないということ，もし自立できているのだとすれば青年は「地方」ではなく「都市」を選択するだろうという暗黙の前提が根深く存在していることが推察される。

3 「都市」と「地方」の非対称性と「希望」としての教育

（1）「ヨーロッパ」と「アジア」のアナロジーとしての「都市」と「地方」

ここまでの議論をふまえると，「都市」と比較した「地方」における進学や雇用の問題，あるいは生活領域における様々な格差の問題が横たわっていることがわかる。そして，そのような格差の中にある「地元」でのキャリアは，青年たちのあきらめや意志の弱さ，自立のできなさにつながるとして，批判的にとらえられてきたのだといえる。以下ではまず，このような「都市」と「地方」の非対称的な関係について，「ヨーロッパとアジアのねじれた二分法」という枠組みを参照しながら考えてみたい。

この枠組みを提唱している歴史学者の小谷汪之によれば，近代日本における諸思想は，基本的に西欧の近代文化をほとんどそのまま受容することによって形成されてきた（小谷，1985：2014）。このことは，「必然的に，西欧近代の諸思想がもつ特有の価値的立場（価値選択性）をそのまま，丸飲みに飲み込んでしまったということを意味」している。日本を含む前近代である「アジア」は，「ヨーロッパ」こそが近代を体現する普遍であるとみなし，その「ヨーロッパ」を目指すことによって近代化を遂げようと志向してきた。このとき「アジア」は，「ヨーロッパ」ではないものとして「ヨーロッパ」より低く価値づけられると同時に，いずれ前近代である「アジア」を脱し近代化を遂げていく，すなわち「ヨーロッパ」になっていく後進的なものとしても価値づけられることになる。この枠組みがねじれているとされるのは，単に「アジア」の価値が「ヨーロッパ」より低いというだけでなく，それが時を経て解消され得るだろうという位置ベクトルの原点に置かれているためである。

それでは，ここでいう「近代化」とは何か。これ自体膨大な議論の積み重ねがあるが，例えば『岩波哲学・思想事典』の「近代化」の項目では次のような5つの特徴があげられている。すなわち，①人間観に関する－人間を世界の中心とみなす〈人間中心化〉の趨勢，②政治に関する－国家権力を自由で平等な市民に基礎づけ構成し直すことを目指す〈民主化〉の過程，③経済に関する－高度に工業化された生産力の構築を目指す〈産業化〉の過程，④社会形態に関する－農村から都市への大規模な人口移動に伴い都市的生活様式が一般化する〈都市化〉の過程，⑤文化に関する－様々な知の形態のうちで，実証可能な〈科学〉的知識を至高視する〈科学主義〉の傾向である。

「近代化」を以上のようなものとしてとらえると，その枠組みとしての「ヨーロッパとアジアのねじれた二分法」における「アジア」と「ヨーロッパ」の関係は，本章のキーワードでもある「地方」と「都市」の関係に置き換えられないだろうか。つまり，「地方」は「都市」に対して価値的に低く，さらに後進的であるがゆえに近代化＝都市化されるべき存在だったのではないだろうか。

（2）教育の目的——ヨーロッパ的自我としての「人格」形成を目指して

以上のような「都市」と「地方」の非対称的な関係は，教育という営みとも深く関係している。第二次世界大戦敗戦後の荒廃した社会からの復興が課題となっていた戦後初期において，教育は，戦前の反省に立ち，新たな国家を形成していくための人づくりを行うことを目指していた。1947年に制定された旧教育基本法の第一条「教育の目的」は次のように規定されている（同法は2006年に改訂されており，同条については表現が異なっている）。

「教育は，人格の完成をめざし，平和的な国家及び社会の形成者として，真理と正義を愛し，個人の価値をたっとび，勤労と責任を重んじ，自主的精神に充ちた心身とも健康な国民の育成を期して行われなければいけない。」

教育という営みを，自然成長的な「形成」と明確に分かち，その目的的性格に着目して定義したのは戦後社会教育学の代表的論者である宮原誠一であった。宮原は自身の教育本質論において，教育がこの社会における機能の一つであること，しかしそれは，「社会の他の基本的な機能と並行する一つの基本的な機能ではなくて，社会の基本的の諸機能の再分枝にほかならない」ものであることを指摘している（宮原，1976：23）。つまり教育とは，「他の基本的な諸機能のそれぞれの末端――もっとも実践的な末端でいとなまれるところの再分枝的な機能なのだ。政治の必要を，経済の必要を，あるいは文化の必要を，人間化し，主体化するための目的意識的な手続き」（宮原，1976：23）なのである。

牧野篤は，上記の宮原の定義をふまえたうえで，教育は，「社会的な外在的諸価値を人間の内面的価値へと組み換え，それを人間によって社会的に実現することで人間を主体化する社会的機能であり，それは直接的に人格形成に関わる営為」であり，その目的として完成が目指される「人格」が，先に示した「ヨーロッパとアジアのねじれた二分法」の中に組み込まれていると指摘する（牧野，2005）。牧野によれば，この枠組みの中に組み込まれた「人格」は，ヨーロッパ近代を価値規準にして完成の度合いが測られることで，ヨーロッパ近代的自我へと結びつけられる。さらにこの枠組みのもとでは，普遍としての人類がヨーロッパ近代的人格へと還元される。これによって，戦後の日本における教育が目的と掲げる「人格」は，ヨーロッパ的自我＝普遍としての人類へと無媒介的・時系列的に直結されるのである。

（3）「遅れた場所」としての「地方」と「希望」としての「教育」

先にこの「アジア」と「ヨーロッパ」の関係は，近代化の文脈に即して「地方」と「都市」の関係に置き換えられるのではないかと指摘をした。教育という営みが「人格」の完成を目指すものであり，その到達すべき「人格」が「ヨーロッパ」＝「都市」を基準にするとき，その対蹠点としての「アジア」＝「地方」はどのようなものとしてとらえられるのだろうか。

元森絵里子によれば，1950年代初頭の教育学における「地方」への目線は，貧困や格差として枠づけされるものではなかった。まして，それらを福祉的な方法で是正していこうという発想は希薄であったとされている（元森，2016）。元森は，当時の教育社会学分野の文献レビューから，以下のことを明らかにしている。つまりそこでは，「地方」が「後進地域」としてとらえられ，それゆえに，教育を通じてそこに暮らす人々を教化していかなければならないという発想が主流であったのである。すなわち，「「農村社会」を停滞的と断じて「文化国家」への転換に向けた生活の合理化を提案したり，「へき地」では子どもの性格や知能，栄養状態がどれほど悪いかを語って，地元の人に学校の必要性を力説したり」する論調がほとんどであり，「都市と地方の格差は，貧困や格差，不平等ではなく，「後進問題」だとされた」（元森，2016：143）。

ここで，学校教育はこのような後進性を乗り越えるある種の「希望」として位置づけられることになる。すなわち，「子ども期の学校教育が新しい（よりよい）社会をつくり出すという教育的理想が語られ，「都市細民」や「へき地」の現実はやがて克服されるべきものとしてだけ扱われ」（元森，2016：144）るようになり，そのような理想は，学校教育を受けた子どもたちが「大人」になるタイムラグの先に実現されるものとして理解されていたのである。それは，1950年代の「地方」（農村）に暮らす人々を「一般的に知識ないし意識の水準はひくく，社会関係，人間関係にたいする正当な理解，批判というものがよわ」い存在（山口，1959：34）と評し，だからこそそこに，彼ら／彼女らの教育可能性を見出す議論とも重なっている。後進的な「地方」に現象する様々な問題を，そこに暮らす人々への教育を通して解消していこうとしたのである。

実際，戦後直後という状況において，このような生活諸環境の劣悪さは人々に痛感されているものでもあった。例えば教育学者の宗像誠也は，具体的な生を営む人々（人民）にとっては，「現実の社会生活のなかで成功して，人の上にも立てられ，物質生活も豊かにあらせたい」（上原・宗像，1952：186）という親の子どもに対する願いの方が，国家的に掲げられる教育理想以上に重要であったことを指摘している。宗像はこのような人々の側にとっての考え方を「立身出世主義」と端的に表現する。教育を通して自らの置かれた生活を改善し，よりよい生活をしていきたいという願いは，「物質的貧しさ」と「社会関係のまずさ」を経験した自分自身を振り返り，「次の世代にはこんな生活をさせたくないのです」（上原・宗像, 1952：194）という宗像自身の言葉にもあらわれている。前述の元森の指摘を踏まえれば，1950年代初頭の「物質的貧しさ」や「社会関係のまずさ」が，「都市」よりも「地方」においてより深刻であったことは想像に難くない。「地方」の近代化＝都市化という社会的かつ外在的な価値を，豊かさへの希求を媒介に人々の内面的価値へと組み換え，社会的に実現していくことによって人々を主体化していく社会的機能としての教育の特徴が表れているといえる。

4 「希望」を具体化する「標準的」キャリアと「地方から都市へ」の自明視

（1）「標準的」キャリアとしての２つのモデル

このような社会的機能としての教育は，人々の豊かさへの希求が「学校」を経由して実現していく過程，すなわち戦後の青年層が歩む「標準的」キャリアとして具体化されていく。教育学者の乾彰夫は，戦後の日本における「青年期」のあり方を「戦後型青年期」として次のように特徴づけている。すなわち，①その時期には，競争主義的な性格の強い学校に吸収されること，②在学中は学校と家庭によって保護・管理されること，③卒業と同時に生活のほとんどが企業社会に包摂されることである（乾，2010：34）。

まず①について，「競争主義的な性格の強い学校」とは，「偏差値」や「学力」などを単一の基準に生徒の能力を測り，この指標に基づいて生徒たちを序列化する構造のことをいう。そして，このような単一の基準によって能力を測ることを，「一元的能力主義」という。企業での採用段階において重視されるのも，職種や学科を特定しない，このような基準に基づいた学業成績であった。「学校でどのようなことを学んだか」以上に，「どのくらいのレベル（偏差値）の学校を卒業したか」という面が採用時に重視されてきた，といえばイメージしやすいのではないだろうか。

②については，在学する間，生徒の生活費や教育費は基本的に各家庭によって負担されるという特徴がある。また生徒は学校で，「校則」をはじめとした規律にもとづいて管理下におかれるが，そのような規律の多くは，家庭におけ

る「しつけ」がなされているかどうか（髪型，制服の着方……など）によって判断される。したがって，校則を守れていないことは各家庭による「しつけ」がうまくいっていない≒「家庭教育」の失敗としてとらえられるのである。(28)

③について，学校を卒業した生徒は「新規学卒一括採用」という慣行のもとで，先に見た学業成績を基準に企業へと採用され参入していく。「新規学卒一括採用」とは，高校や大学の在学中に教員や就職部等から支援を受け就職活動を行い，「卒業」以前に内定を獲得し，新年度４月１日にシームレスに学生から社員・職員へと移行するシステムのことをいう（本田，2013：68）。このような慣行は今なお根強く残っており，多くの人にとってイメージしやすいのではないだろうか。「学校から仕事（企業）へ」とシームレスな移行を遂げることによって，彼ら・彼女らの保護と管理の主体は，家庭から企業にその場を移していくのである。

以上のような「戦後型青年期」が確立していったのは，日本が急速な経済発展を遂げていった高度経済成長期（1950年代半ば～1970年代前半）であるが，その当時企業は，独身寮や社宅といった住環境を整備し，労働力の確保に取り組んでいた。学校を卒業した青年たちは会社から提供されるこれらの住まいに居住することになるが，それにより，就職と同時に親元を離れる「離家」を伴うという移行パターンが定着する。「地方」出身者の場合，就職先の企業が「地元」ではない場合，「離家」にあたっては「都市」への地域移動が伴うことになる。このような移行パターンは，就職時のみならず「地方」から「都市」への進学時にも行われる。本書を読んでいる人の中にも，「地元」を離れ，寮や下宿で一人暮らしをしながら大学生活を送っている人がいるだろう。就職にせよ進学にせよ，高校卒業時点で「離家」するという移行パターンが，青年の歩む標準的なキャリアのあり方とみなされるようになるのである（本田，2013：41-44）。

本章との関係で強調しておきたいのは，このキャリア観の下では「「地方」から「都市」へ」という地域移動を行うことが，自明視されていたことである。これを説明するのが，本田由紀のいう「戦後日本型循環モデル」である（本田，2014）。本田はこのモデルを，教育・仕事・家庭という三領域をつなぐ〈ヒト〉，〈カネ〉，〈ヨク〉の太い矢印の動きによって表現している（図８－２）が，

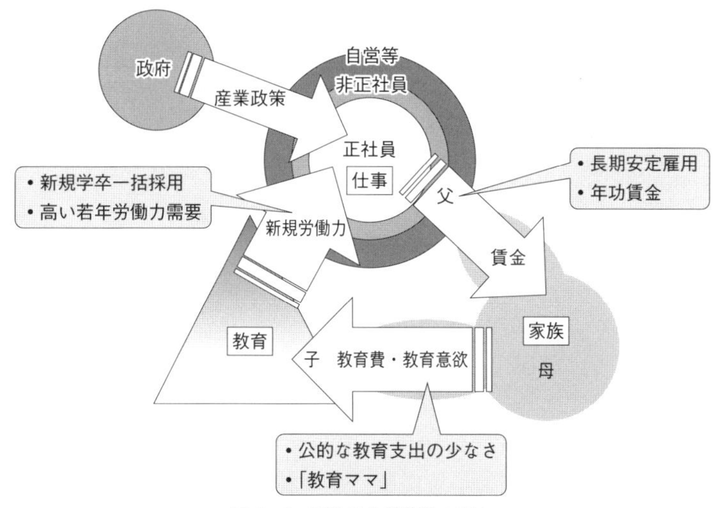

図８－２　戦後日本型循環モデル

（出所）　本田由紀 2014 社会を結び直す 岩波ブックレット，p 15より抜粋

これは三次元の立体構造を取り，それらが螺旋状に，錐の頂点を目指すものとして人々に意識されるという特徴を持っている。言い換えれば，このモデルのもとで人々は，自分自身の生活をより高いものにしていくために，より高い社会的な地位を得ようとしていたということである。そして，この「上昇移動のベクトルは東京を典型とする大都市に向かう形で成立」（本田, 2013：20）していた。「地方から進学や就職を通じて大都市に出てゆくという地理的な移動の軌跡」（本田, 2013：20）を歩むことが，より良い生活を得るために必要とされていたのである。したがって「地方」出身の青年にとっては，自らの生活をより良いものにしてくれる標準的なキャリアに乗るために，生まれ育った「地元」を離れることが必要だとみなされていたのである。裏を返せばそれは，「地方」出身者が「地元」に残ったり戻ったりすることは，キャリアの標準像から外れるということでもあったといえるであろう。なお，このような「標準的」キャリアのモデルは，1990年代半ば以降の社会変容の中で大きく揺らいでいる。重要なのは，モデルが大きく揺らいでいるにもかかわらず，そのモデルに付随する価値観は根強く残っているということである。

(2)「地方から都市へ」の自己展開

ここまでの議論を整理しよう。「ヨーロッパとアジアのねじれた二分法」のアナロジーとしての「都市」と「地方」の関係は,「地方」を「遅れた場所」ととらえそれを子どもたちの成長・発達の先に解消されるものであるとみなす教育の文脈にも見られた。このとき,人々(青年)にとっては,教育を通して自分自身のよりよい生活を実現していくために,「学校から仕事へ」というシームレスな移行と,その中での「地方から都市へ」の移動を果たしていくことが「標準的」なキャリアであるとみなされることとなる。ここにおいて,「地方」を二重の意味で低位に置く価値観は,「標準的」なキャリアを歩むことを当事者である青年たちが内面化し,この観念に基づいて自らのキャリアを形成していく過程で一層強化されていく。換言すればそれは,「地方」が「都市」に労働力としての「ヒト」や,資源としての「カネ」や「モノ」を供給するための場として周辺的に位置づけられるという構造[29]が,青年を含む人々の「標準的」なキャリアを達成しようとする主体的な動きによって強化されていったということでもあるのだといえる。ここには,宮原がとらえた教育という営みが具体化されている様子を見ることができる。

地方から都市へと出ることこそが成長であり,それが可能なことが「自立」であるという「標準的」なキャリア観が,「地方」出身者の「地元志向」を批判的にとらえる視点を,今なお支えているといえるであろう。

5 既存の価値観を相対化する社会教育学の方法論

しかし私たちは,「地方」出身の青年たちの「地元志向」を,あきらめや意思の弱さ,自立のできなさととらえるだけでよいのだろうか。そのようなとらえ方だけでは,前節で見たような「標準的」キャリアや,それを支えてきた教育(学)の価値観を無批判に受容し,多様にありうるはずの「地元」でのキャリアを見落としてしまうことにつながらないだろうか。この問題への示唆を得るために,本章の最後に,本書全体を貫くテーマである社会教育(学)に依拠してみたい。

社会教育は,社会教育法第二条「社会教育の定義」において,「学校の教育課程として行われる教育活動を除き，主として青少年及び成人に対して行われる組織的な教育活動（体育およびレクリエーションの活動を含む。）」とされているとおり，非常に広い範囲の教育的活動を扱うものであることがわかる。このように考えると社会教育は，この社会に存在している多種多様な教育という営みの基本的な形態としてとらえられそうだ。

だがそうではない。社会教育は，そのような教育の「原初形態」ではなく，先にみたような，近代化とともに普及・発展した学校教育との関係において規定されるものなのである。こうした社会教育観を「歴史的範疇としての社会教育」という。この社会教育観を提起したのは，第３節において教育という営みの特質を指摘した宮原誠一である。宮原は，学校教育に対する社会教育を，学校教育の『補足』『拡張』『以外』であると表現している（宮原，1977：15）。すなわち，公的に組織化され，人々を同一の価値観のもとで選抜し社会に配分していく機能を持つ学校教育が「中心」にあるとすれば，社会教育はその「外部」あるいは「周辺」にあるものなのである。その「学」としての社会教育学は，「中心」である学校教育の枠に入れない「周辺」に位置づく人々を主な対象に据えていた。学校教育の枠から漏れ，そのままでは存在そのものが「見えないもの」となってしまう層を「問題」として認識することで，「解決可能な存在」に引き上げ，社会や市場の発展を担い得る存在に仕立て上げるための制度として構築されたのが，宮原のいう「歴史的範疇としての社会教育」であったといえる。

しかし社会教育は，公的な学校教育をその周辺から支える「補足」的な役割に過ぎないわけではない。牧野は，社会教育の特徴を「（学校教育のように――引用者注）教えるべき内容を持つものとして構成されてきたというよりは，社会的な問題にその都度対処するものとして枠組みが設定」されてきた点にみている（牧野，2018：99）。つまり，学校教育が予め権威づけられた知識を個人に伝達し，個人はそれを受容して成長・発達することで「ヨーロッパ」的な人格形成を遂げていく，という個体主義的な道筋を取るのとは対照的に，社会教育は個人を社会関係的な存在へと組み換えることで，社会を拡大し安定させるという機能を担ってきたのである。社会教育はこのような機能をその対象とする具体的な場において様々にありうる人々の関係や置かれた環境をその都度とらえ直すという方法を用いながら果たしてきたのだ。さらにその際，社会教育は自らが行おうとする実践を上から一方的に押しつけるのではなく，現場の人々とともに考えてきた学問でもある。

もちろん，このような社会教育学の歴史的な役割や方法論をめぐっては非常に膨大な議論の蓄積があり，本節のような整理は一面的なものにすぎない。しかしそのうえで強調したいのは，「周辺」の立場に立ち，その「周辺」をどのようにとらえるのか常に問い直す社会教育学の方法論である。このような方法論を援用することで，ここまで本章が扱ってきた青年たちの「地元志向」をどのように考えることができるだろうか。本章のむすびとして，この点に触れておきたい。

むすび

本章を通して見てきたように，青年たちの「地元志向」は，その目指す先である「地方」の周辺性ゆえに，これまで十分とらえられてきたとは言いがたい。この背景には、近代以降の「都市」を高みに置く価値観や，その価値観のもとで「人格の完成」を目指してきた教育（学），そして教育を通して「標準的」キャリアを歩むべきとする考え方のもとで，「地方」が離れるべき場所とみなされてきた事情があった。

このような状況に対して，前節で扱った社会教育学の方法論は，私たちに「中心」ではなく「周辺」の立場から，「地方」や「地元」でのキャリアをとらえる必要性を喚起してくれる。さらに，そのようなキャリアを歩む青年たちに寄り添いながら，葛藤を含めた様々な声や思いに目を向ける必要性を示唆してくれるであろう。筆者はこれまで，このような立場から「地元」で暮らす青年たちのキャリアをとらえることを試みてきたが，その試みを通して見えてきたのは，「地元」という環境に不満や制限を感じながらも，それでもなお「地元」での生活に楽しさを感じ，これからも「地元」でキャリアを歩む将来を展望する姿であった（丹田，2019）。つまり「地元志向」の青年たちは，必ずしも自らのキャリアをあきらめていたり，意志が弱かったり，自立できていなかったりするわけではないのである。ここからは，「地元」という環境に一方的に縛られるばかりではない青年たちの姿を見てとることができる。

ここで改めて，冒頭の問いについて考えてみてほしい。あなたはこれまで，「地元」とどう関わりながらキャリアを歩んできただろうか。そして，これからのキャリアを歩む中で，「地元」とどう関わっていくだろうか。本章の議論が，「都市」や「地方」，そして「地元」という場を，キャリア形成と関連づけながら考えるきっかけとなれば幸いである。

（丹田桂太）

※本研究は，日本学術振興会科学研究費（課題番号：20K22258）の助成を受けたものです。

練習問題

①自分自身のこれまでのキャリアを「都市」「地方」あるいは「地元」といった場所との関係でとらえてなおしてみよう。

②自分自身のこれまでのキャリアを振り返りながら，その「分岐点」に着目し，「ありえたかもしれない」自身のキャリアについて考えてみよう。

③①と②を踏まえて，これからの自分自身のキャリアが，どのような選択肢とともにあるのかについて考えてみよう。

推薦図書

中西新太郎・高山智樹編　2009　ノンエリート青年の社会空間　大月書店.

「地元志向」や「地方」をめぐる問題が主題ではないが，本章が行ってきたように，それまで当たり前のようにみなされてきた「ニート」や「フリーター」をはじめとする社会の周縁に位置づく青年たちへの批判的なまなざしを相対化し，問い直している。青年を中心に生起している様々な社会問題をどのように考えるかという点に，ヒントを与えてくれる。

第9章 闘争から共生へ
——都市青年の生き方へのまなざし——

はじめに

現代社会では，青年には経済的自立が強く求められるようになっている一方，青年と社会との関係性は認識しづらくなっている。他者に頼らず生活を維持することのみが青年に求められていることなのだろうか。そもそも「青年」概念は社会の改善のための主体となることを想定されて登場したものであったが，流動化する社会において先行世代との緊張関係に陥りやすく，世代間の対立構造の中で弱者として位置づけられるようになっていく。「社会的無能力者」とも評された，構造的に弱い立場へと落とし込まれることこそが，青年が抱える現代的な課題となっているのだといえる。本章では，こうした弱者としての青年観を踏まえつつ，現代社会において青年が社会に関わっていく道筋がどのように構想され得るのかについて検討していく。

1 孤立する青年の生きづらさ

現代社会において青年（若者[30]）には何が期待されているか，と問われた場合，どのような回答が思い浮かぶだろうか。筆者はここ数年，ある大学で「若者の自立支援」という講義を担当しているが，この漠然としたテーマの講義を受講した学生には，毎年最初の講義で「自立」とは何だと思うか，そもそも青年にどのようになって欲しいと思っているのかを聞くことにしている。その結果，ほぼ全ての学生が経済的な条件について言及しており，生きていくために必要な資金を得ること，ひいては就業を果たすことを，他でもない青年自身が青年に求めていることがわかる。こうした就業ベースでの若者支援のとらえ方は，現代の日本社会において一般化しているように思われる。

日本における若者支援の施策は，2003年の「若者自立・挑戦プラン」から始まったとされる。子ども・若者支援の法制度について検討した大村恵によれば，このプランは「教育・雇用・産業政策の連携強化等による総合的な人材対策」であり，失業問題と労働力確保への対応が中心的課題とされていた（大村，2014）。初期の若者支援の施策が「人材対策」として始まり，この文脈において子ども・若者には経済振興のための有為な存在となっていくことが期待されていたということは，就業ベースの経済的観点から若者支援をとらえていた学生の観点とも合致するものである。

一方で，大村はその後の「子ども・若者育成支援推進法」（2009）や「子ども・若者ビジョン」（2010）については，憲法や子どもの権利条約に基づいた「最善の利益」の尊重や，個人としての尊重，環境整備の視点など，「人材育成」とは一線を画する内容を持っていたと指摘している。例えば，子ども・若者育成支援推進法第１条では，法律の目的に関わる社会的課題として，「子ども・若者をめぐる環境が悪化し，社会生活を円滑に営む上での困難を有する子ども・若者の問題が深刻な状況にある」ことに言及されている。ここでの子ども・若者は，社会生活を円滑に営むべき主体として想定され，それを阻害する社会的要因への対応が求められるようになっている。ただし，「社会生活を円滑に営む上での困難を有する子ども・若者」への支援という形をとることで，子ども・若者が何らかの課題を抱える存在として描かれることになり，その課題への対策が求められるという状況が前提の構図となっている。したがって，ここでは子ども・若者が抱える「社会生活を円滑に営む上での困難」とはどのようなものであるか，さらにいえばそもそも円滑な「社会生活」とはどのようなものであるかが問われることとなる。

内閣府による「子ども・若者育成支援推進法」概要図を見ると，地域における子ども・若者育成支援ネットワークの最終的な到達点として，「円滑な社会生活（就業・修学等）」が想定されており，学校または職場への帰属が円滑な「社会生活」の要件とされていることがわかる（図９-１）。言い換えれば学校や職場に所属できない状況にあることが，子ども・若者が抱える課題として位置づけられているのであり，日本における若者支援施策はそうした帰属するべき場へ子ども・若者を戻すためのものとして位置づけられることとなる。「人材育成」とは一線を画する，子ども・若者の「最善の利益」を重視したはずが，結果的に就業を目指すという方向性で一致することとなってしまうのである。

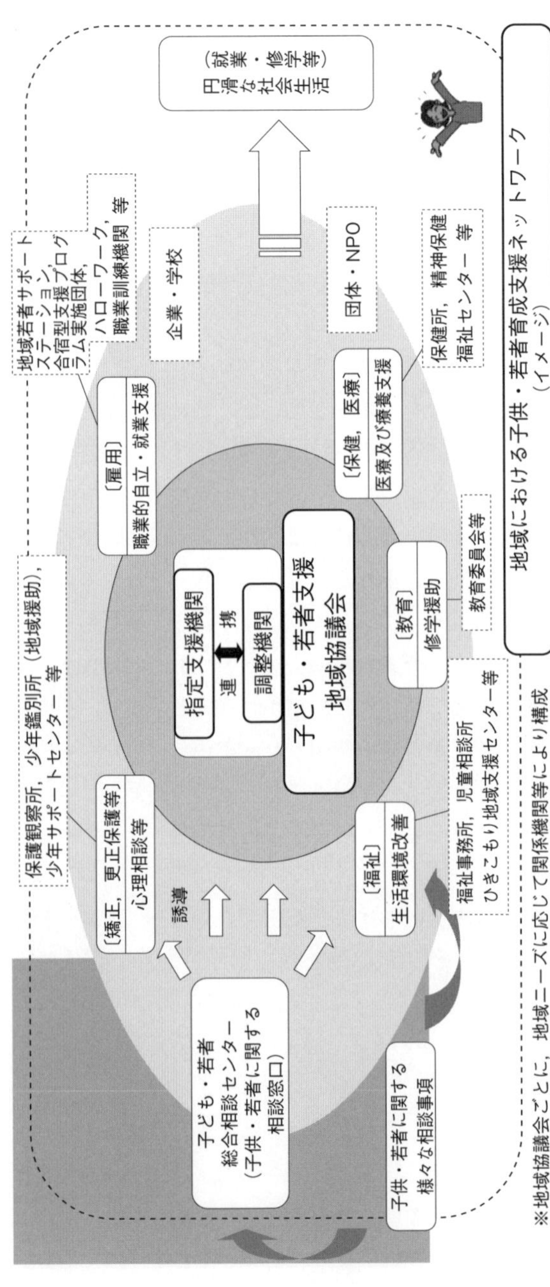

図9-1　若者支援施策のイメージ

（出所）内閣府HP「子ども・若者育成支援推進法　概要図」より抜粋（2021年3月9日取得）

これはなぜだろうか。

これを明かにするためには，日本社会におけるライフコースのあり方について検討する必要がある。乾彰夫は日本独特の青年期のあり方を「戦後日本型青年期」と指摘しており，日本では1960年代以降の企業社会の成立とともに，大企業への入職によって安定した生活の保障を受け，これによって自立を達成していくことが想定されるようになったことに言及している（乾，2010）。こうしたライフコースの中では学校から職場への移行が重要な課題として位置づけられることとなり，より良い条件の企業に入るために良い学校に行くことが重要視されるようになる。この場合，若者の抱える困難とは，正規雇用で就業することができず，安定した生活の保障を得ることができない点にこそあるととらえられることになる。日本での若者支援政策の多くが就業・修学支援として展開している背景には，こうした若者の「困難」観が大きく影響している。

では，政策的にも一般的な認識としても就業・修学が課題とされているのだから，青年には就業が求められているのだと考えても良いだろうか。近年，違う視点から青年が抱える課題をとらえようとする議論が多数出てきている。子ども・若者の「生きづらさ」に関する議論等がこれに該当し，例えば中西新太郎は，若者が直面する困難が「生きづらさ」という言葉で要約されるようになっているとして，その現れとして若年層における「うつ状態」の広がり等に言及している（中西，2009）。ここでは生活保障に関する困難，とりわけ経済的側面に着目するだけではなく，より若者の内面に踏み込んだ議論が行われているといって良い。中西によれば，若者が「生きづらさ」を感じる要因として，自立できていない人を社会的に無価値だとみなすようになっていることがあげられる。若者はまだ自立できていない状況にあるため，社会にコストをかけさせるという点で「負債」を負った存在とみなされるというのである。そして，そうした負債を負った状態から脱出するために求められる「自立」を，社会や他者に迷惑をかけない状況とするならば，若者に求められているのは徹底した孤立の状況ということにもなり得る。これを就業による生活保障という，戦後日本型青年期のあり方に即して考えるならば，就業して自分（及び家族）が生存可能となる稼ぎを得ることを求めるということは，誰にも頼らず孤立した状態でも生きられる基盤を整えるということに他ならない。言い換えるならば，就業ベースで青年の課題をとらえることで，現代の若者には徹底して他者に依存をしない生き方をすることが期待されているのであり，それができていればそれ以上は何も求められていないということにもなり得るだろう。

もちろん，中西自身も言及していることだが，人は完全に他者と切り離されて生きることはできない。就業している時点で仕事に関わる対人関係は残されるはずであるし，どれほど孤立しているように見えても，実際にはその状況でも生きていけるよう補完するシステムを社会が備えているのである。しかし重要なのはそこではなく，「生きづらさ」に関するこれらの議論が，青年に限らず，現代社会における生き方について考える契機となっていることであろう。

就業を青年に求めるということは，確かに青年の生活の要件となっている。そして生活を維持するということは，「社会生活」を考える上でも重要なことであろう。しかし，現代社会における「円滑な社会生活」の要件は，これだけで良いのだろうか。これ以外の要素は必要不可欠なものではなく，関心を持つ人のみが関わる余技に過ぎないのだろうか。青年が，さらにいえば現代社会に生きる個々人が，社会というものにどのように関わるのかが問われているといえる。

2 「青年」とは何者か

そもそも，「青年」という言葉が用いられ始めた当初，青年には社会を変革していく原動力となることが期待されていた。現代の用法に通じる意味で「青年」という言葉を最初に用いたのは徳富蘇峰だとされるが，1885年に徳富が熊本の私塾である大江義塾で行った演説を基に出版された『新日本之青年』の内容は「時代の転換の宣言，「未来ノ世界」を知りうるのかという問いかけ，未来を担う次世代として「青年」を前面に押し出し，その重要性を強調すること，そしてその「青年」を教導する「教育」の役割の重大さを訴えること」という，非常に未来志向的なものとして概括されている（木村，1998）。つまり徳富にとって，青年とは時代の転換点にあって，未来の新しい社会を担う存在として位置づけられる存在であった。こうした姿勢は，徳富によって創刊された『国民之友』の巻頭にある「旧日本ノ老人漸ク去リテ新日本ノ少年将ニ来リ、東洋的ノ現像漸ク去リテ泰西的ノ現像将ニ来リ、破壊的ノ時代漸ク去リテ建設的ノ時代将ニ来ラントス」という一文からも読み取ることができる（民友社，1887)。旧日本と対置する形で，圧倒的に善なるものとして「新日本」という概念を置く二項対立図式が，未来志向の「青年」像を支えていたのである。

新しい社会を構築していく原動力として青年の存在に期待するという構図は，太平洋戦争終結後の1940年代後半にも同様に見られるものであった。この頃は社会全体の価値観が大きく変化していた時期であり，戦後復興と民主主義化という，社会全体の変化が必要とされていた。そうした中で，宮原誠一が日本の独立に向け「青少年が日本の改造と建設にたのもしく参加してゆく」ことを期待し，そのための教育が必要であると論じているように（宮原，1950)，新しい国家社会の構築と青年自身の成長発達を重ね合わせる形で，青年には新しい日本を形成していく原動力となっていくことが求められていたのだといえる。

こうした青年像は，既存社会において一定の地位を獲得してきた先行世代との間の緊張関係を前提として論じられている点に大きな特徴がある。徳富が「旧日本ノ老人漸ク去リテ新日本ノ少年将ニ来リ」と論じている点に典型的に示されているように，社会全体の変革を促す存在として青年を位置づけた場合，旧日本の象徴としての「老人」が去ることによって青年の役割が達成されるという構図が描かれるのである。欧米列強による植民地化が危惧された1890年代や太平洋戦争終結直後の1940年代後半のように，社会全体で大きな不安を抱え，「老人」自身が新しい社会構造の必要性を認識している場合は青年への期待が広く論じられることになるが，基本的には社会の変革を目指す青年は，先行世代との対立構造の中に描き出されることになる。

また，既存の社会構造の中では多くの場合，より大きな力を持つのは「老人」であり，青年は対立構造の中で厳しい立場に置かれることが多かった。これについては戸坂潤が端的に，青年が貧困から脱出する目途のたたない社会的無能力といわれる状態に置かれており，これまで青年と呼ばれてきた存在とは異なる「現代的青年」が出現していると指摘している（戸坂，1936)。この「現代的青年」は階層・階級を越えてある年齢層に共通した特徴とされているが，これは明治維新以来社会の変革をその役割とされてきた青年という存在にとって，ある程度固まってきた社会構造の中で上の世代との関わり方が課題化されてきていたことを示すものだと考えられる。

さらにいえば，戸坂の論じる「現代的青年」たちは，社会的無能力の状態から脱出することも困難な状況に置かれることになる。本来であれば青年は，数年の後に既存社会を維持する側としての「老人」になっていくことが想定され，上の世代との対立による社会的無能力の状態からは脱するはずであった。しかし社会の変化が激しくなり，上の世代とライフコースのあり方が違う状況になることで，上の世代の後を継ぐ形で社会的無能力の状態から脱出することが困難になってきたのである。こうした傾向はこの後も現在に至るまで継続しており，例えば小川利夫は「六〇年代の高度経済成長の嵐にもまれた日本の息子たちは、日本農村の大半の“あとつぎ”息子たちをもふくめて、もはや「親爺の二代目」ではなくなりつつあるところに、今日の問題がある」と論じ，その特色については戸坂の論を引用しながら「永久に貧困で又云わば永久的に下積みである」点にあるとしている（小川，1978）。

そしてこの点にこそ，現代における青年が抱える課題の根幹がある。ライフコースが変化し，既存社会に円滑に包摂される道筋が見えなくなったということは，青年個々人がその都度社会との関わり方を模索しなければならなくなったということを意味している。つまり社会というものが所与のものとして認識し得なくなった中でどのように生きるのかという問いに，青年が直面するようになったのである。

なお，青年の社会的弱者としての位置づけは，戸坂が階層や階級を超えた課題として論じ，また小川が農村のあとつぎ息子たちもふくめて言及しているように，都市部に居住する青年だけの課題ではなく，広く居住地や階級を問わず共通の課題となっていた。言い換えれば，広く青年に共通する課題として疎外の状況が認識されていたといえる。しかしライフコースの変化は継ぐべき農地等があった農村部よりも，青年の労働者化が進んだ都市部においてより顕著に見られたと思われるため，次節以降，とくに都市部における青年のあり方に着目して論を進めていく。

3　断絶と闘争の青年観

それでは，そうした社会的無能力な状態に置かれた青年は，どのように社会に向き合うべきとされたのだろうか。これについては小川が「いま一度戸坂潤の言葉を借りていえば、こうした状況にある「現代青年は、ほっておけば限りなく弱い社会的無能力者に堕して行く他はない。そこから立ち直るには、闘いが必要だ」学校の内と外との両面において、自主的＝主体的な青年集団・青年運動の自由な発展が、必要不可欠なのである」と論じているように（小川，1978），1950年代から60年代にかけての社会教育では主に「闘い・闘争」として，より具体的には社会運動として青年の活動を位置づけてきた一面があった。また，その背景として青年という存在が社会の問題状況を集約的に体現するものとみなされていたことも指摘されている。つまり青年が社会的無能力な存在として位置づけられてしまう構造の背景には，社会全体に関わる課題があると考えられており，「青年」を社会運動の主体とすることで，再度社会の変革を進める原動力として位置づけ直そうとしていたのである。

とはいえ，小川自身も言及しているように，青年は「ほっておけば限りなく弱い社会的無能力者」となってしまう社会的状況に置かれているため，社会を変えていくだけの影響力・実効力を持つためには工夫が必要となる。そこで青年の活動を展開する際に重要視されたのが，運動の母体となるような青年集団の形成であった。山口富造は「運動の影響力を大きくしようとすれば、その組織を大きく、強固にしなくてはならない」と論じているが（山口，1962），これは社会に対する影響力を大きくすることと青年集団の拡大が，重ね合わせる形でとらえられていたことを示すものであり，組織化し大規模に社会運動を展開していくことで，青年を社会的無能力の状態から脱出させようとしていたのだといえる。そして，こうした構造を前提とした場合，青年自身にとっても，青年集団の組織化や拡大を達成しなければ疎外状況からの脱出は達成されず，集団の目的を果たすこともできないのだと認識されることになるため，青年集団は大きくしていくべきものとして位置づけられることとなる。

そして，青年集団の拡大のために重要な論点とされたのが，何に関する運動を行うのかという，集団のテーマの設定である。基本的には多くの青年が関心を持って活動に加わりやすいものとして，青年自身の生活上の課題等に関する活動が重視されることになるが，このとき生活環境が異なる他者と共同で活動を行うことができるかが課題として取り上げられることとなる。例えば共同学習論を展開した日本青年団協議会（以下，日青協）の議論では，農村において地域社会や生活の具体的な問題を扱うほど，長男のみが参加するようになっていき，生活環境が異なる二三男や女子は動機づけを弱められてしまうことが指摘されている（青年団研究所編，1954）。そこで，違った立場にある者でも共通の課題について議論することができるように考えられたのが，課題をある程度抽象化して共有する手法であった。例えば農地を継ぐことになる長男と，そうでない二三男では置かれた環境は異なるのだが，それぞれが直面する課題が農村生活の非合理性から派生しているものだとすれば，共通の課題として議論できるというのである。

このとき，長男や二三男がそれぞれの立場から感じる具体的な事象と，「農村生活の非合理性」というテーマは厳密に区別されることになり，日青協による整理に依拠するならば，前者は表面的な「興味」，後者が真の「要求」ということになる。さらにいえば，個別の課題の根幹に関わる社会的な条件にまで「要求」を高めることで，異なる立場の人でも共同で運動に参加することができるようになると考えられていた。そのため，集団を拡大していくために，真の「要求」をいかに見つけ，それを基に組織化を進めていけるかが重視されていたのである。また，例えば田辺信一が「要求の自覚化とは、みずからがどのような立場におかれているかということを認識し、その問題の解決なしには自分も他人も生活がおびやかされるということの確認である。たんなる好悪、寒暖にかんする感想ではない」と論じているように（田辺，1962），「要求」に基づいて集団を形成し，実践的な運動として展開していくことは，自身の生活を守り疎外状況に陥らないために不可欠なものとして位置づけられる一方で，個々人の生活実態やそこでの率直な感性は「好悪、寒暖にかんする感想」として軽視される傾向にあったといえる。言い換えれば，個々の青年の感性は，共有できる「要求」へと高められることではじめて意味を持つととらえられていたのである。

また，田辺の論の中ではもう一つ，「生活がおびやかされる」という表現にも注意が必要であり，これは課題をもたらしている要因が，青年の外部にある社会（あるいは行政や「老人」）によってもたらされていることを前提とした表現となっている。社会にある疎外状況を課題化し，運動によって疎外要因からの解放を求めるという構造を取っていることで，必然的に疎外要因をもたらしている社会を闘争の対象として位置づけるようになっているのである。

こうして，疎外要因と対峙するために「要求」によって青年を組織化していくという，青年を社会的無能力な状態から脱出させるための道筋が示されることになる。しかし，実際にはこうした一連の流れは，必ずしも青年自身に受け入れられたわけではなく，テーマが抽象化してしまうことで，むしろ青年が自分自身に関わる事柄としてとらえられなくなることも多かった。

当時の青年集団が活動のスローガンとして重視していた言葉の一つに「社会参加」がある。とくに都市部において孤立感・孤独感を覚える青年は多く，どのように社会に関わっていくかは共通の課題として認識されていたためだが，この「社会参加」にしても青年に受け入れられたとは言い難い状況があった。例えば，都市部の青年たちによるサークル等の全国連絡協議会である日本都市青年会議（以下，日都青）でも「社会参加」は主要なテーマの一つとして取り上げられていた。日都青の記録を確認すると，交通問題や公害等の具体的な課題を集約していく中で「社会参加」というテーマが見出されたことがわかり，まさに具体的な諸課題を抽象化し，多くの青年にとって共有可能なテーマとして考案されたものであったといえる。しかし1977年の日都青の全国大会に参加した青年の感想を見ると，「分科会のテーマどれ一つ取って見ても，どこに本当の青年の問題や悩みがあるのでしょうか」「テーマをもっと私たちの身近な題材を選択（するべき）」等の批判が数多くあり，抽象化した「社会参加」というテーマ設定が，参加した青年たちが日常的に感じている課題意識と直接的には重ならなくなっていたことがうかがえる（日本都市青年会議千葉大会参加者一同編，1977）。また，「団結するのは良いが団結して何をしようとするのか！」という意見もあり，青年が団結し連合体をつくることの意義も自明のものとはなっていなかったことがうかがえる。青年集団の形成は疎外状況の克服のために必要なことだと位置づけられていた一方で，当の青年にとってはそうした集団への参加は当為とみなすものにはなっていなかったことがわかるのである。

青年の意識と抽象化したテーマの間で齟齬が見られる要因として，一つには単純に抽象化することで青年が具体的にイメージできなくなってしまったことが考えられる。しかしそれ以上に，青年一人ひとりの素朴な実感としての「興味」を「要求」へと高めるために抽象化しようとするあまり，青年の「興味」から目を背ける構造が形成されてしまっていたことが指摘できる。例えば日都青会長であった小西義行は「この都市化傾向が続く社会で、私たち青年はどう対処すればよいのだろうか。地方から就職や進学を求めてやって来る青年を一人でも孤独にさせないよう仲間づくりの輪を広げていくのも決して間違ってはいない。（中略）だがそれ以上に、私たちは都市化に対する認識を深めなければならない。」と記述しているが（青年の声編集実行委員会編，1976），ここからは「都市化に対する認識」という「要求」を重視する一方で，上京した青年が感じる孤独感という「興味」への対応を後回しにしてしまっていることを見て取ることができる。

4　青年の社会参加の実態

それでは青年個々人にとって，社会に関わるという意味での「社会参加」とは，どのようなものとしてとらえられていたのだろうか。前節で触れた通り，日都青における主要なテーマの一つが「社会参加」であり，青年は街づくりのために積極的に役割を果たすことで社会参加をしていくべきとされていた。ただし，そこで議論されていた「社会参加」の内実を見ると，異なる二つの内容が混在していた。

一つは前節で言及した，疎外状況からの脱出を目的とした闘争としての社会参加であり，「政治活動を含めて、若者に、社会制度に関するところの発言の機会と場の提供」を求めるという記述等に見て取ることができる（日本都市青年会議記念誌「あゆみ」編集委員会編，1985）。また，日都青は1970年代を通して組織化がすすめられた組織だが，組織化を進め，集団を拡大していくことで，行政への影響力を増していくことを目指す議論が行われていた記録が残っている。ここでの社会参加とは，青年を権利主体として位置づけ，その権利の保障を行政等に要求していくことを指しており，行政に対してどれだけの発言力を確保できるのかという観点から青年の役割がとらえられることとなっている。しかし，こうした社会参加のイメージが青年になかなか浸透しなかった側面があったのは，先に触れた通りである。

これに対しもう一つの社会参加観は，青年自身が都市の環境悪化の中で感じている「暮らしにくさ」の感覚に依拠し，地道な活動を地域で展開しようとするものであった。具体的には町内清掃や花壇づくりなどの住みよい町づくり運動に言及されており，生活環境の改善に直接つながる取り組みが社会参加の事例とされている。また日都青第３回大会の記録を見ると「地味な社会教育活動を数年にわたり続けてきた青年」の声を発信することの意義として，「新旧の世代のみでなく、若い世代間にあっても左右のイデオロギー、特定宗派対立のため、お互いの不信、分裂という悲劇がおこって」いる状況への対応に言及されており[(31)]，活動を通じて不信・分裂を乗り越えることの重要性が指摘されている。こうした姿勢は，活動の前提条件として青年の団結を求めるものとは異なり，むしろ地道な活動の結果として，立場を超えた緩やかなつながりを生み出すことを志向するものだったといえる。

実際に都市部で生活する青年個々人の社会参加のあり方は，「暮らしにくさ」に依拠した社会参加観に通じるものがあったと考えられる。より正確には，多くの青年たちは，青年同士の親睦・交流を目的として集団を形成していたのであり，都市空間における孤立感・孤独感という「興味」が集団形成の原動力となっていたといえる。例えば横浜市で活動していた青年サークルの一覧を見ると，1966年の時点で18のサークルが確認できるが，そのうち11のサークルで親睦・交流を団体の目的としていた。言い換えれば青年たちの中で「交流」に対する需要がそれだけ高まっていたのであり，都市空間における青年たちの孤立・孤独という「興味」への対応が大きな課題となっていたのであった。そして，そうした集団によって行われる活動の中で，社会参加は必ずしも意識化・目的化されておらず，活動を展開していく中で結果として果たされるものとなっていたのである。

親睦・交流を目的としていたサークルの中には，メンバー同士で共有する連絡帳を設けていたところもある。親睦・交流を目的の一つに掲げて横浜市で活動していたサークルが，1972年から73年にかけてメンバー同士で共有していた連絡帳の記述を見ると（表9－1），まるで日記のようにその日の個人的な経験について書き込んでいる人が一定数存在している他，とくに用事が無くても拠点に人が集まっていることを示す記述も多い。１冊のノートに117回の書き込みがあるが，そのうち約半数にあたる58回は日常の出来事について書かれており，その中には無目的に誰かに会いたくて集まっていることを示す記述も目立つ。これらの記述は，多くの青年たちにとってのサークルは参加を当為とする場ではなく，あくまでも孤立感・孤独感という「暮らしにくさ」へ対応する場として位置づいていたことを示すものだといえる。そうして集まっていく中で，サークル外からも広く参加者を募るダンスパーティ等の交流機会の創出や，ベルマーク集めの呼びかけ，各種研修の参加者募集等が行われており，結果として様々な取り組みが展開していたことが，青年たちの記述から見て取ることができる。とくにベルマークに関する呼びかけを見ると，他者の「興味」であるはずの活動への協力を，サークルの中の情緒的なつながりを基にして呼びかけていることがわかり，つながりを前提としながら「興味」を基盤とした活動を展開していっていたことがわかる。

この他にも「皆なんとなく集まって、いつのまにか消えてゆく。こんなものかもしれません。」という記述もあるが，こうした記述からは集団の維持や拡大に対する意識はほとんど読み取ることができない。むしろ必要がなくなれば集団がなくなることも許容する姿勢が見られるが，これはサークルへの参加が当為ではなく，個々人が自由意思で参加することを前提と認識しているからこそ，不要とされればなくなることもあり得ると意識されていたのであろう。

これらの記述からは，サークル等に参加し集団を形成していた青年自身にとっての社会参加のあり方を見て取ることができる。多くの青年にとって，活動への参加は理想の社会の実現に向けたものとしてではなく，孤立感・孤独感をはじめとする自身の「興味」に対応するものとして位置づいていたのである。しかし，活動を継続的に行っていく中で，事前に想定し得なかったものも含めて，関係性の中から多様な価値を生み出していくことで，結果として社会に関わる取り組みを展開し得ていたのである。これは闘争としての社会参加観において，事前に疎外要因を「要求」として見出し，そのテーマへのコミットを求

表９-１　横浜市の青年サークルメンバーの手記（一部抜粋）　1972～73年分

1972年５月９日	（他の団体から届いた，ベルマーク集めへの協力を求める手紙を貼り付け）こんな手紙が届きました。協力してあげたいと思います。
７月１日	７時40分にいこいの家につきました。だれもいませんでした。（中略）８時20分，Ａさんがきました。Ｂさんに用があると。もっとほかの人も来てくれないかなァ。連絡しとけば良かった。
９月９日	今日は雨。皆さんきてないかなと思っていこいの家に電話してみました。どうでしょう，だいぶきていたんですよ。ヘエーて！！感心しちゃった。
10月25日	今日は別に例会日でもないのにやって来ました。実は今度○○（このサークル名）で模擬店のおでん屋をやることになったので，そのため文化祭実行委員会のある日にはこうやってよばれもしないのにノコノコと顔を出すのです。
10月（日付記載なし）	南区で活動してる社活グループより，古切手の募集について協力の依頼がありました。この古切手を現金にかえ各福祉施設等にて使われます。
10月31日	例によって別にこれと言った事もしないのにやってきた。（中略）7時半にBさんが顔を出した。なるほどもうすこし待てばこりゃまだまだくるかもしれないゾ。
1973年３月30日	何となく，仕事が終り，いこいの家へ，気がさそう。別に用はないが若者が集まる。この家は心が休まる。
４月10日	今日はＣ君が皆でカウベルへ行こうなんて提案したので例会日でもないのにやって来たわけです。あいにくの雨，ホントにやりきれない。
４月28日	今日この室にはいっておどろきました。新しい仲間がだいぶまじってＤ君達を中心にして楽しそうに話してました。やるもんですね。
８月11日	若いみなさんはプライベートタイムの時間だけど，小生デートする相手はいないし，結局この場に遊びに来るのだが，あいにくと本日は私一人。
９月８日	最近なんといったら良いか以前の様なやる気が出てこないのです。自分でお前は何のために杉の仲間にくるのか，なんとなくヒマだからさ。家にいても面白くない。それじゃ楽しくないだろ。でも結局こんなもんじゃないかな。皆なんとなく集まって，いつのまにか消えてゆく。こんなものかもしれません。

（出所）　横浜市の青年サークル連絡帳から抜粋して筆者作成

める社会参加のあり方とは根本的に異なるものであるといえる。青年たちは，むしろ素朴に感じる「興味」としての「暮らしにくさ」によって情緒的につながり合い，そのつながりの中で様々な活動を展開していったのである。言い換えれば，疎外や闘争を前提とし，世代間の対立構造として描かれるものとは異なる，新しい枠組みから都市における青年の動きをとらえる必要性が提起されていたのだといえる。

5 共生としての生き方

改めて，日都青の議論から見出される二つの社会参加観について整理をすれば，この二つの違いは単に社会にどのようにつながるかという方法論としての違いではなく，より根本的に社会や先行世代と青年の関係性をどのようにとらえるかに関する違いだったといえる（**表9－2**）。疎外要因に関する共有可能な「要求」を見出し，その改善を集団で求めようとする場合，青年と社会の関係性は闘争として描かれることとなり，さらにいえば社会とは青年にとっての外的な環境として位置づけられることとなる。これを上の世代との関係性に関連して言い換えるならば，徳富以来の世代間の対立の構図を継承し，既存社会との闘争を通じて新しい社会を構築することを目指すものとして位置づけられるだろう。

これに対し，情緒的なつながりとしての仲間関係を基盤としながら，素朴に感じられる「暮らしにくさ」等によって環境改善に取り組もうとする場合は，青年は社会の内部の存在として位置づけられることになり，目の前の課題に対応することを通して環境の改善を進めていくことができるようになる。このとき，先行する世代は退けるべき「老人」としてではなく，地域社会の中で同じ課題に直面し，ときには共同で活動に取り組み得る隣人として位置づけられることになるだろう。

もちろん，後者の場合であっても青年が先行世代と断絶し，社会的に弱い立場に置かれるという構造自体は同じであるし，現在でも変わっていない。岩佐淳一が1970年代後半の青年批評は先行する成人との断絶性・異質性において青年をとらえるものだと論じ，その後も「モラトリアム人間」や「新人類」等の断絶性を前提とした表現が多用されてきたこと等から考えれば（岩佐，1993），社会の変化が一層加速していく中で，現在に至るまで世代間の断絶はより深まってきているととらえることもできる。しかし，例えば日都青の議論の中で，活動を通して世代間やイデオロギー間の対立・分裂を乗り越えることに言及されているように，活動を通して異質性を乗り越え得ることが示唆されているの

表9-2　2つの社会参加観

	闘争としての社会参加	「暮らしにくさ」による社会参加
社会参加の方針	目的的。課題を見極め，望ましい環境になるように，行政等に対して要求を行っていく。	派生的。必ずしも事前に望ましいあり方を構想してから活動するのではなく，課題があればそれに取り組んでみる。
社会への関わり方	「要求」に応じて闘争。より望ましい環境になるよう，行政等への影響力を確保。	交渉，協力。活動によって社会のあり方に働きかけ続ける。直接的な環境改善。
組織のあり方	必要。組織が強固であるほど影響力が増す。強化・拡大を目指す。	関係性を媒介として「興味」が伝わる等，あればできることが広がる。ただし，厳密には組織よりも関係性そのものが必要。
青年の位置づけ	世代間の対立が前提。社会的に弱い立場。権利を行使する主体。	地域社会の一員。同じ環境を共有する人とは対等。
青年同士の関係性	実践的。疎外の要因を明かにするために，相互に学び合うことが求められる。	情緒的。寂しい，もしくは楽しい等の「興味」によるつながり。

（出所）筆者作成

である。こうして同質な未熟者とも異質な不穏分子とも異なる，異質でありながら共生可能な存在としての「青年」という位置づけが登場することになる。

ところで，実は青年を共生可能な存在とみなし，共同で地域や社会を構築していこうとした事例は多数存在している。既に言及している日都青ももちろんだが，それ以上に全国各地の草の根の活動として，現在でも継続されているところも多い。萩原建次郎はそうした取り組みを「若者の参画型地域活動」として位置づけ，コミュニティを持続可能で多様性をもった，共生可能なものへと組み替えていくことができるものだと論じている（萩原，2010）。こうした位置づけにおいては，社会やコミュニティは常に組み替えられ続けているという意味でダイナミズムを持つものとして描かれることとなり，青年は組み替えられ続ける社会に持続可能性を付与する，固有の価値を持つ存在として位置づけられるようになっていくのである。

このとき重要なのは，こうした青年観は，青年本人の活動だけでは獲得し得ないということである。萩原は若者が他者との間に構築する相互承認関係の重要性に繰り返し言及しているが，これはつまり地域や社会の側も，青年を対等で共生可能な存在であると認識していなければ，青年が力を発揮することはできないということを示している。日都青の事例でもそうだが，こうした取り組みは目指すべきゴールとしての社会像等を想定しないからこそ，活動の結果として社会に関わるという構図になる。そのためには，日常的に対話を繰り返すことができるだけの関係性が前提に置かれなければならないのであり，これは青年同士の関係性においてだけでなく，青年と社会やコミュニティとの間でも変わらない。共生の存在としての青年には，そうした関係性の中で何を為し得たのかが問われることになるのである。言い換えれば，青年と社会の関係性にとって最も根本的な課題となるのは，社会が青年に何を期待するかではなく，社会と青年が一緒になって何を為すことができるか，ということになる。共生としての生き方は，青年だけが模索するものではない。

むすび

現代では社会の流動化は一層進み，青年たちが「親爺の二代目」ではなくなっている構図は全く変わらずに継続されていると考えて良い。その意味では，現代の青年たちも「社会的無能力者」として位置づけられ得る立場にいるのであり，そうした青年たちがどのように社会に向き合い，生きていくことが構想できるかが問われるようになっている。

「社会的無能力者」としての青年に，再度社会に対する影響力を持たせるための取り組みとしては，これまでは青年たちを組織化し，社会運動として活動を行っていく方法が主に論じられてきている。しかし，本章で1970年代の都市青年が掲げた「社会参加」というテーマの位置付け方を検討した結果，先行世代との対立を前提とするのではなく，先行世代と共同で社会をつくり替え続けていく青年像が見出された。むしろ，世代間の対立を前提として，青年を組織化していこうとする取り組みは，当の青年自身からも理解を得られないことが多かったことも，当時の記録から示されている。

世代間の共生関係によって，持続可能で多様性を持った地域や社会を構築していき得ることが示唆されているが，そうした共生関係は青年の取り組みのみで実現できるものでは無い。社会を常に組み替えられ続けているダイナミズムを持つものとして位置づけ，社会を構築し続ける主体の一人として青年をとらえていくことで，はじめて青年と社会の関係性が構築されるのである。こうした枠組みにおいて，青年の生き方に対する問いかけは，青年とともに組み替えられ続けていく社会のあり方そのものに対する問いかけとして，先行世代を含めた社会全体に投げ返されることになる。

（大山　宏）

練習問題

青年が現代社会で営むべき「円滑な社会生活」とはどのようなものだと考えるか。自身の考える「円滑な社会生活」の要件をまとめ，それが実現していくために必要な社会的条件について検討してみよう。

推薦図書

若者支援全国協同連絡会編 2016 「若者支援」のこれまでとこれから――協同で社会をつくる実践へ かもがわ出版.

若者支援に携わる実践家の組織である，若者支援全国協同連絡会によって出版された書籍。若者支援の歴史と現状について非常に簡潔にまとめられている。若者に社会の主体となることを求めすぎている向きもあるが，若者と協同で活動を進める試みについて等，今後の若者支援に向けての示唆も多い。

両角達平 2021 若者からはじまる民主主義――スウェーデンの若者政策 萌文社.

著者はスウェーデンのユースセンターでインターンを行った経験等を基に，スウェーデンの若者政策について紹介しており，「民主主義」をキーワードとして，若者が先行世代としての大人と共同で社会をつくり続けている先行事例として位置づけられる。若者を社会的な課題ではなく，重要なリソースとしてとらえる視点等，日本の若者支援のあり方に対し示唆するものも大きい。

久田邦明 2010 生涯学習論――大人のための教育入門 現代書館.

子ども・若者の居場所を研究テーマの一つに据えてきた，社会教育学者の久田邦明による書籍。コミュニティカフェ等の全国の実践事例に多数言及しており，具体的なイメージを伴いながら，子ども・若者と共存できる地域社会のあり方について，社会教育の視点から検討している。

第Ⅳ部

「学び」をおきなおす

第10章 「声」の教育方法
——文字・眼の普遍性・抽象性から声の具象性へ——

はじめに

本章の課題は，教育の場での教える者と教えられる者との関係のあり方を，口演（こうえん）童話という「語り」の教育実践の知見から明らかにすることである。これにより，教師―生徒，大人―子ども，親―子のように，大人と子どもの関係を二項対立の図式でとらえることを暗黙の前提として教育関係を論じてきた戦後の教育学（高橋・広瀬，2004）とは異なる視点から，「教育」とはどのような営みなのかを考察する。

1 教える者と教えられる者

「教育」は，広義には「教え育てること」全般を指す。この意味の「教育」は，共同体を維持，発展させるための機能の一つとして，いつの時代，どの社会にも存在してきた営みである。一方，狭義の「教育」は，近代社会の成立とともに誕生した学校教育を中心に成立した，歴史的な概念ととらえられる。

近代教育学の祖とされるヨハネス・アモス・コメニウス（Johannes Amos Comenius）は，教育を万人に必要なものととらえ，主著である『大教授学』において，あらゆる人に，あらゆる事柄を教授する普遍的な技法を提示した（コメニュウス，1962）。このコメニウスの教授学は，彼が自らの教授学を「教授印刷術」と呼んでいることからわかるように，15世紀に発明された活字による印刷術（活版印刷）を前提としている。彼が本書を刊行した16世紀にはすでに，ドイツのヨハネス・グーテンベルク（Johannes Gutenberg）によって実用化された印刷機の技術が，宗教改革と結びつき，大量の聖書の印刷，刊行によってヨーロッパ中に普及していた。コメニウスはその活字印刷術を念頭において，世界のあらゆる知識を秩序だて体系化し，それらのいわば抽象化，普遍化された知識を，書物や図絵などによって子どもへ伝達する方法を考案したのである。

教育学者の高橋勝は，そうしたコメニウスの教授学には，「世界を外部から対象化し，それを一つの秩序のもとで整合的にとらえ尽くしたいとする近代人の欲望」が潜んでいると指摘する（高橋，2002：132）。高橋によれば，学校で教えられることは，この世界そのものではなく，ある特定の規則や構造だけを選び出し，その規則に合致した内容を配列したものである。また，それを生徒に具体的に指し示すのが「教える」行為である。

さらに，高橋は，上記のような性格のゆえに，「教える」行為と子どもが「学ぶ」行為は，連続的・予定調和的なものではない，すなわち，「教える」と「学ぶ」が連続的なものととらえられてきた近代に対して，20世紀以降の「学ぶ」行為は，教えられる側が教える側から与えられた世界の解釈枠組みを，意識的であれ無意識的であれ，再解釈することで成り立つと考えられるようになったと指摘する(32)。

上のような論は，子どもを，教師から教えられたことを受動的に受け取る存在ではなく，自らが知識を学びとる能動的な存在とみなすものである。教育を，そのような「学ぶ」と「教える」という異次元の行為が交錯する営みととらえ，とくに個々の子どもの内にある能動性，すなわち学ぼうとする意思や意欲を育み，高めていこうとする教育のあり方は，今日の学習指導要領でいうところの「確かな学力」の育成に通じている。

このように「教える者」と「教えられる者」とを非対称の関係でみつつ，子どもの自発的に学ぶ力の成長を促そうとする教育は，「教える」と「学ぶ」を連続的・予定調和的にとらえる，いわゆる近代の教育観を乗り越える見方として考え出されたといえる。しかし，これら二つの教育観は，「教える」－「学ぶ」行為を上下の管理・抑圧という二項対立の図式でとらえているという意味では同じであるとも考えられる。つまり，教育を，教師から生徒へ抽象的・普遍的な知識を一方向に伝達するものととらえ，教師の「指導」を強調するにせよ，教える者と学ぶ者の関係の非対称性にもとづき，教える者の枠組みによって提示された知識が学ぶ者により再解釈されるプロセスであるとみなし，子どもの「主体性」を強調するにせよ，どちらも教える者と教えられる者の関係を二項対立的にみている点では同様なのではないだろうか。

既述のとおり，学校教育では，ある解釈のもとで選ばれた「知識」が，教科書の文字や絵（映像）を使って，いわば視覚的に教師から生徒へ伝達される。これまでは，そうした視覚優位の「知識」を，教師がどのように教えるか，あるいは，子どもがどう学びとるかという二つの局面で教育の営みをとらえ，どちらが重視されるべきであるのか，終わりなき論争を繰り返してきたといえる。ただ，実際の教育の場を想像するとわかるように，そうした知識は通常教師の生身の声により，聴覚的にも生徒に伝えられるものである。では，この教師と生徒の声を通じた相互コミュニケーションに焦点をあてた場合，「教える」－「教えられる」行為はどのように解釈されるだろうか。

先に結論を述べれば，教師の声や表情，仕草など，「教える」行為のオラリティ（orality）[33]の側面に着目すると，教授の効率性が重視される場での，教えられる側の子どもと教える側の教師との関係にも，一見非対称でありながら，実は相補性が生まれているということがわかる。そして，そのような観点からみると，学校の授業における言語教育は功利主義的でありながら，その実，子どもたちの日常生活において個性の伸長へとつながる，いわば言語の多義性を発現させる可能性を持っているととらえられるようになるのである。ここで明らかにしたいのは，そのような「教育」の新たな一面である。

本章では以上のことを，明治末期から大正期にかけて誕生・発展した口演童話という「語り」の教育実践の知見を紹介しながら説明していくこととする。ここで口演童話を題材としたのは，それが一般的な授業とは異なって，教科書などの視覚的な教材を用いず，教師の「語り」のみで展開されるものだからである。このような特徴をもつ口演童話を取り上げることで，本章のねらいとしているオラリティとしての教育の側面を，より鮮明に浮かび上がらせることができると考えている。

なお，口演童話はこれまで，大正期以降に花開いた児童文化運動の前史という位置づけにあり，物語の内容を上から一方向に与えるものととらえられてきた。また今日，新教育運動の盛んだった大正期の教育実践としては，生活綴方に代表される「読む」「書く」活動の方が注目されることが多い。しかし，新教育運動の隆盛期，その担い手となった若手教師らを中心に，それまでは学校外で教師以外の人々が行ってきた口演童話の技法を学び，教育活動に取り入れる動きが生じていた。本章において，こうした教師らの取り組みの一端を描き出すことで，従来とは異なる「語る」活動の視点から当時の教育実践の豊かなあり方を示したい。

2 書き言葉を基本とした「語り」

はじめに，語る行為そのものに着目すると，日本は「話芸の国」といえるほど長い時間をかけて豊かな語りの文化を育んできており，その源流は，稗田阿礼らにより口承で『古事記』が編纂された時代にまで遡ることができる。とくに鎌倉時代以降になると，琵琶法師の弾き語る「平曲」のように，もともとの琵琶楽のもつ宗教性を脱し，音楽にのせた物語を人々楽しむ「語りもの」が出現した。また，本来話し相手の機嫌をとったり慰めたりすることを意味した「お伽話」は，戦国時代から江戸時代にかけて，将軍や大名に仕えた御伽衆（おとぎしゅう）のまとめた昔話や彼らが講釈した話の形式で人々の間に広まった。さらにこうした語りのジャンルが，後に，講談や落語，漫談，浄瑠璃，能狂言，歌舞伎など，現代人にも馴染みのある芸能へと発展していった。一方で，娯楽としての語りのみならず，農山漁村においては昔話の語りが暮らしの中で日常的な言語行為の一つとして行われており，これらのことから，日本では貴賤都鄙を問わず，豊かな語りの文化が蓄積されてきたといえる。

このような語る行為が，子どもを対象にして，いわゆる教育的営為として立ち上がってきたのは，日本の近代国家の形成期，すなわち明治以降の近代化の過程において，学校制度が整備されてからのことであった。この教育的営為としての語る行為が，草創期の児童文化運動において確立された，「口演童話」と呼ばれる営みである。

口演童話は，明治半ば頃に誕生，普及した子どもへの語り聞かせの呼称である。今日，学校や図書館などで行われている「おはなし」が，少人数の子どもを対象として，親しい関係において大人から子どもへ語りかける形式を基本としており，また，その主な語り手が女性であるのに対して，口演童話は，誕生当初，語り手の大半がプロの口演童話家の男性であり，対象は大人数の子ども集団であった。また，例えば現在のおはなし会で，語り手が椅子などに座り，少人数の子どもたちに向けて語るスタイルとは違い，口演童話家は，壇上に立って何百人という子どもたちを前に語りをおこなった。そのため，会場として使用される施設は，小学校の講堂や劇場など多数を収容できる場所であることが多かった。口演童話と「おはなし」は，同じように子どもを対象としつつも，教育的な意図の違いによって，語り手の属性や規模，語りの技法など様々な面で異なっていたのである。

ただ，両者には共通点もある。『図書館情報学用語辞典』（第4版，2013）を繙くと，「おはなし」は「ストーリーテリング」とも呼ばれ，「語り手が物語を覚えて，聞き手に語ること」と説明されている。物語を覚えて語るという行為，いわゆる「語り」には，文字に書かれた物語を暗記して語る場合と，口承の物語を記憶して語る場合とがある。「おはなし」の語り手は，両者のうち，文字に書かれた物語を覚えて語ることの方が多い。そしてこの「おはなし」と同様に，口演童話は書き言葉を基本として，子どもたちに語りかける「語り」という形式をとる。だが一方で，既述のとおり，両者の間には空間や子どもとの関係のあり方に大きな隔たりがある。喩えるなら，口演童話の形式は，学校の授業で教師と生徒の間で交わされるコミュニケーションに，「おはなし」は親子の間の親密な空間で行われるコミュニケーションの形式に近いものである。つまり，口演童話は講義または授業に，「おはなし」はいわゆる「語り聞かせ」に近いといえる。口演童話のこうした特徴が示すのは，それが書き言葉が主流となり，国家の要請として学校教育が制度化されることとなった近代社会の成立と密接にかかわりつつ，発展した営みだったということである。

3 口演童話の誕生と発展

口演童話の創始者とされる人物は，児童文学者である巌谷小波と久留島武彦，幼児教育家の岸辺福雄の三名である。彼らの童話を語るスタイルは三者三様であったといわれている。例えば，巌谷の口演童話の語り口は落語や講談をモデルとしたもので，そこには，彼が所属していた硯友社の特徴である江戸時代の文学との折衷的な創作の特徴がみられた。また，久留島の場合，自身の語り口や童話の理論に西洋の雄弁術の影響があり，岸辺は自らの幼稚園での園児とのやりとりから，その語り口や童話の理論を生みだしていたものと思われる。

また，大正期の口演童話は，その題材の内容から三つの形態に分類されている。その第一は，初期の口演童話家の語る「お伽話」，第二は，仏教やキリスト教の宗教者が語ったお話，第三は，教師の語る「教室童話」である。これらのうち，教室童話は，師範学校の卒業生や在学生らを中心に広まったとされる。具体的にはまず，1915年，東京高等師範学校に，師範学校では初となる口演童話の実践及び研究の組織である「大塚講話会」が設立された。この大塚講話会が，盛んに校外で大人数向けの語り聞かせを行い，多くの師範学校に童話研究会が組織されるきっかけをつくった。

次いで，大塚講話会に影響を受けて1917年に生まれたのが，青山師範学校における「青山講話会」である。同会の実践を調査した浅岡によると，既述の大塚講話会は，講堂で開かれる子ども会などを活動の場としていたため，日常的に直接児童と接する機会を持つことがなかった。これに対して，当初は大塚講話会と同様に講堂等で行われていた「青山講話会」の活動は，小学校教員らによって，本来の意味の「教室」内で行われるようになった。浅岡はそうした変化の理由の一つとして，交通費や参加費などのかかる子ども会に参加できるのが，当時は一部の富裕な家庭の子どもに限られていたという点を挙げている。つまり，「あらゆる子どもにとって口演童話が有意義」としながら，現実にそれを享受できたのは，限られた子どものみだった。そこで，「一人でも多くの児童に公平に童話を与える」ために，担任が受け持ちの児童に童話を語り聞かせる動きが生まれ，これが小学校教員らによる口演童話活動という新たな局面を切り拓いたのである（浅岡，2011）。

このように，口演童話の発展には，師範学校において口演童話を研究し，そこで学んだことを生かし現場の教育活動を行った教師らの果たした役割が大きかった。今日の評価として，こうした大正期の口演童話は，草創期のそれが徳目主義，あるいは教訓的な説話を教師から子どもへ，一方通行で与えるような「教育」的性格をもつものだったのに対して，科学的な知見に基づいた「教育」といえる内容であった。つまり，この時期の口演童話は学校教育と接近していく中で，その方法や内容が，いわゆる国語教育に近いものに変わっていったと考えられる。

4 松美佐雄の童話論

ここで，昭和初期の口演童話活動に貢献した松美佐雄の童話についての理論から，口演童話の具体像を説明する。資料は，1924年創立の「日本童話連盟」（以下，連盟）の機関誌『話方研究』創刊号（1925年1月）から，最終巻第17巻第9号（1941年9月）までである[(34)]。松美により設立されたこの組織には，当初から小学校教師や保育者らを中心に約300名の会員が所属していた。さらに，最盛期は1100名超の会員数となり，支部数も40都府県とアジアの5地域で162に達し，1922年創立の「日本童話協会」と並んで，口演童話活動の中心に位置づいていた。

大正期に入ると，雑誌『赤い鳥』をはじめとした子ども向けのメディアが数多く出版されるようになるが，ちょうど1922年頃から，俗的な児童雑誌や漫画の氾濫，安易な童話作家の増加などによる，児童文化の質の低下が有識者に問題視されるようになっていた。このような問題に対して，童話の正しい発展を願っていち早く設立されたのが「日本童話協会」だった。この協会を組織したのは，童話研究者の蘆谷（芦谷）蘆村である。以下に，会の設立趣旨（抜粋）を引用する（日本童話協会，1988-1989：1)。

> 童話をもって，単に子どもの娯楽であると考えたり，教訓の手段であるとかんがえたりするような，幼稚な考えは，今もなお，多くの父兄，多くの教師，はなはだしきは児童文学の作者そのものすら，その位の考えでいるものは少なくない。けれども，今やわれわれは，左様いう簡単な考へ方を捨てるべきである。（中略）正しい批評の標準を立てんがためには，根底ある研究が必要である。過去にさかのぼっては伝説的見地から，童話の本質の上からいえば，芸術的立場から，ある児童心理学的の上から，その応用の点からいえば教育的見地からその外様々の立場からして，徹底した研究を要するのである。われらは長い間，そういう研究機関の出現を祈っていた。けれども今日に至るまで，ついにその渇望を満たしてくれるものがなかった。そこでわれら同人が菲才自らず「童話研究」を創刊するにいたったのである。

上のように，日本童話協会は，童話を娯楽でも教訓の手段でもないとし，芸術や児童心理学，また，その応用としての教育学的見地からの童話研究が必要であるとした。つまり，ここで目指されたのは，童話の「正しい批評」のために，「徹底した研究」をおこなうことだった。

このような協会の性格について，松美は，それは「死んだ童話の世界」を研究する「静的な」活動に終始するものであるという批判を展開した。そこで彼は，「生きて行く」童話を扱い「動的な」活動をおこなうために，新たな取り組みを模索するようになった。これが，「日本童話連盟」設立の直接的な動機である。松美の指摘の中でも注目したいのは，「静的」と「動的」の対比よりもむしろ，日本童話連盟の取り組みが，「生きて行く」童話を重視したという点である。というのも，もし童話をただ研究するだけでなく，それを実践的に用いるという意味を込めるのであれば，「生きている」童話という表現でも構わないと思われる。しかしここでは，あえて「生きて行く」という表現が使用されている。この「生きて行く」という表現には，「生きている」が現在の状態だけを表しているのに対して，未来へ向かっていくという意味も含まれているように感じられる。つまり，この表現には，童話そのもの，あるいはそれを子どもたちに伝える場，さらには子どもたちの存在そのものが未来に向かって変化し続けているというニュアンスを感じ取れるのである。松美の「動的」概念が示すのは，そのような開かれた童話観であり，このような観点が，口演童話のあり方に重ね合わせられているのだと思われる。

5　子どもたちの姿

では，お話の場の子どもたちの姿は，教師たちの目にどう映ったのか。同じく『話方研究』の誌面から考察する。

例えば，小学校教師の鈴木房吉の場合，かつて奉職していた学校には，昼休み，二宮金次郎のお話を読んで聞かせるという決まりがあった。しかし，教師らは，本にろくに眼もとおさず，義務としてやむを得ないという姿勢でそれを読んで聞かせていたという。このように読み手が面白くなければ，児童にも「なだらかに聞かれない」のは当然だった。そんなあるとき，鈴木は，子どもたちにせがまれて曲亭馬琴の『南総里見八犬伝』を話して聞かせみた。実際にお話をしてみると，準備不足なので言葉が続かない。登場する人物や土地の名前を覚えていないだけでなく，物語の筋を相手にうまく伝えるような表現が出てこない。それにもかかわらず，子どもたちはしきりに瞳を輝かし，身動きせずに面白そうに聞いてくれた。

そこで，話材を心の中にしっかりと入れて話すようにすると，自分自身が落ち着いて話せるだけでなく，子どもたちの「瞳の動き方」が違い，彼らをお話に引きこみ，よく聞かせることができるようになった。鈴木はそうした子どもの態度の差を目の当たりにして，これを機に，朗読と比較して自分なりに創意工夫できる「口演」の魅力を知ったのだった（日本童話聯盟本部，1927：28-29）。

この例からわかるように，童話は，一面では国家を担う人材の育成という，当時の学校教育の目的を補完するものだった。しかし同時に，そこには児童の幸福感を満たすという「動的」な役割が期待されていた。教師の学習のきっかけも，この点と深くかかわっている。つまり，教師は，口演童話を学んだことで，言葉の表現一つで内容の伝わり方が変化し，話を聞く子どもの態度が明白に異なるだけでなく，お話が上手くなるほど，子どもは教師の言葉をよく聞くようになり，そのことが両者の関係をいっそう親密すると実感したのである。ここに，「口演」の相互性は，教師と子どもを，上下関係ではなく「信頼」を核に結びつけ，また，教師自身をも変化させるということが示されていると思われる。

次に紹介するのは，幼稚園教諭の大塚喜一である。以下は，1922年１月24日の京都の華頂幼稚園でのお話の実施記録である（日本童話聯盟本部，1937a：3）。

> サァお話と口を切ろうとすると子供達は静かにと制し合い，一言話し出すやサッと気分は一転して話に入る。何分心境を調える間も無く声も幾分出にくいが，目の前近く並ぶ顔が顔々が何よりのたより，語りつつ聴き聴きつつ語る経験を得るは今ぞと思えば，不安もよろこびもお話の現景の後に動く背景の様な（第二次的な）気がする。

ひとたび話が始まると，騒いでいた子どももさっと気分を変えお話に集中する。話者はその態度に応えようと，お話を展開していく。そのような場の様子が，文章から生き生きと伝わってくる。さらに，この記録は以下のように続く。

一男児が幼い瞳をうるませて聴いているのを，横に居た為に途中で気づいた。少しお話の前後したところをよく取り直して進んで行く（中略）不思議によく聴いている子供達の顔々が眼の前に並んでいる，その表情の動き殊に心配そうなのが，話していながら反響の余りにも直接で端的なのに怖くなる程……それで「大丈夫」というところの感を十分に与えようと努めたが，そこが意識的になり過ぎて全体の流れから不自然に浮かび上っている様に感ぜられるのが気になる。後はずんずん進んで終る。

大塚の記録から，お話は，一方的に教師が物語を語り伝えるものではないということがわかる。すなわち，それは「語りつつ聴き聴きつつ語る」という表現から知れるように，教師が子どもの表情や態度からその心情を感じ取り「動的」に進むものである。お話の場は，このような両者の呼吸，相互関係によって成立しているのである。

加えて，鈴木房吉と大塚喜一の記述に共通しているのが，子どもの「眼の表情」を描写している点である。例えば，鈴木の場合は，子どもが「瞳を輝かし，身動きせずに面白そうに聞いてくれた」，子どもの「瞳の動き方」が違うと，先の文章で子どもの眼の表情にふれていた。一方，大塚も，子どもが「幼い瞳をうるませて聴いている」と，同じく眼の表情から，彼らがお話に夢中になる様子を表現した。では，教師らは，子どもの眼の表情にどのような意味を込めたのだろうか。それを示すのが，以下の保母Ａ子の手記である（日本童話聯盟本部，1937b：14）。

子供達が，あの澄んだ目で，あのあどけない顔をほころばせて，私を迎えてくれたとき，下手も上手も側の先生も友も心配もふきとんでしまいました。これが夢中と云うのでしょうか。それでも私には，子供達一人一人の顔がはっきりと感ぜられているのです。じっと見つめた子どもの目，今日の日まで，こんなにも美しいものだと思いませんでした（中略）自分の力の足りない事を，本当に安心させて呉れるのは子供である。子供が話して呉れます。私の足りないお話でも，本当に満足してくれるのです。そして，子供の眼を見る事によって，全てを私に話して呉れます（中略）私は子どもの眼を見てお話をスル事により，不思議な力を得て，「幼児の世界」へ入る事が出来たのです。

とくに経験の浅い教育者は，その未熟さを自覚するゆえに，不安と緊張を感じながら子どもと接している。しかし，A子が書いているように，お話をすることで，彼女は「子供達一人一人の顔」や目の「美しさ」を感じ，それによって，子どもたちが「本当に満足してくれる」ことを知って，いっそうの力を得たのだった。つまり，お話によって教師は，A子が「幼児の世界」と呼ぶような，「子ども」という存在の未知の領域にふれることができるようになったわけである。しかもそれが，目前の子ども一人ひとりに，教師がまなざしを注ぐことで可能になっているという意味で，お話は，全員同じで一般化された「子ども」ではなく，子どもの存在の個別性をも，教師に認識させたのだと考えられる。これが，お話の場における「眼の交流」の意味である。

6　子どもと教師の関係

次に，『話方研究』における教師らの活動記録の中でも，子どもの姿が描写されている文章を拾いあげていくことで，お話の場の双方向性について検討する。先に結論を述べると，子どもたちはお話を聞けば聞くほど，消極的な聞き手から，能動的な聞き手へと変化していく。そして，このような子どもの変化を支えているのが，お話の流れをつくりだす語り手の技術と，それに呼応する聞き手の聞く力である。以下，具体的に説明する。

1926年12月23日の大塚喜一の日記には，お話「正直小吉」を話した際の子どもたちの様子が記されている。それによれば，「我が園と他園との幼児のお話の聴き振りを比較するに，我が園の幼児は兄ちゃんのお話を度々聴いて慣れているので，他園の如く物珍しげなおとなしい聴方は少いが，お話に対する反応や応答等が勢いよく所謂能動的な深みある聴き方である」（日本童話聯盟本部，

1931，14)。このように，お話に慣れない子どもたちは，身振り手振りを交えて語っている語り手を「物珍しい」と感じ，静かに聞くものである。また，ときにそうした子たちは，お話に入り込むことができず，横を向くなど注意が他へ逸れてしまったり，隣の子と話したりしてしまうことがあるという。また，次の引用からは，子どもの「注意」の度合いと教師の話の調子が影響し合っており，そうした双方向的な関係がお話の流れをつくっていく様子がうかがえる(日本童話聯盟本部，1931：11-15)。

- 「長いお話」との所望のお児があったので，新入の幼児に適する話の中相当内容のある話をした。注意一張一弛なれども興味あり，応答活発でハイハイと返事しすぎる程。
- 子供達の熱心な眼が，お話の調子に従って，近づいて来たり遠くなったりする事のみが，感ぜられた（中略）子供達の聴こうとする力によってお話ができる。
- 殊に前列の年少児が僕が話に力を注ぐにつれ視線を合わす児が増えて来て次第にお話の世界に引き入れられた（中略）お話が終って次の週のお話の前に或る子どもが「先生のお話ほんとうだったよ。僕見たら子どもの手の跡があった」と語った。

このように，教師の口調やリズムなどの「お話の調子」は，直接的に子どもの「注意」を惹きつけたり遠ざけたりすることに作用している。一方，子どもの聞く態度ができてくると，その聞こうとする力や，お話に対する応答といった能動的な反応によって，教師の語りが引き出されることもある。つまり，お話は教師と子どもの双方向的で「動的」な関係によって成立つものである。

さらに，ここで注目したいのは，大塚の記述の中で「子ども」を指す語が，「子供達」という複数形と，個別の「子ども」とに書き分けられていることである。この区別には，教師がお話をするときに，集団として子どもたちに語りかけ，同時に，まなざしの交換によって一人ひとりの子どもにも向き合っていることが示されているといえる。これは，集団としての子どもに語りかけながら，一方で，お話の最中や事後に個別の子どもたちの反応に接することで，教師がそれぞれの子どもの個性を発見するということも同様である。つまり，お話の場における「動的」性質の核心は，多であり個である子どもとの関係を往還することで，教師が一般化されない子ども一人ひとりの個別性を認識し，そこで育まれた信頼関係から自信を得ていくという点にあるのだ。そして，このような場は，子どもたちとの双方向性において，教師が彼らを新たな社会の形成者へ育成していくという，産業社会が求める社会進歩の論理とも符合するものであり，ここに，近代の口演童話の特徴を見出すことができる。

7　現代の教育への示唆

2020年度から，新たな学習指導要領による小学校教育が開始された。今回の教育改革の特徴の一つは，幼稚園教育要領および保育所保育指針，幼保連携型認定こども園教育・保育要領，小・中学校学習指導要領を同時に改訂することによって，初めて15年間一貫の教育（学習指導）要領がつくられたことにある。また，これらの教育（学習指導）要領の基本的な考え方は，子どもたちの学びが学校では完結しないことを前提に，卒業後も学び続ける力を養うということにある。とくにここでは，これからの教育に，卒業後の学びの土台となる，他者とつながり，共感する力や，感性，表現力，その基盤となることばの力を養うこと，またそのような力を身につけるための体験活動や対話の機会を保障することが期待されている。具体的には，例えばアクティブ・ラーニングやワークショップといった手法を取り入れることがこれからの教育活動に求められており，そこで行われる対話的な学びは，子ども同士の対話に加え，子どもと教師，子どもと地域の人，読書を通して本の作者などとの対話を図ることも含めた広い意味でとらえられている。

では，「対話」とはそもそもどのような営みなのだろうか。例えば，哲学者の鷲田清一は，ゴリラ研究が専門の霊長類学者山極寿一との対談のなかで，今日のコミュニケーション能力が，議論（debate）で勝つことと勘違いされているフシがあると指摘する。鷲田によれば，コミュニケーション教育で教えるべきは，議論（debate）ではなく，対話（dialogue）であるという。彼は，劇作家の平田オリザから教えられたこととして，二つの違いを次のように説明する。

議論（debate）は勝つことが目的なので，最初と最後で自分の考えが変わってしまったら負けである。それに対して，対話（dialogue）は，そのプロセスで自分が変わっていなければ意味がなく，話せば話すほど，お互いの差異が細やかに見えてくるものである（鷲田・山極, 2017）。

また，教育学者のパウロ・フレイレ（Paulo Freire）は，対話が重視される問題解決型学習では，「教育する側は単に教育するだけでなく，教育されるものとの対話を通じて自らが教育しながら教育される」（フレイレ, 2018：154）と，そこでの「教える」行為のあり方を説明する。このように，対話的なコミュニケーションとは，本来相補的なものであり，さらにそのようなコミュニケーションを重視する教育においては，教えられる側だけでなく，教える側の変化も想定されていると考えられる。

これをふまえて，改めて本章の議論に立ち返ると，これまで近代の学校における教育者と子どもの関係は，上下の管理・抑圧という二項対立的な関係でとらえられてきた。それに対して，近代社会において誕生，発展した口演童話における教師と子どもの関係は，上下関係ではなく双方向の関係でとらえられるものだった。また，そこで教師と子どもの関係は，童話を語ることを通じてたえず組み替えられており，さらに，その関係は常に，教師が子どもをどうとらえるのかという教師側の視点において，教師自身が意識を変化させることで，子どもとの関係が組み替えられ，展開されていくところに特徴の一つがあった。言い換えると，口演童話における教師と子どもの関係は，相互性でありながら，教師が常に自らを物語と子どもという二つの対象の「間」に置きつつ，それを組み換えて，新たな「間」へと止揚し続けるプロセス，すなわち，教える側の教師自身に生じている関係組み換えの運動として特徴づけられるものだった。そして，そのように両者の関係がたえず組み替えられていく場であるからこそ，そこに教えられる側の子ども自身の変化や，物語の変容の可能性，ある種の余白のようなものが生じると考えられた。

以上のように，教師の「指導」か，子どもの「自発性」か，という二項対立では解消しきれない点が，上下の管理・抑圧という二項対立的な関係で分けられる教育実践と，口演童話，すなわち教育的営みとしての「語り」の実践の違いである。こうした実践のあり方は，「対話」という形式をとらない，いわゆる学校の授業のような一方向の語りの中にも，相補的で力動的な動きがあることを示しているのではないだろうか。

つまり，学校教育の実践は，これまで指導－自発性や上－下の管理・抑圧という二項対立でとらえられてきた。しかし，そこには「語り」の実践のような相補性がみられ，この「語り」の性質が，一見すると上－下の二項対立に見える関係にありながら，その実，目の前の子どもに応答し，子どもにより近づこうとする教師の指導性として，他方，教師の呼びかけに応じ，より授業に参加しようとすることで，教師の語りに影響を与える子どもの能動性として，力動的に授業実践を構成しているのである。

こうしたインタラクティブな関係は，授業の内部で，子どもという聞き手が存在することで語り手の教師の発話が促され，また，語りによって教師の意図を超えた子どもの発話が促されるというように，その場ごとに視覚的な「知識」を組み替え，ことばの多義性を実感させるやりとりを生みだす可能性を，さらに，インタラクティブな関係に開かれた子どもの存在は，語る側の教師のあり方を変えていくことで，教師の役割そのものを換骨奪胎する可能性をもつと思われる。このように考えると，アクティブラーニングやワークショップなどの対話的な活動だけでなく，従来型の授業も，声やまなざしなどを含めた「語り」の形式が，教える者と教えられる者の変化を促し，その場で伝えられる教育内容を組み替え，ともにつくり出していく可能性を秘めているといえるのではないだろうか。

（松山鮎子）

※本章は，松山鮎子 2020 語りと教育の近代史――児童文化の歴史から現代の教育を問い直す 大学教育出版 の序章および第５章を加筆修正したものである。

練習問題

教育における「子ども」「児童」観の歴史を整理した上で，これからの教育における子どものとらえ方，および，大人の支援のあり方について自分なりの考えをまとめてみよう。

推薦図書

加藤理（編）2011 児童文化の原像と芸術教育（叢書 児童文化の歴史Ｉ）港の人.

本章で題材とした口演童話をはじめとする，子どもを対象とした文化活動がどのような経緯で生まれ広められたのかについて，当時の主要な児童文化論を紹介し，解説した一冊。同じシリーズで，昭和初期から戦中，戦後の児童文化の歴史を扱った，加藤理・川勝泰介・浅岡靖央編（2012）『児童文化と学校外教育の戦中戦後（叢書 児童文化の歴史Ⅱ）』（港の人）と合わせて読むことで，激動の時代のなか，大人たちがさまざまな立場から「子ども」を語り，教育・文化活動を実践した当時の社会の有り様について理解を深めてほしい。

第11章　余暇(レジャー)と社会教育の関係を見直す
——「シリアスレジャー」の再発見——

はじめに

「余暇活動において社会教育をどう位置づけていくのか」という視点から余暇（レジャー）と社会教育の関係を見直す。公民館の利用実態，self-cultivation性も有する日本の多様な余暇観を確認した上で，海外のレジャー・スタディーズで用いられ，近年日本でも再発見されているシリアスレジャーという余暇観に着目する。最後に，シリアスレジャーの中で生起するself-cultivationを支援していくための社会教育（学）の役割について示唆する。

1　公民館の利用実態

平成30年度「社会教育調査」において，公民館（類似施設を含む）の学習内容別学級・講座数の分野の割合は，高い方から順に，「教養の向上（「趣味・けいこごと」をサブカテゴリーとして含む）」38.4%，「その他」19.7%，「家庭教育・家庭生活」17.4%，「体育・レクリエーション」16.6%，「市民意識・社会連帯意識」6.9%，「指導者育成」0.5%，「職業知識・技術の向上」0.5%，となっている。一方，学習者の自己認識は別として，公民館で学級・講座に参加することは，「生活時間」（社会生活基本調査）の点からは，「３次活動」，いわゆる「余暇活動」として括ることもできる。

社会教育法第二条による「社会教育」の定義は，「学校教育法（昭和二十二年法律第二十六号）又は就学前の子どもに関する教育，保育等の総合的な提供の推進に関する法律（平成十八年法律第七十七号）に基づき，学校の教育課程として行われる教育活動を除き，主として青少年及び成人に対して行われる組織的な教育活動（体育及びレクリエーションの活動を含む。）」である。また，同法第三条には，「すべての国民があらゆる機会，あらゆる場所を利用して，自ら実際生活に即する文化的教養を高め得るような環境を醸成する」とある（下線—引用者)。このため，「教養の向上（趣味・けいこごとを含む)」「体育・レクリエーション」等，一般的には「余暇活動」とも括られる活動も，社会教育の支援の対象となる。

社会教育において余暇活動，とくに上記の社会教育調査において上位を占める「教養の向上（「趣味・けいこごと」を含む)」等を学習内容編成上どう位置づけるかは社会教育関係者にとって重要な論点であり，近年は趣味縁の形成等の点からの社会教育研究も見られる（例えば，太田（児玉)，2013等)。一方で，それぞれの学習者（「アマチュア」「愛好家」等とも呼ぶことができる）の立場からみた場合，自身の余暇活動の中で，施設や職員を含む社会教育の支援がどのような役割を果たすのか，すなわち「余暇活動において社会教育をどう位置づけていくのか[35]」がより重要になるだろう。

本章では，余暇活動を考察対象とするレジャー・スタディーズの動向を踏まえ，余暇（レジャー）との関係の観点から，社会教育（学）の課題について示唆したい。

2　日本における「余暇」の流行と衰退

今日「余暇」と括られる問題は，どのような歴史を辿ってきたのだろうか。戦前期には「余暇」に該当する用語として，「娯楽」「厚生」等が用いられてきたが，GHQによる民主化によって，増大する国民の自由に対して適切な指導と使用を促す運動として「レクリエーション」が用いられるようになった[36]。1947年には，財団法人「日本レクリエーション協会」が設立され，その事務局は文部省体育局振興課に置かれた。1950年代に入ると，レクリエーションは職場で実践・運営されるようになり，労務管理としての性格を強め，1960年代の高度経済成長の時代には，人間関係をとおした生産効率の増進に資する活動として位置付くようになる。しかし，1960～70年代に，それまで「レクリエーション」として語られていた問題は「余暇（レジャー)」に移行する。国際レクリエーション協会による「レジャー憲章」制定（1970年)，総理府による「余暇に関する世論調査」の実施（1971年)，経済企画庁「余暇開発室」設置（1972年)，通産省「余暇開発産業室」とその外郭団体「余暇開発センター」設置（1972年)，文部省の外郭団体「余暇文化振興会」設置（1974年）という一連の動向が見られた。「余暇（レジャー）」は，それまでの「レクリエーション」とは異なり，労働に従属せず「自己実現」のような個人の主体性が表れる場[37]として位置づく気配もあったが，1980年代には「消費」「自由時間」「ゆとり」へと問題が拡散していき，各地方自治体の「余暇」担当部門の多くが廃止されていく。研究界でも，1970年代にはヨハン・ホイジンガの『ホモ・ルーデンス』（オランダ語版），ロジェ・カイヨワの『遊びと人間』等の「遊び」論が邦訳で広く読まれ，人間の自由で主体的な活動としての「遊び」の観点からレジャー・ブームを批判する動きも見られるようになった（井上，2015）。

1970年代に，労働と等値の「余暇（レジャー）」が出現した際，社会教育との関係はどうとらえられたのだろうか。例えば宮坂（1970）は，余暇は労働と同様に，人間の「形成」に対して深い影響を与えるため，余暇善用のための施設や機会を提供することが社会教育行政の任務であり，余暇活動を，人間形成という目的にそって再編成しようとするのが社会教育活動であると述べている（宮坂，1970：204-205）。宮坂は，余暇活動を具体的に，①「娯楽（ギャンブル，遊戯，観覧的娯楽，旅行・見学，狩漁，行事・祭事）」，②「趣味（芸術・芸能）」，③「自主的な文化運動」の３つに分類した上で，それらを社会教育のプログラムに取り入れる際の課題を整理している（宮坂，1970：217-230）。小澤（2003）は，大正期から1970年代前半までにおいて，「余暇」の問題化の営みには，「『余暇』に何か生産的で有意義な意味を与え」「商業的な娯楽やレジャーに対して危惧や嫌悪を示し『健全な』方向性を指示する」という共通性を持っているという（小澤，2003：282）。宮坂の余暇善用論も，まさにこのタイプには当てはまるものの，多様な余暇観に触れながら，余暇活動における社会教育の位置づけの整理を試みており，現代にも通じる論点が散りばめられている。

3　余暇観の多様性

（1）self-cultivation性の高低，「自己陶酔／自己抑制」という軸

２節で，日本における余暇観の変遷（「娯楽」「厚生」「レクリエーション」「余暇（レジャー）」）を概観したが，１節に示した社会教育調査の分野カテゴリーとし

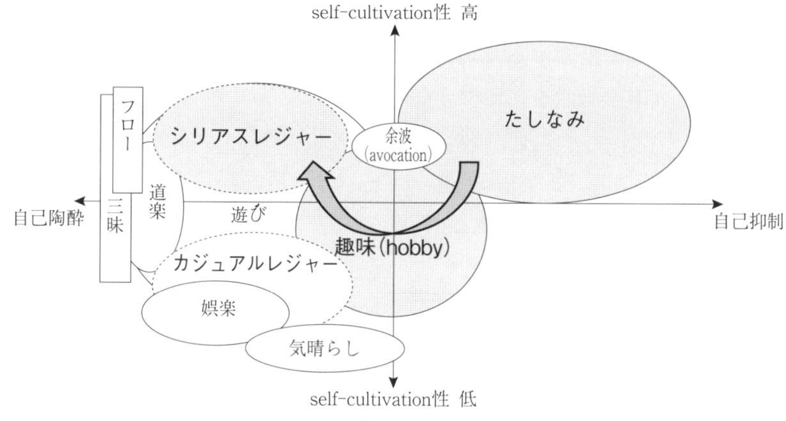

図11－1　各種余暇表現の位置

（注）「シリアスレジャー」「カジュアルレジャー」は，学術用語であるため，点線で表現している。
（出所）宮田（2020：94）「各種余暇表現の位置」のマッピングをそのまま用いた上で，引用者が縦の座標軸名「美意識・求道精神性」を「self-cultivation性」とし，また歴史的な趨勢として，矢印（⇒）を加筆した。

ても「教養」「趣味」「けいこごと」とあるように，日本には高いself-cultivation[38]性を含んでいる余暇観が存在している。宮田（2020）は，余暇に関わる社会学，心理学の主要な理論を整理した上で，主観的な心理状態や日本的な余暇観も踏まえたマッピングを提案している（図11－1）。

図11－1において，「自己陶酔」性が高い「遊び」「道楽」と社会教育の関係については，「週休二日制社会」の到来を背景に，議論が展開されたことがある。

まず「遊び」についてである。上杉（1993）は，「遊びも生涯学習」といったとらえ方をされていた1990年代当初の生涯学習の展開を踏まえ，自由活動の評価に際して「遊び」に触れている。

> 遊びは，結果にこだわる目的合理性に対して，過程を楽しみ，有用性を超える点で，一種の解毒作用を示す。理念を相対化することによって，一定方向に引きずられることを防ぐ機能を持っているのである。（中略）遊びの精神は，視点を変え，多角度から物事をとらえることにつながって，批判と創造をもたらすのであり，学習の要素と重なるのである。（上杉，1993：19）。

上杉は，余暇産業に回収され尽くされないような余暇活動（生活課題学習，職業教育）のあり方を模索するために，「遊び」と「学習」の関係を解き，その条件整備として社会教育を位置づけている。いわゆる「趣味・教養講座」に頼らずとも，「遊び」が「学習」に転化する可能性に触れている特徴がある。

次に「道楽」についてである。柳父立一は，大阪弁の「道楽」を例に，「時間主体性」（自分で「仕事」や「生活」時間のある部分を自分の主体的活動のために優先的に確保する）の重要性を指摘する。柳父（1993）によれば，「道楽」は，行為の種別ではなく，①本職以外のものである，②自発的に役割期待を越えてする行為である，③行為自体の中に明示的でなくとも何らかの自分なりの目標をもつ，④少しはムリをする（合理的・効率的範囲を越えて時間や金をつぎ込む態度），⑤「やらなくてもすむことをやっている」という「はみ出し」の感覚を持っている，という態度を特徴とするものであり，そのような「道楽」の人にこそ，社会教育の先進事例を見るべきだと述べている（柳父，1993：78-79）。

この他に，**図11－1**中で「self-cultivation性　高」領域にある「たしなみ」「趣味（hobby）」等は，馴染みのある日本語だが，近代日本史研究の対象や視点として再発見されている。

「たしなみ」については，大西昇の哲学的な議論が参考になる。大西（1943）によれば，それは「単なる享受でも，芸術の創作や鑑賞でもなく，倫理の概念で蔽ひ盡されず，又，美容術とも教養とも学問とも異なつてゐて，しかも此等のすべてに関聯性を有する」（大西，1943：251）ものである。たしなみの主体性とは，「辛苦か各自の事がらとして，各自が辛苦する」「各自の心がけとして，自らが用意する」「身にこたへて，各自のものとし，非常の際に臨んでは，之によって自らが即刻即座に立ち上がつて対処する」ことであり，教養や芸術創作，芸術鑑賞とは区別されるという（同上書：274-277）。また，日常生活におけるたしなみの規律には，「心がけ（用意）」の側面と「行儀作法」の側面があり，とくに前者の原則は，各自の分を守ること（分別がつく）ことにある（同上書：280-283）。このことから，「つつしみ。遠慮」の辞書的意味や「人を窘める（分別からの逸脱を咎める）」の語法が生じることになる。現代でも「身だしなみ」「男のたしなみ」のような用いられ方で残っている余暇観だが，この「分別」が人をステレオタイプ的に縛る面も有しているため，汎用的には用いられなくなっている。

「趣味」については，日常用語でもあり，とくに「たしなみ」のように分別（年齢，性別，場面など）を感じさせることもなく広く用いられている（図11－1の指示範囲も広い）。しかし，日本において「趣味」はもともと，涵養されるべきtasteの意味で近代初期に導入され，昭和期を通じてhobby（余技）の意味を強めていたという経緯がある（歌川，2019）。また「tasteの涵養」は，明治後期～大正期に「家庭」（home）を形成し始めた新中間層の家庭婦人の役割として喧伝され[(39)]，「紳士の教養／婦人の趣味」という構図が成立していた[(40)]（歌川，2019）。そのため，今日でも「趣味」は，「娯楽」ほど低俗ではないという倫理性と「文化」活動ほど社会性が高くないという制約（家庭生活を彩る範囲内の余技）の双方をニュアンスとして残している[(41)]（歌川，2021）。したがって，その活動を「趣味」と称されることを拒む夢追いバンドマンの事例（野村，2021）のように，当人にとって社会性やself-cultivation性が高い活動に対し，「趣味（hobby）」は用いづらい場合がある。

なお，「余暇観」ではないため図11－1には含まれていないが，「芸道論」のような日本的self-cultivationの文脈で言及され，社会教育調査でも1996年度から用いられている「稽古事（けいこごと）」にも触れておきたい。『広辞苑』を参照すると，「稽古」は20世紀の間，ほぼ同じ意味で用いられているのに対し，「稽古事」「習い事」「習い物」「芸事」等の稽古事系については，「習い事」「習い物」の意味説明として「稽古事」が先んじて登場し，1991年（第4版）においてようやく共通に「稽古事」の意味を持つようになった。また，1976年度「児童生徒の学校外学習活動に関する実態調査」は，調査事項としては「けいこごとなどの状況」を挙げているが，実際の世帯調査票では，「けいこごと」は用いず，子どもが「学校ではなく，自宅や自宅外で，習字，そろばん，ピアノやスポーツ技術などの指導を受け」たか，というたずね方をしている（文部省，1977）。日本で「稽古事」というと，「遊芸」「芸事」として，近代の学校教育制度の定着以前から存在した点が強調されやすいが，社会における「学校外教育」の問題視と，「稽古事」「習い事」の正式な日本語としての定着の関係について，戦後にも着目した検討が必要である。

表 11－1　『広辞苑』における「稽古」，稽古事系

発行年	辞典名	「稽古」	稽古事系		
			「稽古事」	「習い事」	「習い物」
1935	辞苑（博文館）	①昔の物事を考へること。②学問して物事を知ること。学習。練習。③遊芸を習ふこと。	—	—	—
1955	広辞苑　第 1 版	①昔の物事を考えること。②古書を読んで学問すること。昔の物事を参考にして理義をあきらめること。学んだことを復習すること。学習。練習。③遊芸などを習うこと。	—	ならうことがら。ならうべきことがら。	①ならうことがら。ならうべきことがら。②能楽などの芸事で，免許を得なければ稽古をすることをゆるされないもの。口伝すべきもの。秘事。伝授物。
1969	広辞苑　第 2 版	①昔の物事を考えること。古書を読んで昔の物事を参考にして理義を明らかにすること。②学んだことを練習すること。学習。③遊芸などを習うこと。	—	—	①ならうことがら。ならうべきことがら。②能などの芸道で，免許状を得なければ稽古をすることをゆるされないもの。秘事。伝授物。
1976	広辞苑　第 2 版補訂版	①昔の物事を考えること。古書を読んで昔の物事を参考にして理義を明らかにすること。②学んだことを練習すること。学習。③遊芸などを習うこと。	—	—	①ならうことがら。ならうべきことがら。②能などの芸道で，免許状を得なければ稽古をすることをゆるされないもの。秘事。伝授物。
1983	広辞苑　第 3 版	①昔の物事を考えること。古書を読んで昔の物事を参考にし理義を明らかにすること。②学んだことを練習すること。学習。③武術・遊芸などを習うこと。	—	師から習う事柄。稽古事。ならいもの。	①ならうことがら。ならうべきことがら。稽古事。②能などの芸道で，免許状を得なければ稽古をすることをゆるされないもの。秘事。伝授物。

		④高い学識を有すること。			
1991	広辞苑　第4版	①昔の物事を考え調べること。古書を読んで昔の物事を参考にし理義を明らかにすること。 ②学んだことを練習すること。学習。 ③武術・遊芸などを習うこと。 ④高い学識を有すること。	稽古して身につける技芸。茶道・華道・邦楽など日本古来の芸能を始め，今日では，ピアノ・バイオリン・バレエなど含めていう。	師から習う事柄。稽古事。ならいもの。	①ならうことがら。ならうべきことがら。稽古事。 ②能などの芸道で，免許状を得なければ稽古をすることをゆるされないもの。秘事。伝授物。
1998	広辞苑　第5版	①昔の物事を考え調べること。古書を読んで昔の物事を参考にし理義を明らかにすること。 ②武術・遊芸などを習うこと。 ③学んだことを練習すること。 ④高い学識を有すること。	稽古して身につける技芸。茶道・華道・邦楽など日本古来の芸能を始め，今日では，ピアノ・バイオリン・バレエなど含めていう。	師から習う事柄。稽古事。ならいもの。	①ならうことがら。ならうべきことがら。稽古事。 ②能などの芸道で，免許状を得なければ稽古をすることをゆるされないもの。秘事。伝授物。
2008	広辞苑　第6版	①昔の物事を考え調べること。古書を読んで昔の物事を参考にし理義を明らかにすること。 ②武術・遊芸などを習うこと。 ③学んだことを練習すること。 ④高い学識を有すること。	稽古して身につける技芸。茶道・華道・邦楽など日本古来の芸能を始め，今日では，ピアノ・バイオリン・バレエなど含めていう。	師から習う事柄。稽古事。ならいもの。	①ならうことがら。ならうべきことがら。稽古事。 ②能などの芸道で，免許状を得なければ稽古をすることをゆるされないもの。秘事。伝授物。
2018	広辞苑　第7版	①昔の物事を考え調べること。古書を読んで昔の物事を参考にし理義を明らかにすること。 ②武術・遊芸などを習うこと。 ③学んだことを練習すること。 ④高い学識を有すること。	稽古して身につける技芸。茶道・華道・邦楽など日本古来の芸能を始め，今日では，ピアノ・バイオリン・バレエなど含めていう。	師から習う事柄。稽古事。ならいもの。	①ならうことがら。ならうべきことがら。稽古事。 ②能などの芸道で，免許状を得なければ稽古をすることをゆるされないもの。秘事。伝授物。

（出所）　歌川（2021：12-13）を一部省略。

(2) シリアスレジャーという余暇観

現代日本では，分別を求める「たしなみ」のように自己抑制的な余暇観が下火となり，また,「趣味（hobby)」は，その対象が広範になり過ぎている。日本において，self-cultivation性が高い余暇をどう呼ぶべきなのか，という模索が必要な時代となっている。

この問題に対し，国際的なレジャー・スタディーズの動向からヒントを得るのであれば,「シリアスレジャー」という概念が該当する。ちょうど日本において，余暇社会論の流行と衰退を迎えていた1970～80年代，カナダの余暇社会学者 Stebbins. R. A.（1977）は，プロフェッショナルのようにその活動で生計を立てていないが，一方で単なる遊びではすまないほどの時間や努力を注いでいる「アマチュア」に着目していた。アマチュア（劇団員や野球選手，考古学者）へのインタビュー調査において，アマチュア本人が自らの活動をシリアス（serious）と表現していた。Stebbinsはアマチュアの活動をシリアスレジャーと表現し，次のように定義している。

> アマチュア，趣味人，ボランティアによる活動で，彼・彼女らにとってたいへん重要でおもしろく，充足をもたらすものであるために，典型的な場合として，専門的な知識やスキル，経験と表現を中心に何かしらレジャーキャリアを歩み始めるもの（Stebbins, 2015：xx)。

シリアスレジャーは，特別な訓練を必要とせず一時的に楽しむ「カジュアルレジャー」の対義語であり，根気強さの必要性，キャリアの存在，専門知に基づいた努力の要求，自己実現などの持続的利得の享受，アイデンティティの構築，独自のエートスの存在，という特徴を持つ。既に海外では,「シリアスレジャー」の，社会的世界の解明，制約への対処方略の解明，ジェンダー化の解明，マイノリティによる実践の解明，生活の質に対する効果の解明，シリアスレジャー的側面の照射，理論的精緻化，隣接概念との関連の検討がなされている（杉山，2019等を参照)。社会教育に関連する研究動向としては，JONES, I. and SYMON, G.（2001）が，成人教育の伝統が強いイギリスにおいて「シリアスレジャー」の視点が果たす役割について展望を述べており，研究大学技能省

（当時）は，2009年３月に，生きがいとしてのインフォーマル学習の支援も盛り込んだ生涯学習白書『成人のための学習革命（The Learning Revolution）』を公表している。

シリアスレジャーは，日本の社会教育実践として生起する学習，学習者像の括り直し，語り直しに有益なのではないだろうか。同じ小学校４年生について，サーカー少年団でのレギュラー争い，放課後の一輪車の練習，進学塾でのゲーム感覚の勉強は，彼らのレジャーキャリアにどのような違いを及ぼすのか。また，同じ70代の女性において，元大学教員としての経験を活かした市民運動のサポートと，高等教育機関への入学が困難ゆえのカルチャーセンターの文学講座通い，のシリアスさにはどのような違いがあるのか。クイズ番組の視聴をきっかけに中学生用の参考書を再購入するサラリーマンの行動は，カジュアルレジャーなのか。失業者におけるシリアスレジャーとは何か。COVID-19感染拡大の影響下で昼間にシリアスレジャーとしてカラオケを行う高齢者が医療関係者から批判されることに対して，社会教育関係者としてどのような立場をとるのか，等である。

4　シリアスレジャーを通じたself-cultivationと社会教育学

３節（2）では「シリアスレジャー」という余暇観の可能性について触れた。ただし，基本的には主観的な問題であるシリアスレジャーを，従来の社会教育実践に当てはめ，単に呼び変えていくこと自体が重要というわけではない。

遠藤・友田（2000）は，『月刊社会教育』等で展開されてきた表現・文化活動論に対して，「教育という論理と参加者の視点との論理的な検討」が十分でないがゆえに，教育する側の論理に合致しない学習者が排除されかねない状況を危惧している。社会教育が，学校や地域，地域という教育主体の新たな役割と責任をそのつど保障する後方支援の取組へと変容しつつある（背戸，2020）とされる中，研究者を含む社会教育関係者にとってより重要なのは，隣接領域の知見も活かしつつ，シリアスレジャーを通じた地域住民のself-cultivationを支援していく姿勢なのではないだろうか。

例えば，学習科学の知見やそれにもとづく実践を社会教育の領域で積極的に活かすということも一つの手段だろう。シリアスレジャーに加え，学習科学を専門とする杉山昂平[42]（東京大学）は，2021年に雑誌『Tired Of』の創刊に携わっている。同誌は，長らく「遊び」について探究してきた編集者・渡辺龍彦氏が研究者からアーティストまで様々な仲間に声をかけて実現したもので，「遊びの居場所を耕す」ことを目的にしている。例えば，創刊号の特集「ちゃんとしなくていい路上」では，道遊びの場づくりを行う実践者や，スケートボーダーへの取材を通して，遊ぶことが道路という公共空間のルールや制度について考え，アクションを起こすことにつながると伝えている。これらの事例は「個々人が楽しみ方を学び深めていった先には，どこかで社会参画への道が開かれること」を表すと，杉山は考えている。そしてこれは，興味駆動学習を重視する学習科学やシリアスレジャー論の考え方を体現するだけでなく，新しい社会教育のあり方も示唆しているという。例えばものづくりの世界のFabLab（DIYの愛好家から社会問題に取り組むイノベーターまでをシームレスに支援する施設）のように，「楽しむこととは別に，公共的なことも指導せねばならない」と考えるのではなく，個人ではアクセスしづらい発展的な道具や機会を提供しながら，「公共的なことにつながるくらい深く楽しむことを支援する」という発想の社会教育も可能だとしている。

実は，似たような発想は，碓井（1970）でも述べられている。当時，女子の茶道・華道が「花嫁修業」と称されながら批判されることに対し，「その技芸に附随する常識を一度うちこわしていくようなことが望まし」い，「社会教育で技芸がとやかく問題にされるのは，要にするに中途半端だからである」としている（碓井，1970：124)。シリアスレジャーについて，「レジャー」の種類によって評価するのではなく，「シリアス」さに含まれる学習の面をどうとらえ，また支援するべきかは，積年の課題となっている。

むすび

3節（1）で確認したように，日本ではself-cultivation性の高い余暇観も多数存在しており，「余暇（レジャー）／教育・学習」の境界についてとくに整理せずとも，教養，趣味，稽古事等のカテゴリーを用いることで納得されやすい[43]。松下圭一による社会教育終焉論やそれに対する社会教育・生涯学習研究者の反論にも，実はこの傾向が見られる（歌川，2022）。しかし，生活感覚としてこの境界を気にせずに済むことと，社会教育（学）としてこの境界に触れないことは意味が異なる。社会教育においてシリアスレジャーは，学習内容による分類や教育機会の「公／私」とは別の視点から[(44)]，地域住民のself-cultivationの内実をとらえ，それに対して必要な支援を再整理する視点として有効なのではないだろうか。また津田・久井（2015）は，「社会教育・生涯学習研究が真価を発揮できるのは，ほかの教育学，社会・人文科学の領域の視点を常に揺り動かし，領域間の架橋を仕掛け，自らの学問領域の姿も変容させていけるフットワークの軽さにある」（津田・久井，2015：218）という。社会教育学内で「表現・文化活動」「地域学習」等として取り上げられる事例の特性についても，上杉（1993）の「遊び」，柳父（1993）の「道楽」の視点や，シリアスレジャー論の知見と架橋させ[(45)]，解釈を編み直し，領域外に開いていく姿勢が求められている。

（歌川光一）

※本章の執筆に辺り，松下幸之助記念志財団2020年度研究助成，科学研究費補助金（若手研究18K12233，基盤研究（C）19K00139）の助成を受けた。

練習問題

文部科学省・社会教育調査，内閣府・生涯学習に関する世論調査，総務省・社会生活基本調査の調査事項を比較してみよう。また，自身の「余暇活動」がどのカテゴリーに入るか確認しよう。

推薦図書

宮入恭平・杉山昂平（編）2021 「趣味に生きる」の文化論――シリアスレジャーから考える ナカニシヤ出版.

シリアスレジャーそれ自体についてはStebbins. R. A. の著作やホームページから情報を入手することができる。本書は，日本でシリアスレジャー関連の研究を行っている文化社会学者，芸術学者，スポーツ学者等の論稿が収められており，多様な論点を掴むことができる。

秋谷直矩・團康晃・松井広志（編）2021 楽しみの技法――趣味実践の社会学 ナカニシヤ出版.

「趣味」や「ファン」を前提に置かずに，楽しみを可能にしている「楽しみの技法」を明らかにしている。エスノメソドロジー・会話分析，メディア史等の手法も参考になる。

福間良明 2020 「勤労青年」の教養文化史 岩波書店.

勤労青年たちが抱いていた「読書や勉学を通じて真実を模索し，人格を磨かなければならない」という価値観の展開について論じている。この他にも，「教養」「修養」等がタイトルに入っている著作は，社会教育の社会史，文化史として読み替えられる場合がある。

第12章 「学び」という運動
——自治と当事者性の基盤として——

はじめに

私たちにはいまや，従来の社会とは異なる社会イメージを，これまでとは異なる新たな人間像と組織論を基礎として，創造し，それを社会に実装して，社会を革新していくことが求められている。

このような社会の構造的な変容に直面して提起されたのが「人生100年時代」である。そして，人生100年時代の社会においては，「学び」がすべての人々にとっての課題となる（人生100年時代構想会議，2018）。一つの価値観が大多数の人々に共有され，その価値を尺度とした競争で発展する社会ではなく，多様な価値観が人々を覆い，常に価値を組み換え，変化し続けることで，活気が生まれ続けるような社会のあり方が模索されているである。拡大や発展そして競争ではなく，生成と変化そして協調を基調とするあり方へと社会の変容を促すことが求められているのだといえる。本章では，そのためのアプローチを検討したい。

1　当事者性のズレが生み出す駆動力

（1）集落空洞化の３段階

例えば，農政学者の小田切徳美は，農山村を踏査する過程で，集落の空洞化には３つの段階があることを見出している（小田切，2014：26-29）。第一の段階は「人の空洞化」であり，それはまさに人口が減少することを意味している。第二の段階は「むらの空洞化」であり，自治会・町内会などの相互扶助機能が低下するなど，いわば「むら」の生活維持機能が低下していくことを示している。そして，第三の段階が「集落限界化」である。これを小田切は次のように表現している。「地域に残る高齢者の死亡や都市への「呼び寄せ」により，人口の減少はさらに進む。集落機能はあるときから急激かつ全面的に脆弱化しはじめる。そこでは，生活に直結する集落機能さえも衰弱するため，集落の真の「限界化」がここから始まる」（小田切，2014：28）。「この段階になると，住民の諦観（諦め）が地域の中に急速に広がっていく。「もう何をしてもこのムラはだめだ」という住民意識の一般化である」（小田切，2014：29）。この諦めを，小田切は「誇りの空洞化」といい（小田切，2019），その地点を「臨界点」として，重視しようとする。

なぜ，小田切は「誇りの空洞化」が始まる時点を「臨界点」と呼ぶのか。それは，「そこから，むらがポキッと折れてしまうかのように，急速に生活維持機能を低下させ，無住化に向けて，転がり落ちて行ってしまうように見える」（小田切，2019）からである。

しかし，と小田切はいう。「集落は「どっこい生きている」」（小田切，2014：27），「集落空洞化のプロセスで強調したいのは，むしろ集落の強靱性である」（小田切，2014：29），「農山村集落は基本的に将来に向けて存在しようとする力が働いている」（小田切，2014：31）。彼が見ようとしているのは，集落は人がつくり，人の生活は人々の意思によってつくられ，その意思は人々の関係が生み出す生活者としての誇りによって支えられているという点である。

（2）「逆臨界点」の存在

小田切は，集落再生のプロセスにおいて，しばらく維持されていた集落が，住民が諦めを克服して，あるところから活性化へと上向いていく「逆臨界点」があることを発見していく。それを彼に強く意識させたのは，中越地震（2004年）の被災地を歩いた経験であった。彼が着目したのは，非専門家の「地域サポート人材」が「地域復興支援員」として導入されていたことであった。彼はいう。「その多くは二〇～三〇歳代の若者であり，大多数が震災直後からのボランティア経験を持つ者であるが，少なくとも地域振興，復興支援の専門家ではない。彼らのミッションは，被災集落の復興デザイン（計画）づくりの支援であるが，実際にはそれを意識することなく，日々集落を歩き，高齢者に声をかけ，小さな思いの発掘に務めている」（小田切，2014：161）。「その活動の経験から，中越地方である時期から言われはじめたのが，「地域への支援には「足し算の支援」と「掛け算の支援」がある。両者は別物だ」という考え方である。

前者は，復興支援の取り組みの中で，とくにコツコツとした積み重ねを重視するものであり，それはあたかも足し算のような作業であるとされている。具体的には，例えば，高齢者の愚痴，悩み，小さな希望を丁寧に聞き，「それでもこの地域で頑張りたい」という思いを掘り起こすようなプロセスを指している。当然のことながら，ここには華々しい成果もスピード感のある展開もない。……被災後の数ヶ月から数年はこのタイプの支援が必要だった」(小田切，2014：161)。

後者の「掛け算の支援」とはコンサルタントなどの専門家がかかわって，具体的な事業を導入して，地域の経済と生活を立て直し，かつ飛躍させる，短期間の支援を指している。そして，「この「掛け算の支援」は十分な「足し算の支援」の後にはじめて実施するべきものと言われている」と小田切は指摘する(小田切，2014：162)。そして，こう続ける。「被災した集落でまず行われるべきは，地域の人々の復興へ向けた心の準備であり，「諦めてはいけない」ことを集落レベルで共有化することである。それは，言わば「寄り添い型」支援であり，むしろ性急な復興を意識しない者が適しているという」(小田切，2014：164)。

この「足し算の支援」が「掛け算の支援」へと切り換えられるところが「逆臨界点」なのであり，それを導くのが「寄り添い型」の支援だというのである。小田切は，これを図12-1のように示している。

(3) 住民とよそ者の相互性

そのプロセスを細かに見ていくと，小田切が指摘していないいくつかの特徴があるように思われる。一つは，「寄り添い型」の「足し算の支援」を行っているのは，外部のよそ者だという点にかかわることである。その土地に対する先入観もなく，そして事業の経験も専門性もない，そして若いという特性を持ったよそ者が，その土地に入ることで，土地の住民たちは，住民の間では，それぞれのしがらみがあって話すことができないような愚痴や悩みを吐露することができ，しかも支援に入っている若者たちはそれが土地を知るための新しい知識にもなり，住民とくに高齢者に教えを請う関係で接することとなる。ここにまず，地元住民と支援員との地元住民を少し高みに置いた，相互性の関係

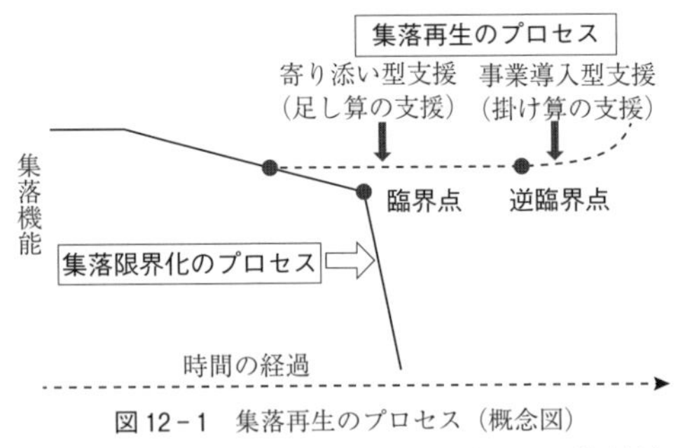

図12－1 集落再生のプロセス(概念図)
(出所) 小田切徳美 2014 農山村は消滅しない 岩波新書 165頁

がつくられる。

その後,住民と支援員との関係では,支援員の素朴な疑問や思いが,住民に還っていくことで,小田切のいうような「諦めてはいけない」という思いの共有につながるが,それは強く意識化されたものというよりは,おのずからそうなってしまうようにして,さあ,がんばろう,と思えるような関係に入っているように思われる。意識するのではなく,そう感受してしまう,こういう関係の中で,人々は次の生活に向けて,自らを駆動しようとするのではないか。そこにはすでに,自分の中に,支援員などよそ者が入り込んでいる。

だからこそ,住民が変わるとともに支援員そのものも変わっていくのであり,小田切はそれをとらえて,次のようにいう。「実は復興支援員の中には,その経験の積み重ねにより,さまざまな分野の専門家としての力を持つ若者が生まれている。彼らは「足し算」(寄り添い型支援)もできる「掛け算」支援の担い手といえる。つまり,集落の復興過程でそれに寄り添う復興支援員は,彼ら自身も成長し,さまざまなスキルを身につけるに至っているのである」(小田切,2014)。

この指摘では,さらに次のことを受け止める必要があろう。つまり,復興支援員の若者たちは,意識してそうなったのではなく,むしろ「寄り添い型」の支援を進め,土地の人々の日常生活にそのまま触れることで,その土地のあり方を自分のあり方として受け止め,組み換え,それが彼らの専門性へと練り上げられているのであり,それはおのずからなるもの,その土地の人々の生活と彼ら自身の課題とが相互に反応し合うことで,彼ら自身の変化をもたらしているということである。さらにこの過程で，地元の人々そのものが組み換えられている。つまり住民たち自身が，支援員の彼ら若者たちを受け止め，自分の生活のあり方を組み換えることで，この土地を維持しようとする気持ちになっている。だからこそ，復興支援員は「寄り添い型」の支援ができ，かつ「掛け算の支援」もできる専門家として迎え入れられるが，そこでは地元住民がすでに復興支援員の若者の存在を受け入れて，新たな生活と地域づくりのアクターとして動き始めているはずである。

こういうある種の意識せざる思いが重なりあうことで，住民はそうせざるを得ないかのようにして駆動されてしまい，地元は諦観から解放され，自ら誇りをつくりだす方向へと歩み始めるのである（牧野，2014）。

（4）当事者性のズレ

次に，小田切は「逆臨界点」の議論において，「寄り添い型支援」（足し算の支援）の段階を「事業準備段階」，そして「逆臨界点」を超えた段階を「事業導入段階」と呼び変えている（小田切，2019）が，この段階では「「再生」「復興」を直接のテーマとするのではなく，外部からの「まなざし」ができるだけその集落に向けられるような仕組みをつくることが重要」（小田切，2014：165）だという。彼は，続けて，次のように現地の変化を描写している。被災地が外部のボランティアなどを受け入れ，様々な取り組みを続け，足踏みをしているかのように見える期間が3年間ほど続いた後，住民の意識にも変化が見られ，集落を残したいという住民の気持ちが自然に出てきた，というのである（小田切，2014：166-167）。

小田切はこれ以上詳しくは述べていないが，それは本来，阿吽の呼吸とでも呼ぶべき機微に富んだ関係性によって生み出される動的な変化である。

つまり，地域住民は，自らがおかれた状況に諦観に近い観念を抱きつつも，しかしそれでもどこかに悔しさや諦め切れなさを抱いている自分を持て余しており，それをよそ者の「まなざし」を借りることで，一旦対象化し，よそ者との間で自分を組み換えつつ，どうしようもないと諦めていた自分を乗り越えようとする力を得ている。すでにその自分はそれまでの自分ではなく，よそ者を組み込んだ自分となっている。よそ者はよそ者で，地元の人々に寄り添って，交流することで，人々の生活と文化を受け入れ，地元の人々が自分を受け入れてくれるように自分自身をつくりかえている。こういうことである。

ここで重要なのは，地元の人々とよそ者とが融合してしまうのではなく，それぞれを意識しつつ，自分をつくりかえるが，それは自らの立場から地元の当事者になっていくということであり，完全に一致してしまうのではないということである。地元の住民は地元の住民として，その地元の当事者になり，よそ者はよそ者としてその地元の当事者になるのであって，そのズレが常に次の活動への駆動力を生み出すこととなるのである。そしてそこでは，常によそ者そのものが地元住民にとっての参照系または触媒のような働きをしつつ，地元を常に住民主体で組み換え続ける推進器の役割を果たすこととなる。

（5）「ことば」の存在

しかもこのとき，見逃されてはならないのが，「ことば」の存在である。つまり，よそ者によって地元の様々なことどもが言語化され，住民へと投げかけられるが，その「ことば」は地元住民の価値観とはズレれたものとして，住民の気持ちをくすぐり，逆撫でにし，そのことによって住民の地元社会への気づきをもたらし，自分自身を意識化することへと導いていく。つまり，よそ者の「ことば」を鏡として，住民が地元を再発見するのである。これを小田切は「交流の鏡効果」（同上書：75-76）と呼ぶが，そのときすでに，地元住民はよそ者を介して自分を見つめる「まなざし」を獲得している。

しかもそのよそ者は，専門家として，高みに立って，地元住民に意見をいうのではなく，むしろ教えを請う立場から，素朴な疑問を口にし，率直な感想を言葉にしているのであって，それだからこそ地元住民はそれに反発できず，むしろそれを受け入れ，内省し，改めて地元の可能性に気づくようになっていく。すでに地元はそれまでの地元とは異なり，その非専門家であり，素人であるよそ者を含み込んだ自分の地元として，住民の中に立ち現れているのだといえる。

2 PDCAサイクルからAAR循環運動へ

(1) レジリエンス・ポイントの存在

それゆえに小田切のいう「事業準備段階」はむしろすでに事業が始まっているものと受け止められるべきものであり，それは表面的には動きのない，「寄り添い型」「足し算の支援」がなされていて，ある種の停滞期のように見えて，実はその水面下では様々な思いが錯綜しつつ，諦観を乗り越えて，現実を何とか変革しようとする様々な試みが，意識せざる形で行われている，いわば「胎動期」とでもいうべき時期なのではないだろうか。そして，このプロセスを細かに観察すると，このプロセスの様々な場面で，レジリエンス・ポイント(Point of resilience) とでも呼べるような，試みては思いとどまり，諦めては試みて，現状を変えようとする，人々相互の関係組み換えの動きが見出される。そして，それが一つひとつのプロセスの場面として継起し，重なることで，逆臨界点を生み出すことになる。このように見える。それが，小田切のいう「足し算の支援」ということなのではないか。

そして，このレジリエンス・ポイントを子細に観察すると，すでに述べたような人々相互の変容のあり方が見えてくる。それは，いわばAAR (Anticipation-Action-Reflection) とでも呼ぶべき循環運動である (OECD, 2018)。これは図12-2のように表し得る。

従来，行政評価も含めて，事業の展開にはPDCAサイクルの適用が求められ，事業評価もこのサイクルによって得られるエビデンスにもとづいてなされるのが一般的であった。しかし，エビデンス・ベーストの事業立案とPDCAサイクルによる事業管理は，基本的には医療モデル，つまり条件を統制した上で，仮説を検証するためのものであり，またいわゆる工業製品の生産とその品質改善のための手法であり，目的・目標が明確で，それを管理・達成するための技法であるといえる。この手法では，専門性にもとづいて，計画を立て，その計画の目的を実現するためのプロセスがPDCA (Plan-Do-Check-Act) つまり計画⇨実施⇨評価⇨検証として展開されることとなる。そして最近では，これを社会開発に適用するためにいわば修正版PDCA，つまりR-PDCAが導入されること

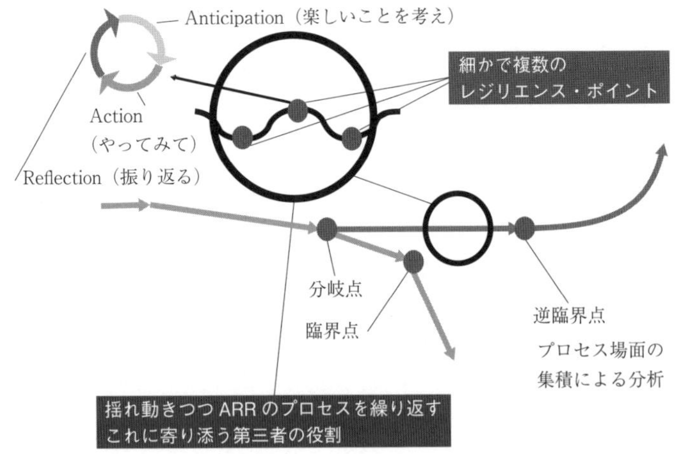

図12－2 「足し算の支援」段階のレジリエンス・ポイント
（出所） 小田切前掲図を参考に筆者作成

が多くなっている。RとはResearchであり，例えば地域の活性化であれば，事前に調査を繰り返して，活性化の阻害要因や促進要因を明らかにした上で，計画を立て，その実現のためにチェックを繰り返すという手法である。

PDCAとは目的志向型で，Back-Casting（バック・キャスティング）つまり未来起点の演繹的な思考法による事業プログラム実施手法である。それはまた，語弊のあるいい方だが，悲観主義的であり，かつ性悪説的な，常に目標を定めては，それにそぐわないものを潰して，目標を達成しようとする管理志向型の手法であり，かつ未来の目的に収束する閉鎖系の手法であるといえる。

このような手法は，例えばこれまで扱ってきた集落の活性化などの議論では，いわば「逆臨界点」を超えて「掛け算の支援」段階に入って以降に活用できるものであり，「寄り添い型」で「足し算の支援」が必要な段階では，この手法は却って集落を破壊してしまうことになりかねない。小田切も中越地震後の集落支援の経験に照らして地元で語られた言葉を引用しているとおりである。「負の領域で「掛け算」をしてはいけない。算数が教える通り，符号が負のときに「掛け算」をすれば，負の数が拡大するだけだ」（小田切，2014：162）。

（2）まちづくり実践とPDCAサイクル

まちづくりの実践は，基本的には何がどうなれば成果が挙がったといえるのかが，曖昧な場合が多い。また，単一の目標を掲げた場合にも（例えば，交流人口の増加），ある結果が導かれた要因は単一の直線的脈絡にある場合よりは，複合的な，しかも循環的な要因の絡まりによっている場合の方が圧倒的に多い。交流人口が増えた／減った，という結果になったとしても，どのような要因によってそうなったのかを特定することは極めて困難なのである。

そして，実際に，まちづくりの実践と評価においては，各地でPDCAサイクルに近い形での評価・とらえ返しがなされているが，実際には評価・とらえ返しをすればするほど，実践が萎縮して，できることしかやらなくなるという縮小サイクルが生まれ，結果的には何もしないことへと落ち着く傾向にある。

それにはいくつかの要因が考えられる。一つは，その結果となった要因そのものを特定できないこと（複合的であり，かつ重層的に絡み合っているため，一つの要改善要因を特定できない，など）。また第二に，例えば交流人口を増やすといった場合に，なぜそれが求められるのかについて，住民それぞれの理解が異なること，またそれを統一のものとしたところで，それが何を意味するのかは多様な意味をもつこと（経済収入が増えるのか，文化が多元的になるのか，賑わいをもたらすことになるのか，など）。それらの結果，交流人口を増やすことそのものが目的となり，それが達成できた／できなかった，で評価つまり数値化されても，地域コミュニティの住民にとっては「意味」がなく，それを行うプロセスそのものが負担になること，等を挙げることができる。

上記のまちづくり実践における困難は，まち（コミュニティ）が単一の目的をもって成立しているのではないこと，端的には人々が集合的に「生き延びる」ためのものであること，つまり特定の目的を持たないことを物語っている。「生き延びる」ためになされなければならないことは，それぞれの場所において異なり，その要因は多岐かつ複雑かつ相互的／相補的である。そのため，まちづくりの目的が地域の再生であっても，課題解決のためのまちづくりとされた途端に，それは住民の日常生活のあり方からズレてしまい，単一目的のための生活を強いられる負担感ばかりが昂じることとなる。その結果，やらされ感が募り，活動は次第に嫌々となって，より悪い結果を導いて収束することとなる。

経験的には，まちづくり実践は，住民の生活が様々に豊かな関係性によって支えられるようになる変化が生まれることで，その問題が起こらなくなるという動きを見せることの方が多い。それはまた，住民が自ら当事者として生活を送る上で，本来問題にならないことが，問題になってしまっているところに，根本的な問題があるということを示している。そのために問題解決の手法を導入しても，それは場当たり的な住民の動員になってしまい，かえって住民生活を毀損することとなってしまう。ここにPDCAサイクルのようなバックキャスティングの手法による仮説-検証モデルの危うさがある。

（3）AARの循環運動としての地域コミュニティ

地域コミュニティにおける人々の動きは，常に他者とのかかわりの中で，その関係を組み換えつつ，自らを生成し，それをさらに地域コミュニティのあり方へと展開していこうとする，いわばForward-Casting（フォワード・キャスティング）とでもいうべき現在起点の未来志向型のプロセスであるといえる。つまり，未来のあり方はよくわからないために，ひとつずつ試しながら，未来をCast（形づくる）していく，そういうものとしてある。その意味では，このプロセスは試行錯誤型であり，楽観主義的であり，性善説的で，帰納的なものでもあるといえる。そして何よりも，現在起点で，よりよい未来を探し続けて，形づくっていこうとするものであるという意味で，様々な可能性を否定しない開放系の考え方であるといえる。

しかもこの過程では常に，やってみたあとの振り返りが組み込まれ，それがさらに次の思いへとつながり，プロセスが事後的な確認による過剰性によって駆動され続けるものとなる。それゆえに，このプロセスの起点はPlan（P）ではなくてAnticipation（A）であることが望ましい。Anticipationとは予測のことだが，そこには愉しいことやよいことを予期するという意味が含まれている。つまり，愉しいことを考えて，ニヤニヤしたり，ウキウキしたりして，その到来を待つ，というのがこの予測という言葉の原義なのであり，それにもとづいて，自分で動いてみて，その結果を振り返って，また愉しいことを考えて，未来をつくりだしていく，これがAARの循環運動である。こういう不断のプロセスが，既述のレジリエンス・ポイントにおいて展開しており，それが徐々に人々の関係を組み換え，意識を組み換えて，「やろう！」という気持ちへとつながっているものといえる。

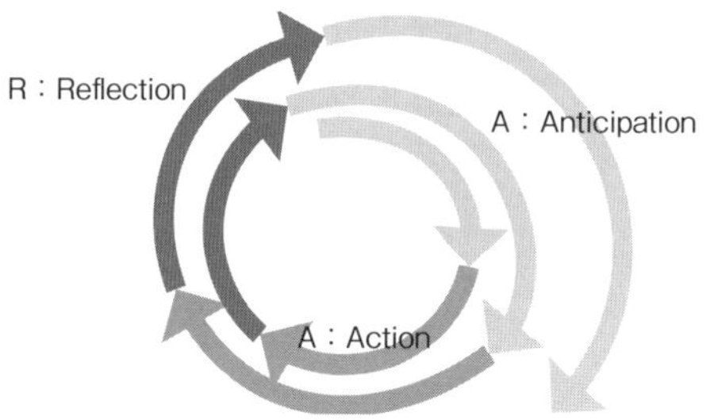

図12-3 開放系のAAR循環運動
（出所） 筆者作成。

（4）PDCAサイクルからAAR循環へ

PDCAサイクルは，従来のような過去起点の，いわば過去を参照して，目標を設定し，それを達成し続けることで，将来を見通そうとするFore-Casting（フォー・キャスティング）な手法への反省から生まれたものであるが，フォー・キャスティングな手法も，過去を参照しつつ，未来を単一目標として見通そうとするという意味で，ある種の直線的な価値志向性を持ったものであり，その意味ではPDCAサイクルのバック・キャスティングの手法による未来起点の目標達成モデルと同様の構造を持っている。どちらもが，現在をはさんで，過去と未来とを参照系としつつ，単一目標を達成しようとするという構造を持ち，構想のベクトルが，過去起点の目標達成・未来志向なのか，未来起点の現実変革-目的達成志向なのかという違いがあるに過ぎない。そこでは，常に単一の目標達成という価値志向性が働き，その達成度が評価されることとなる。そのため，既述のように複雑で多重な要因が錯綜して構成されているまちづくりのプロセスにおいては，それらはどちらもがサイクルとはいえ，単一目標の達成度をめぐる調整が，過去と未来双方に対して行われることで，どちらもが目標を小さく設定し続けるという，いわば縮小再生産のループを描かざるを得なくなる。つまり，PDCAサイクルもフォー・キャスティングな過去起点の反省型モデルも，どちらもが閉じられた円環を描くこととなる。それはまちづくりにおいては，そのまち（コミュニティ）の住民たちが「誇り」を失い，コミュニティが生活基盤としての機能を失って，消滅に向かうことを意味している。

AAR循環とは，既述のように，Anticipation-Action-Reflectionの循環であり，予期する（わくわくするような楽しいことを考える）-やってみる-振り返るというサイクルであって，そこには評価による批判は存在しない。Reflectionは振り返って，うまく行けばもっとやろうとAnticipationへ動き，またうまく行かなければ，やり方を変えてみようとか，ちょっとこれをやってみようというAnticipationへと動くことで，開放系の試行錯誤を生み出すことへとつながっている。これを図示すると**図12-3**のようになる。

3 ワークショップという「形式」と「ことば」を介した循環

（1）「形式」とAAR循環における「ことば」

ワークショップという「形式」の中には，このようなAARのいわば「ことば」を介した心の動きが見られる。しかもそこでは，常に自分がやったことが，相手の反応として自分に還り，その反応をうれしく思う自分や，その反応が予期せぬものとして，少しズレることで，さらにそれを楽しもうとする自分が生まれることで，「ことば」によって駆動され，相手との関係を「ことば」によって強めないではいられない自分が生まれ出してくる。

そこには何の単一の目的もなく，ただ，語り続け，聞き続けることだけが目的であるような，プロセスそのものの目的化がある。そしてそれはまた，よそ者である若者たちにも起こっている循環でもある。彼ら自身が，地元住民との間で，その「形式」において「ことば」による当事者になっているのである。

これが，分岐点における介入から「逆臨界点」に到る過程で見られるのであり，それは一見何の動きもない，単なる衰退過程に見えつつも，その実，試みてはズレ，ズレては試みる，地元住民もよそ者の若者もそれぞれがその「場」において当事者となっていく，「ことば」によって駆動される循環が生まれる過程でもある。それはまた，その時々の様々な人とのかかわりにおいて生まれる小さな点のような循環であり，これを筆者は，「逆臨界点」にいたる「レジリエンス・ポイント」(Point of resilience）と呼んでいる。この点の継起が，かかわりのある人々をその「場」の当事者へとつくりだし，地元を「逆臨界点」へとゆっくりと移行させていくのである。

（2）変容しあう関係としての当事者性

そして，ここで重要な働きを見せるのが，よそ者を含めた，住民それぞれの立場からの当事者性である。それが相互にズレていることで，相互に刺激しあい，事後的に新たな関係に向けて人々を駆動することになるのである。さらにいえば，そこに作用しているのは，人々相互の受容と配慮である。こうしたものが，地域コミュニティの草の根の人々の関係において起動することで，その社会は常に人々の関係をつくりだし，自己をその関係として生み出し，組み換え続ける人々によって，不断に展開を続ける生命力を持つこととなる。

このプロセスが展開していく過程で，人々はそれぞれの立場から当事者となり，その当事者性が，地域コミュニティへの新たな気づきや発見，そして意味づけや価値づけをもたらすこととなる。ここでは，相互に受け入れあうことで生まれる関係が，その都度相手に対する思いとそこから自らへ還ってくる意識との相互作用の中で，変容しつつ，常に当事者性を新たにしていく運動を見出すことができる。こういう関係こそが，地域コミュニティを駆動するのである。

（3）カウンセリング・プロセスとしてのワークショップ

これを筆者らがまちづくり実践などで行うワークショップに観てみると，次のような構造をとらえることができる。ワークショップの場では，住民と院生とのワークショップという「形式」と「ことば」によるいわばストラクチャーを持っており，それがプロセスを規定しつつ，進められることで住民と院生の当事者性が相互の「あいだ」として生み出されてくるというメカニズムのような構造を持っていること，それがいわばワークショップの持つ通奏低音として生まれていることを見て取ることができる。

ストラクチャーとは，次のようなワークショップの場の構造をいう。①住民に対して院生がかかわるという「よそ者」の存在がある。②そのよそ者が「形式」を持ち込み，つまりある種の専門性を背景として，住民にワークショップを強い，それでいながら，聞き役に回り，住民のことばに頷き，感嘆し，賞賛するという，いわば住民が専門性を持ったよそ者に教えるという非対称性が生まれる。③その過程で，住民がよそ者を通して自分の言葉を受け止め，その言葉によそ者の感嘆・賞賛が載せられることで，自分が何に関心をもち，何に問題を感じていたのかを感じとる。④さらに，住民がその自己認識の関係をよそ者だけでなく，ワークショップに参加した住民との関係へと広げていく。⑤その上で，住民が自分を他者との関係を含めてその場がつくりだす当事者へと形成する。⑥そのかかわりにおいて，よそ者そのものが，その場の当事者として住民との関係を構成しつつ，住民との関係を同じ当事者である対称性を持ったものへと組み換えていく。⑦住民とよそ者が，その関係において，相互に「ことば」を介して，発話を促し合うAARの循環に入る。⑧その結果，AAR循環が開放的な試行錯誤のプロセスへと転回していく。⑨当事者としての住民自身がまちづくりの実践へと足を踏み出す。こういう構造である。

このストラクチャーがつくりだすプロセスとは，次のようなものである。上記ストラクチャーの②から⑨までの場の変化が継続しつつ，その「形式」を維持しながら，「ことば」が豊かにあふれ出し，住民やよそ者が，相互に認めあい，肯定しあい，さらに次の「ことば」を引き出しあい，自分をその場の関係そのものとして，さらにその関係に駆動される存在として見出していく。その過程で，AARの循環が，常に心地よく，楽しい，自己認識へと還りながら，さらに次の「ことば」を紡ぎだし，他者を自らの中に感じつつ，その場を構成している自分を住民たちに生み出し続けさせる。このような生成と変化の運動を継起し続ける存在として，住民やよそ者がつくりだされる運動の過程が生まれている。

この過程そのものが当事者になり続けるという継起のあり方，つまり当事者性なのであり，その運動は「ことば」を介して自己と他者とが一つの関係を形成しつつ，新たな自己をそこから生み出し続けるという「形式」，すなわちカウンセリングの形式を生成することとなっている。ここでは，「ことば」を通した自他の相互認識と当事者性の不断の生成という運動が，カウンセリングからAAR循環そしてその開放的な試行錯誤のプロセスへという「形式」を不変のものとして維持することとなっているのである。

このストラクチャーとプロセスから導かれるカウンセリング・プロセスとしてのAAR循環という議論で重要なのは，そのプロセスそのものが「形式」と「ことば」によって住民とよそ者に対して，いわば強要された枠組みでありながら，その枠組みを維持する形でプロセスが進展することで，その枠組みそのものが参加者の当事者性へと展開しつつ，そのプロセスつまり関係の生成と変化という運動そのものが当事者のあり方として生み出されてくるということである。当事者性とは，かかわりの運動であり，当事者になるとは，その運動そのものが自らのあり方となるということ，そのことを住民とよそ者がワークショップという「形式」において生成することで，「ことば」がその当事者である住民を駆動し続けるAARの開放型の試行錯誤の循環を構成し，地域コミュニティをいわば住民の存在そのものとして生み出し続けることとなるのである。

むすび　よきことを予期する

これまでの考察を念頭に置いて考えれば，自分と他者とが否応なく新型コロナウイルス感染症対策の対象とされてしまい，外出自粛をせざるを得なくされてしまうという状況下において，私たちが試されているのは，他者の受容と他者への配慮，それが改めて自分の身を振り返ることにつながることで，自ら判断して，他者のために何ができるのかを考え，行動できる力を人々にもたらすことなのではないだろうか。民主主義と自治の人間的基盤が問い返されているのだといってよいだろう。

例えば，筆者らとの間で地域と学校との協働を深める共同研究事業が進められた小学校の卒業生で，いまは中学生である子どもたちが，新型コロナウイルス感染拡大のさなか，マスクをつくり，地元の自治会連合会長に届けている。この生徒は，小学生の頃に共同研究にかかわりを持ち，地元の高齢者との交流経験がある子どもたちである。

またこの小学校区では，マスク不足が報道される中，４月早々に，地元高齢者の呼びかけで，地域の住民が布マスクをつくり，子どもたちに配布する準備を進めている。全校児童一人あたり，低学年は３枚，高学年は２枚のマスクを配布したという。

そこには，相手のことを自分に照らして受け止め，かつ相手の中に自分を感じとること，つまり相手を好意的に受け止めることが組み込まれている。地元の高齢者のことを思い，マスクをつくって，贈るとき，そこには高齢者の健康を心配し，慮り，感染しないようにと願う自分があり，しかもうれしそうにマスクを受け取って使ってくれる高齢者の姿が，想像されて，子どもたちは愉しかったのではないか。子どもたちのためを思って，一緒にマスクをつくる高齢者や地元住民たちも，子どもを心配し，その子たちのためになれる自分をうれしく思い，またそのマスクを子どもたちが喜んで受け取り，使ってくれることを想像して，愉しかったのではないか。

既述のように，Anticipationとは，単に予期するということだけではなく，むしろよきこと，愉しいことを想像して，それを計画する，という意味が含まれている。そこには，Anticipateする自分，つまり自分を他者との間でつくりだし，想像力をふくらませ，それを相互の配慮へと高めて，新しい自分と相手をつくり続け，思わずニコニコしてしまう，そしてウキウキしてしまう自分が，それこそ予期せぬ形で，現れるのではないか。そして，人はそれを愉しいこととして受け止めることで，さらにその関係を強化するように事後的に自分を駆動してしまう，つまり他者とともにある自分が自分を不断によき関係をつくるようにと駆り立ててしまうのではないだろうか。これこそが，この共同研究で高齢者と子どもたち，そして住民が見せてくれた「気づく」姿である。「気づく」というのは，地域コミュニティの課題に気づくということではなく，自分が他者との間で他者とともにそこにある当事者として生まれ続けることの愉しさ，つまり「よきこと」に気づくということである。それこそが，自分を事後的に次々と新たな自分へと生み出し続ける過剰性をもたらすこととなる。

事後的な過剰性の継起，これこそが受容と配慮にもとづく自治，つまり他者のことを我が身にひきつけて受け止めつつ，その他者から改めて自分を振り返り，状況を判断して，自分にできることを人のために行うこと，それが自分自身をも人々との関係の中でつくり続けることにつながる実践を進める人間的な基礎なのだといえる。

（牧野　篤）

※本稿は拙稿「「学び」を地域コミュニティに実装する――想像力と配慮による当事者形成のプロセスを考える」『月刊公民館』（2020年９月号―2021年１月号）を大幅に加筆修正したものである。

練習問題

話題を決めて，誰かと，肯定的な関係が続くような対話を続けてみよう。

推薦図書

川喜田二郎　発想法──創造性開発のために　中公新書．

文化人類学者である川喜多二郎が考案したKJ法について，その発想から具体的な運用までを説いた古典的名著。本書で川喜田は，自らの学問を，再現性を重視する実験科学とは区分して，一回性を重視する「野外科学」「現場の科学」と呼び，分類では甚だ不十分だという。KJ法は，書き出された情報を分類するのではなく，重ねることで，実践・観察者当人を含めたすべての情報が含まれた関係性の体系を構築しようとする手法であり，まちづくりなど，多くの一回性の実践の分析に有効な手法である。

苅宿俊文・佐伯胖・高木光太郎編　ワークショップと学び　（1：まなびを学ぶ，2：場づくりとしての学び，3：まなびほぐしのデザイン）東京大学出版会．

Unlearn（アンラーン：まなびほぐし）をテーマにして「学び」とは何かを問い，ワークショップという手法で「学び」を再構築しながら，ワークショップの「場」そのものも組み換える試みのシリーズ。私たちが知らず知らずのうちに学んで身につけてしまっている常識の枠組みを揺るがし，時には捨て，常に新たな自分と世界を構築するための手法とその原理が説かれている。

あとがき

私たちは今日，人生100年時代への転回など社会構造の激変，そして感染症の拡大や気候変動がもたらす危機的な状況を，日常生活において引き受けなければならない社会に，生きています。それは，私たちが自分の生活の足下から，生きるということを改めて問い返さなければならない事態に追い込まれているということではないでしょうか。

このような状況にあって，私たちの日常生活の場である地域コミュニティが，政策的にも，また人々の生活感情においても，重視されてきています。そして，この動向の中にあって焦点化されているのが，人々の共助の関係の構築であり，その基盤である「学び」の組織化です。しかも，近年，新たな経済発展が模索される過程で，社会保障制度の組み換えを視野に入れつつ注目されているのが，リカレント教育やリスキリングなど，人生100年を生き抜くための個人的な学び直しの営みです。

これら「学び」への政策的な着目は，顕著な特徴，つまり課題解決のために学びを重視するという特徴を持っています。例えば，認知症患者の急増予測などから地域共生社会づくりが提唱され，住民による学びと出会いを基本とした相互のかかわりをつくり出すことが重要だとされます。また，人生をマルチステージへと組み替えるために学びを繰り返すことが必要だとされます。そしてそれらの政策は，社会教育や公民館活動が活発なところほど，住民相互のかかわりが豊かで，互いに助け合う共生社会がつくられているという知見や，学びに積極的な人ほど人生に前向きであるという議論を下敷きにしています。だからこそ，社会課題を解決し，人生100年時代の新たな社会をつくるために「学び」が大切なのだというのです。

しかし本来，論理は逆なのではないでしょうか。社会教育や公民館の活動が活発だから，住民はその活動を通した豊かな関係をつくっており，その関係の上に相互に助け合い，見守りあう共生社会をつくることができているのであって，共生社会をつくるために学んでいるわけではないでしょう。学びに積極的な人々が人生を謳歌しているのであって，人生に前向きになるために学ばなければならないのではないでしょう。

そうであるとすれば，課題解決のための「学び」ではなく，「学び」が社会に実装されていることがすべての前提とならなければなりません。ところが，「学び」はそのように社会に埋め込まれているでしょうか。

私たちは，いま改めて「学び」とは何であるのか，それを社会に実装するとはどういうことであるのかを問い返し，社会基盤としての社会教育のあり方を，人々の日常生活における感情をもとらえつつ，検討する必要があるのではないでしょうか。そして，そこでは，社会教育のあり方を地域コミュニティの生活から問うとともに，学校教育も地域コミュニティから問い返し，さらに問い返された教育のあり方から，地域コミュニティにおける「学び」のあり方を問い，社会に再定位すること，このことが求められます。これが，『社会教育新論——「学び」を再定位する』という本書のタイトルに込められた思いです。

本書タイトルに込められた思いを汲み取っていただき，収められた各論考を叩き台として，新たな社会基盤としての「学び」の議論が深められることを期待したいと思います。

本書は，ミネルヴァ書房の本田康広さんによって企画され，編集の過程でも本田さんに大変お世話になりました。記して感謝いたします。

2021年11月30日

銀杏の黄葉に埋もれる本郷にて

牧野　篤

注　釈

⑴　例えば綿野恵太も同様の議論をしている（綿野恵太 2019「差別はいけない」とみんないうけれど。平凡社.）。

⑵　益田市ホームページ「MASUDA no Hito」https://masudanohito.jp/（2021年8月28日取得）。

⑶　『社会教育・生涯学習辞典』には「民間教育事業者」という項目はないため，「民間教育事業者」は「民間教育産業」としてとらえられていると思われる。

⑷　通塾率の試算にあたり，早坂・杉森（2018）を参照した。

⑸　以下の節の論考は，鈴木繁聡（2018, 2021）を加筆修正したものである。

⑹　本章のテーマに関連する戦後GHQ占領期のPTA研究は，井上恵美子 1987「占領期社会教育史の研究（その３）4.PTA政策の形成発展過程」『社会教育研究年報』6，大矢一人 1987「J.M.ネルソンとPTA 政策：地域と学校の結合を中心に」『教育学研究科博士課程論文集』13，平井貴美代 2013「初期PTAにおけるアソシエーション的特性に関する一考察ー占領期PTA規約準期等の比較検討を通じて」『日本学習社会学会年報』9などがある。

⑺　例えば，発社第395号「常会の社会教育的活用並指導に関する件通牒」，地発乙第430号「常会定例日の設定に関する件通牒」，具体的な内容は自治大学校（1960：7，11）。

⑻「昭和二十年勅令第五百四十二号ポツダム宣言の受諾に伴い発する命令に関する件に基く町内会部落会又はその連合会に関する解散，就職禁止その他の行為の制限に関する件」（1947年5月30日付）。

⑼　アメリカのPTAはまず一つの全国組織「全米PTA連合」（National Congress of Parents and Teachers）が発足し，その後に徐々に学校単位でPTA（PTO）が設置されるようになった。しかし，CI&Eは日本のPTAに関してまず学校単位から始まることが重要であると考えていた。

⑽　戦前の社会教育施設については大串・田所（2021）参照。

⑾　こうした視点からの著作として，小林（1977），鈴木・井上・大木（2015），渡辺（2019）など。

⑿　本項目は新藤（2016）をもとにしている。

⒀　まちびと会社ビジョナリアル「くるめオンライン公民館」ホームページ（2021年3月23日取得）。

⒁　出所は，寺中（1949=1995：41）より。

⒂　初期の公民館構想は，社会教育法成立の前年の1948年の教育委員会法制定によっても大きな影響を受ける形となった。詳細は，太田（1987），佐藤（2019）等を参照。

(16) 「尼崎オンライン公民館」の詳細については佐藤（2020）にて既にまとめているので，そちらを参照されたい。

(17) 2000年代に定着し始めた「ソーシャル系大学」は，市民大学の系譜に位置づけられるが，主に地方自治体が運営していた従前の市民大学とは異なり，ボランタリーな組織やNPO法人がその運営主体となっている場合が多い。その中でも，特定の施設や場を持たず，「街全体がまるごとキャンパス」であるというコンセプトで事業展開している「シブヤ大学」の事例などもある。以上については，坂口（2015）に詳しくまとめられている。

(18) 厚生労働省　地域包括ケアシステム https://www.mhlw.go.jp/stf/seisakunitsuite/bunya/hukushi_kaigo/kaigo_koureisha/chiiki-houkatsu/（2021年２月25日取得）

(19) ソウル市は25自治区で構成されており，２-３自治区ごとに教育支援庁が設置され，計11教育支援庁が設置されている。

(20) 韓国国家統計ポータル（KOSIS）2021　人口動態件数及び動態率の推移（出生，死亡，婚姻，離婚），高齢人口比率（市道・郡・区），独居老人世帯比率（市道・郡・区）．https://kosis.kr/index/index.do（2021年３月６日取得）

(21) 敬老堂（キョンノダン）は高齢者向けの余暇福祉施設として全国に設置されている韓国独特の制度である。2020年現在，全国に約６万7,000カ所の敬老堂が設置されている。従来は特別な活動やプログラムがなく，一緒に食事したり，寛ぐ場としての性格が強かったが，最近は高齢者向けの健康教室や生涯学習プログラムを運営するところが増えている。

(22) マウル会館は，日本の町会レベルにあたるマウル（地域）に設置されている住民の自治集会所である。高齢化率の高い農村地域では，マウル会館が敬老堂としての機能を果たしている場合もある。

(23) 1999年，国連のアナン元事務総長が第２回高齢者問題世界会議の演説において紹介したアフリカの諺である。高齢者のための西日本NGO代表団 2002「一人の高齢者が死ぬと一つの図書館がなくなる――国連第２回高齢化問題世界会議と高齢者のための世界NGOフォーラムから」日本機関紙出版センター。

(24) 朝日新聞デジタル「「MARCH」より地元私大　コロナ禍で強まる地元志向」2021年１月16日　https://www.asahi.com/articles/ASP1G3H10P1DIIPE01F.html（2021年２月28日取得）

(25) 木之本敬介「コロナで大学生の地元志向強まるＵターン，地方就職希望が倍増」朝日新聞「Edu A」2021年６月２日　https://www.asahi.com/edua/article/14362103（2021年８月23日取得）

(26) 社会学者の轡田竜蔵は，「地方暮らしの若者」を対象とした研究の中で，若者が地方を目指す動機を「経済的要因」と「存在論的要因」の二軸から，４つのモデルに分類している。

(27) 本節および第４節は丹田（2018）の一部を加筆修正したものである。

(28) このような家庭教育に対する視点に関しては，本田由紀『家庭教育の隘路－子育てに脅迫される母親たち』勁草書房，2008，中西新太郎『「問題」としての青少年―現代日本の“文化―社会”構造』大月書店，2012などを参照。

(29) こうした構造は，日本が近代化への道を歩み始めた明治期から着々と形成されてきたものでもある。例えば北陸地方や山陰地方が「裏日本」表現されてきたのは，それらの地域が歴史的に，諸資源の都市への供給源とみなされていたためであった（古厩，1997）。

(30) 「青年」と「若者」の表記には諸説あるが，本章では「青年」概念の成り立ちから整理をしている関係上，とくに出典や特別な理由がない場合は「青年」表記に統一する。

(31) 日都青第３回大会への参加を呼び掛け，1972年に発行された「第３回　日本都市青年会議参加のために」という書類の中にこの記述が確認できる。

(32) 高橋（2002）によれば，「教える」－「学ぶ」の関係が予定調和的に接続すると考えられたのは，近代科学や技術，知の専門家集団や学校の教師が，総体的に信頼される社会において，大人たちの意識が文明化や社会進歩という「大きな物語」の中に取り込まれていたからである。一方，20世紀に入ると，産業化による社会階層の分裂と固定化，大都市への労働者の集中，工場における科学的人事管理，高層アパートの出現などの新しい現実が，人々の意識における社会進歩の物語への信頼を大きく突き崩し，そのなかで，教師がテクストを介して提示する一つの「代表的提示」が一つの世界解釈でしかないことが自覚されるようになり，啓蒙期のような二項対立の図式で「教える」－「学ぶ」の関係をとらえることの限界が見えはじめたのだという。

(33) ウォルター．J．オング（Walter J.Ong）は，ことばの媒体となるメディアを「声」と「書くこと」，それに付随する「読むこと」の技術に分類し，メディアの技術の変化に伴う人々の意識や文化の移り変わりには，書くことの知識をまったく持たない「一次的な声の文化」，「手書き文字の文化」，「印刷文化」，ラジオやテレビなどによる電子的コミュニケーションをおこなう「二次的な声の文化」の４つの段階があると指摘した。オラリティとは，この声の文化や話し言葉の世界を意味し，主に文字の文化であるリテラシーに対比される概念である。

(34) なお，『話方研究』の誌面で口演童話に関わる語句は，「童話」，「お話」，「口演」など多数使い分けられている。これらのうち，「童話」は読み物として書かれた物語，「口演」はそれを大勢の子どもたちの前で演じることを指す。また，最頻出の「お話」という表現は，書物に書かれた話材そのものではなく，「それが話される時に生ずる心の交流」と定義される。本書の「童話」と「お話」の使い分けは，上記に準じるものとする。

(35) このうち，地域アマチュア芸術文化活動（「地方における文化行政の状況について」における「芸術文化」を想定）に社会教育・生涯学習行政が果たしている役割については，歌川（2015）で概論している。図11－2のように，その所管状況も多岐に渡っている。

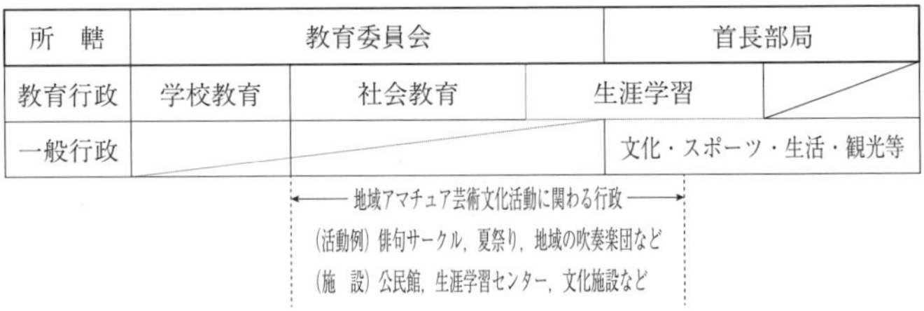

所　轄	教育委員会			首長部局
教育行政	学校教育	社会教育	生涯学習	
一般行政			文化・スポーツ・生活・観光等	

←―― 地域アマチュア芸術文化活動に関わる行政 ――→
（活動例）俳句サークル，夏祭り，地域の吹奏楽団など
（施　設）公民館，生涯学習センター，文化施設など

図 11－2　地域アマチュア芸術文化活動にかかわる行政

（出所）　歌川（2015：77）より転載。

(36)　本節における問題としての「余暇（レジャー）」の歴史認識は，小澤（2013）に基づいている。

(37)　デュマズディエは，余暇の積極的機能を，①休息・披露回復，②気晴らし，③自己開発，に分類した（デュマズディエ1962＝中島1972）。

(38)　本章における“self-cultivation”とは，日本語で言う「修養」「教養」「稽古」「養生」などの総称である。いずれの日本語を用いても特定のニュアンスが生まれるため，本章では西平（2020）に従い，“self-cultivation”と総称しておきたい。

(39)　日本放送協会「国民生活時間調査」（1947年実施）における「趣味」に該当する行為は，「生花，茶道，手芸，音楽，和歌，書道のやうなたしなみになるものを稽古したり習ひに行くこと」となっている。

(40)　同様の構図は，戦後農村の青年団・青年学級の「青年の教養／女子青年の花嫁修業」（福間，2020）にも見られる。

(41)　アゼベドによれば，アメリカにおける“hobby”も同様に，産業化と資本主義の導入以後の社会において，気晴らしの自由時間に規律と生産性をもたらし，「家庭」と「仕事」を架橋するレジャーとして再発見されて今に至るとしている（Azebedo 2017：346)。

(42)　以下，杉山昂平氏へのインタビューによる（2021年６月15日実施)。

(43)　歌川（2009）では，「カルチャーセンター研究」を例に，研究者間にも，「お稽古事の伝統」といったように，日本のself-cultivationを自明視する傾向があった点について触れている。

(44)　新藤（2019）は，社会教育学における「民間文化産業をあえていえば無視，あるいは敵視する傾向」の強さや「公教育制度による文化活動の機会保障だけを主張し続ける」ことによる研究と実態との乖離について懸念を示している。

(45)　紙幅の都合上割愛するが，北田耕也や岡本包治の一連の論稿は，この点において社会教育学における先駆的な試みだと考えられ，今後更新と精緻化が求められるだろう。

引用・参考文献

青木栄一 2021 文部科学省――揺らぐ日本の教育と学術 中公新書.
浅岡靖央 2011 口演童話と「教室」――青山師範学校における口演童話運動の系譜. 子ども学論集, 4.
阿部幸大 2018「底辺校」出身の田舎者が, 東大に入って絶望した理由. https://gendai.ismedia.jp/articles/-/55353（2021年８月23日取得）.
阿部誠・宮本みち子・石井まこと（編）2017 地方に生きる若者たち――インタビューからみえてくる仕事・結婚・暮らしの未来 旬報社.
阿部真大 2013 地方にこもる若者たち――都会と田舎の間に出現した新しい社会 朝日新書.
新井郁男 1993 近未来の生涯学習と学校教育をイメージする. 社会教育, 48（4）.
荒井文昭 2017「学校を核とした地域づくり」の今日的課題. 月刊社会教育, 61（3）.
有井優太・今村健大・岩堀翔太・小俣海斗・渡部裕哉 2020 コロナ禍における教師の心理状態並びに実態認識に関する調査報告書〈速報版〉. https://researchmap.jp/ok_omt/misc/32062724/attachment_file.pdf（2021年８月23日取得）
池谷壽夫・藤田毅 2001 地域からの教育改革とその課題. 月刊社会教育, 45（5）.
石井英真 2020 未来の学校――ポスト・コロナの公教育のリデザイン 日本標準.
石井まこと 2017 地方に生きる若者へのインタビューが映し出すもの. 阿部誠・宮本みち子・石井まこと（編）2017 地方に生きる若者たち――インタビューからみえてくる仕事・結婚・暮らしの未来 旬報社.
李正連 2018 韓国における学校と地域の協働による地域教育福祉ネットワークの構築――ソウル市「地域教育福祉センター」の取り組みを中心に. 科学研究費補助金基盤研究（B）研究成果報告書 社会教育と福祉とコミュニティ支援の比較研究, 2.
李正連 2020 韓国における超高齢社会に向けた教育と福祉の地域共同体づくり――論山市の「同苦同楽」地域共同体事業を中心に. 科学研究費補助金基盤研究（B）研究成果報告書 社会教育と福祉とコミュニティ支援の比較研究, 3.
伊藤寿朗 1991 ひらけ, 博物館 岩波ブックレット.
伊藤寿朗 1993 市民のなかの博物館 吉川弘文館.
乾彰夫 2010〈学校から仕事へ〉の変容と若者たち――個人化・アイデンティティ・コミュニティ 青木書店.
井上講四 2016 平成28年度の「学校と地域の連携・協働」推進に向けて確認しておきたいこと. 社会教育, 71（3）.
井上俊 2015 遊び. 渡辺潤（編）レジャー・スタディーズ, 世界思想社.
岩佐淳一 1993 社会学的青年論の視角. 小谷敏（編）著者論を読む 世界思想社.

岩瀬令以子 2010 塾のエスノグラフィー 東洋館出版社.
岩永定 2011 分権改革下におけるコミュニティ・スクールの特徴の変容. 日本教育行政学会年報, 37.
植上一希 2011 専門学校の教育とキャリア形成——進学・学び・卒業後 大月書店.
植上一希 2013 職業世界へ接近・参入する青年たちをいかにとらえるか——専門学校生の検討を中心に. 現代思想, 41 (5).
植上一希 2016「大学の専門学校化」批判の問題性——専門職業大学の創設に関連して. 現代思想, 44 (21).
上杉孝實 1993「週休二日制社会」と社会教育研究の課題. 日本社会教育学会（編）週休二日制・学校週五日制と社会教育, 東洋館出版社.
上杉孝實 2001 社会教育と学校改革の問題. 月刊社会教育, 45 (5).
上原専祿・宗像誠也 1952 日本人の創造 東洋書館.
宇佐川満・朝倉秋富・友松賢 1964 現代の公民館——住民自治にもとづく再編成の構想 生活科学調査会.
碓井正久 1970 社会教育と教養. 碓井正久（編）社会教育, 第一法規.
歌川光一 2009 カルチャーセンター研究史——生涯学習・社会教育研究における趣味講座の位置づけをめぐる試論的考察. 生涯学習・社会教育学研究, 33.
歌川光一 2015 社会教育・生涯学習行政と地域アマチュア芸術文化活動. 宮入恭平（編）発表会文化論——アマチュアの表現活動を問う, 青弓社.
歌川光一 2019 女子のたしなみと日本近代——音楽文化にみる「趣味」の受容 勁草書房.
歌川光一 2021 アマチュア——「稽古（事)」と「たしなみ」. 宮入恭平・杉山昂平（編）「趣味に生きる」の文化論——シリアスレジャーから考える, ナカニシヤ出版.
歌川光一 2022 趣味と学習の関係をどう捉えるか——終焉論争の落穂ひろい. 社会教育, 908.
遠藤和士・友田泰正 2000 社会教育に対する文化行政論からの問題提起について——梅棹忠夫氏の文化行政論と『月刊社会教育』との比較考察. 大阪大学大学院人間科学研究科紀要, 26.
大串隆吉・田所祐史 2021 日本社会教育史 有信堂.
太田（児玉）華奈 2013 社会教育における趣味サークルの公共的価値. 九州教育学会研究紀要, 41.
太田聰一 2003 若者はなぜ「地元就職」を目指すのか. エコノミスト, 81 (39).
大田高輝 1987 公民館運営審議会論——社会教育における住民自治を求めて. 小川利夫（編）社会教育の法と行政, 亜紀書房.
太田政男 2001 学校の変革と社会教育. 月刊社会教育, 45 (5).
大西昇 1943 たしなみの伝統と構造. 大江精志（編）世界観の哲学, 理想社.
大村惠 2014 子ども・若者関連法と自治体青年事業の課題. 月刊社会教育58 (6).

大桃敏行 2000 地方分権の推進と公教育概念の変容. 教育学研究, 67 (3).
大桃敏行・背戸博史 (編) 2020 日本型公教育の再検討——自由, 保障, 責任から考える 岩波書店.
小川利夫 1963 公民館「万能主義」への疑問——公民館における地域性の問題. 月刊社会教育, 9 (10).
小川利夫 1973 社会教育と国民の学習権 勁草書房.
小川利夫 1978 青年期教育の思想と構造 勁草書房.
小川利夫 1985 教育福祉の基本問題 勁草書房.
小川利夫・花香実・藤岡貞彦 1965 自治公民館方式の発想. 月刊社会教育, 9 (7).
小川利夫・倉内史郎編 1964 社会教育講義 明治図書.
小川利夫・新海英行 (編) 1991 日本占領と社会教育 3 ——資料と解説 大空社.
小川正人 2019 日本社会の変動と教育政策 放送大学叢書.
尾木和英 1998 学校教育における地域教育資源の活用と「生きる力」の育成. 亀井浩明 (編) 生きる力と生涯学習, 全日本社会教育連合会.
尾崎公子 1999 子どもにやさしい“まちづくり”のゆくえ. 上杉孝實・黒沢惟昭 (編著) 生涯学習と人権——理論と課題, 明石書店.
小澤考人 2003 近代日本における「余暇」の問題構成. ソシオロゴス, 27.
小田切徳美 2014 農山村は消滅しない 岩波新書.
小田切徳美 2019 東京大学社会教育学生涯学習論研究室主催公開講座「社会教育の再設計」第 3 回「農山村と社会教育」(2019年12月14日) における講義より
片岡洋子 1997 子ども・女・家庭からみた中教審. 月刊社会教育, 41 (1).
亀井稀未 2021 ダンサー・パフォーマー養成系専門学校の教育や学びの意義に関する多面的検討. 福岡大学人文学部教育・臨床心理学科卒業研究.
川島ゆり子 2015 地域におけるセーフティネット構築の現状と課題. 花園大学社会福祉学部研究紀要, 23.
韓国国家統計ポータル (KOSI) 2021 人口動態件数及び動態率の推移 (出生, 死亡, 婚姻, 離婚), 高齢人口比率 (市道・郡・区), 独居老人世帯比率 (市道・郡・区). https://kosis.kr/index/index.do (2021年 3 月 6 日取得)
菅野澄枝 2020“不要不急”に学びを思う. 月刊社会教育, 64 (7).
岸裕司 1999 学校を基地に——〈お父さん〉のまちづくり 太郎次郎社.
木村直恵 1998〈青年〉の誕生——明治日本における政治的実践の転換 新曜社.
教育課程審議会 1987 教育課程の基準の改善について (最終答申).
教育行政機関と民間教育事業との連係に関する調査研究協力者会議 1998 教育行政機関と民間教育事業者との連携の促進について (報告). 1998年 3 月.
教育再生実行会議 2015「学び続ける」社会, 全員参加型社会, 地方創生を実現する教育の在り方について (第六次提言).
九条俳句不掲載事件市民検証委員会 2021 九条俳句不掲載事件市民検証委員会報告書.

轡田竜蔵 2017 地方暮らしの幸福と若者 勁草書房.
熊谷愼之輔 2009 社会教育法の改正をふまえた教育委員会の役割と課題. 社会教育, 64 (3).
熊谷愼之輔 2011 これからの社会教育はどこに活路を求めるのか. 社会教育, 66 (12).
熊谷愼之輔・志々田まなみ・佐々木保孝・天野かおり 2013 学校支援地域本部事業と連携したコミュニティ・スクールの事例分析. 日本生涯教育学会年報, 34.
黒石憲洋・高橋誠 2009 学校教育と塾産業の連携についての一研究——現状の分析と今後の展望. 教育総合研究, 2.
経済同友会 1995 学校から「合校」へ. http://www.bekkoame.ne.jp/ha/seidoken/goukou.pdf (2021年11月26日取得)
警察庁 2021 令和2年中における自殺の状況. https://www.npa.go.jp/safetylife/seianki/jisatsu/R03/R02_jisatuno_joukyou.pdf (2021年7月29日取得)
「月刊社会教育」編集委員会 (編) 2005 公民館60年 人と地域を結ぶ「社会教育」国土社.
厚生労働省 地域包括ケアシステム. https://www.mhlw.go.jp/stf/seisakunitsuite/bunya/hukushi_kaigo/kaigo_koureisha/chiiki-houkatsu/ (2021年2月25日取得)
厚東洋輔 1998 近代化. 岩波 哲学・思想事典, 岩波書店.
国立社会保障・人口問題研究所 2017 日本の将来推計人口 (平成29年推計). http://www.ipss.go.jp/pp-zenkoku/j/zenkoku2017/pp29_ReportALL.pdf (2021年2月22日取得)
小谷汪之 2014 新装版 歴史の方法について 東京大学出版会.
小玉重夫 2009 公共性 異質な他者への開放性. 田中智志・今井康雄 (編) キーワード現代の教育学, 東京大学出版会.
小林文人 1974 社会教育法制の成立過程. 国立教育研究所 (編) 日本近代教育百年史8 社会教育 (2), 教育振興研究会.
小林文人 (編) 1977 講座現代社会教育Ⅵ 公民館・図書館・博物館 亜紀書房.
小林文人 1999 公民館研究の潮流と課題. 日本社会教育学会 現代公民館の創造——公民館50年の歩みと展望, 東洋館出版社.
小林真理 2004 文化権の確立に向けて——文化振興法の国際比較と日本の現実 勁草書房.
小林真理・河島伸子・土屋正臣 2020 新時代のミュージアム——変わる文化政策と新たな期待 ミネルヴァ書房.
コメニュウス, 鈴木秀勇 (訳) 1962 大学授学1 明治図書出版.
齋藤純一 2000 公共性 岩波書店.
斎藤哲瑯 1993 9・12学校週五日制を調査してみて. 社会教育, 48 (1).
坂口緑 2015 ソーシャル系大学とはなにか——市民大学の系譜から見る「シブヤ大学」. 社会教育, 70 (5).

佐久間邦友 2014a 学習塾と教育行政の連携によって生じる教育事務――公費支援型学習塾の事例を通して．日本教育事務学会年報，1．

佐久間邦友 2014b 学習塾研究の観点から．日本学習社会学会年報，10．

佐々木幸雄・岸裕司・宮崎稔・橋村清隆・立場昭彦・立場宏子 2001 座談会 元気コミュニティ秋津の実験．月刊社会教育，45（5）．

佐藤一子 2002 子どもが育つ地域社会 東京大学出版会．

佐藤一子 2006 現代社会教育学――生涯学習社会への道程 東洋館出版社．

佐藤一子 2018「学びの公共空間」としての公民館――九条俳句訴訟が問いかけるもの 岩波書店．

佐藤智子 2019 社会教育・生涯学習論――現代社会教育制度の生成と変容．下司晶・丸山秀樹・青木栄一ほか（編）教育学年報11――教育研究の新章，世織書房．

佐藤智子 2020 オンラインによる学習空間の拡張と社会教育へのインパクト――「尼崎オンライン公民館」の取組を事例として．日本公民館学会年報，17．

佐藤学 2004 習熟度別指導の何が問題か 岩波書店．

自治大学校（編）1960 戦後自治史Ⅰ 自治大学校．

柴田彩千子 2013 生涯学習社会における学習支援の取り組み．佐藤晴雄・望月厚司・柴田彩千子 生涯学習と学習社会の創造，学文社．

島田修一 1985 社会教育の自由と自治 青木書店．

清水裕之 1999 21世紀の地域劇場――パブリックシアターの理念，空間，組織，運営への提案 鹿島出版会．

社会教育・生涯学習辞典編集委員会（編）2012 社会教育・生涯学習辞典 朝倉書店．

社會教育聯合會（編）1947 父母と先生の会――教育民主化の手引 印刷局．

社会の変化に対応した新しい学校運営等に関する調査研究協力者会議 1992 社会の変化に対応した新しい学校運営等の在り方について（審議のまとめ）．

生涯学習審議会 1996 地域における生涯学習機会の充実方策について（答申）．

生涯学習審議会 1999 生活体験・自然体験が日本の子どもの心をはぐくむ（答申）．

新藤浩伸 2014 公会堂と民衆の近代――歴史が演出された舞台空間 東京大学出版会．

新藤浩伸 2016 文化的公共空間としてのミュージアム．中小路久美代・新藤浩伸・山本泰裕・岡田猛（編）触発するミュージアム――文化的公共空間の新たな可能性を求めて，あいり出版．

新藤浩伸 2018a 文化施設とは何か――建物と人の距離．小林真理（編）文化政策の現在２-拡張する文化政策，東京大学出版会．

新藤浩伸 2018b 都市の記憶，生活の記憶の場所――公共ホールにおけるアーカイブ活動の可能性から．小林真理（編）文化政策の現在３ 文化政策の展望，東京大学出版会．

新藤浩伸 2019 地域文化をめぐる社会教育研究の成果と課題．日本社会教育学会年報編集委員会（編）地域づくりと社会教育的価値の創造，東洋館出版社．

杉山昂平 2019 レジャースタディーズにおけるシリアスレジャー研究の動向――日本での導入に向けて. 余暇ツーリズム学会誌, 6.
鈴木繁聡 2018 教育の供給主体としての民間の捉え方に関する一考察. 教育論叢, 61.
鈴木繁聡 2021「学校と学習塾の関係」の特徴と課題. 生涯学習基盤経営研究, 45.
鈴木敏正 2002 都市公民館の再生――三多摩テーゼからの自己革新 北樹出版.
鈴木眞理・井上伸良・大木真徳（編）2015 社会教育の空間的展開を考える. 講座転形期の社会教育Ⅲ 社会教育の施設論 学文社.
青年団研究所（編）1954 共同学習の手引 日本青年館.
青年の声編集実行委員会（編）1976 私のひとこと――青年活動を充実するために 青年の声編集実行委員会.
背戸博史 2020 公教育制度の一翼としての社会教育. 大桃敏行・背戸博史（編）日本型公教育の再検討――自由, 保障, 責任から考える, 岩波書店.
NPO法人全国こども食堂支援センター・むすびえ 2020 全国個所数調査2020年版. https://musubie.org/news/2898/（2021年2月18日取得）
全日本社会教育連合会編集部 1974 マチの中の公民館――その役割と魅力の分析. 全日本社会教育連合会 社会教育, 29（7）.
大韓民国教育部 2020 教育福祉優先支援事業とは何か. https://if-blog.tistory.com/11354（2021年3月4日取得）
大韓民国行政安全部 2021 住民登録人口統計. https://jumin.mois.go.kr/index.jsp（2021年3月6日取得）
第3期隠岐島前教育魅力化構想策定委員会・隠岐島前教育魅力化プロジェクト（編）2019 意志ある未来のつくりかた 隠岐島前高等学校の魅力化と永遠の発展の会.
高嶋真之 2019 戦後日本の学習塾をめぐる教育政策の変容. 日本教育政策学会年報, 26.
高橋興 2008 学校支援地域本部事業への期待と今後の課題. 社会教育, 63（12）.
高橋勝 2002〈教える―学ぶ〉関係の非対称性. 近代教育フォーラム, 11.
高橋勝・広瀬俊雄 2004 教育関係論の現在――「関係」から解読する人間形成 川島書店.
竹内常一 1987 子どもの自分くずしと自分つくり 東京大学出版会.
田中耕太郎 1946 日本君主制の合理的基礎. 教育と政治.
田中智志 2009 教育学――生きることによりそうために. 田中智志・今井康雄（編）キーワード現代の教育学, 東京大学出版会.
田中雅文・坂口緑・柴田彩千子・宮地孝宜 2000 テキスト生涯学習――学びがつむぐ新しい社会 学文社.
田辺信一 1962 学習運動の組織. 宇佐川満・福尾武彦（編）1999 日本現代教育基本文献叢書 社会・生涯教育文献集Ⅰ, 5現代社会教育・社会教育講義現代社会教育 誠文堂新光社.
玉井康之 2000 地域に学ぶ「総合的な学習」東洋館出版社.

丹田桂太 2018 青年にとっての「地元」をめぐる研究枠組みの考察――「標準的キャリア」概念に着目して．生涯学習経営研究，42.
丹田桂太 2019「地方の若者」のキャリア選択の契機に寄り添うために．人間と教育，102.
中央教育審議会 1996 21世紀を展望した我が国の教育の在り方について（第一次答申）.
中央教育審議会 2015 新しい時代の教育や地方創生の実現に向けた学校と地域の連携・協働の在り方や今後の推進方策について（答申）.
中央教育審議会 2016 幼稚園，小学校，中学校，高等学校及び特別支援学校の学習指導要領等の改善及び必要な方策等について（答申）.
中央教育審議会 2018 人口減少時代の新しい地域づくりに向けた社会教育の振興方策について（答申）.
中央教育審議会教育課程企画特別部会 2015 論点整理.
津田英二・久井英輔 2015 転形期の社会教育・生涯学習研究．津田英二・久井英輔・鈴木眞理（編）社会教育・生涯学習研究のすすめ，学文社.
デューイ，J. 阿部齊（訳）2014 公衆とその諸問題――現代政治の基礎　ちくま学芸文庫.
デュマズディエ，J. 中島巌（訳）1972 余暇文明へ向かって 東京創元社.
寺中作雄 1946a 公民教育の振興と公民館の構想．大日本教育，1946年1月号.
寺中作雄 1946b 公民館の建設――新しい町村の文化施設 公民館協会．（＝1995 社会教育法解説／公民館の建設 国土社.）
寺中作雄 1949 社会教育法解説 社会教育図書．（＝1995 社会教育法解説／公民館の建設 国土社.）
寺中作雄・吉瀬純一・谷口正幸 1984 法の三十五年に思うⅠ――三先達にきく．月刊公民館，325.
東京大学大学院教育学研究科社会教育学・生涯学習論研究室「住民自治を基盤とした社会システム構築事業」共同研究チーム 2019 町会から始まる新たな自治――住民自治を基盤とした社会システム構築事業（松本市調査報告書・1）.
戸坂潤 1936 現代青年の問題．思想と風俗 1966 戸坂潤全集4 勁草書房.
中西新太郎 2009 構造改革時代を生きる――子ども・若者の現在．地域民主教育全国交流研究会（編）現代と教育78 子ども・若者の「生きづらさ」をどうつかむか 桐書房.
西平直 2019 修養の構造――翻訳の中で理解される日本特有の教育的伝統．教育学研究，86（4）.
「21世紀日本の構想」懇談会 2000 日本のフロンティアは日本の中にある　講談社.
日本童話協会編 1988-1989 童話研究（復刻版），1（1），久山社.
日本童話聯盟本部 1927 話方研究，3（1）.
日本童話聯盟本部 1931 話方研究，7（2）.
日本童話聯盟本部 1937a 話方研究，13（2）.

日本童話聯盟本部 1937b 話方研究，13（6）.
日本都市青年会議記念誌「あゆみ」編集委員会（編）1985 日本都市青年会議 記念誌「あゆみ」，日本都市青年会議.
日本都市青年会議千葉大会参加者一同（編）1977 日本都市青年会議千葉大会に参加して，横浜市市民局青少年部青少年課.
公益社団法人日本PTA全国協議会ホームページ「日本PTAのあゆみ」http://www.nippon-pta.or.jp/jigyou/ayumi/rkra7f0000000g0v-att/1-2-1.pdf.
根本彰 2011 理想の図書館とは何か――知の公共性をめぐって 93 ミネルヴァ書房.
野村駿 2021 夢追いバンドマンにとって音楽活動は趣味なのか，仕事なのか．宮入恭平・杉山昂平（編）「趣味に生きる」の文化論――シリアスレジャーから考える，ナカニシヤ出版.
萩原建次郎 2010 若者の参画型地域活動「若者によるまちづくりアクションプラン」．萩原元昭（編）子どもの参画 参画型地域活動支援の方法 学文社.
長谷川裕 1993 学校の規律・訓練．教育科学研究会「現代社会と教育」編集委員会（編）現代社会と教育 3 学校，大月書店.
早坂めぐみ 2017 学校と学習塾の連携可能性の多様化――1999年以降の新聞記事の分析から．日本学習社会学会年報，13.
早坂めぐみ・杉森伸吉 2018 学校と学習塾における授業の比較研究――学習者の視点に着目して．東京学芸大学紀要 総合教育科学系，69（2）.
原田正樹 2019 社会福祉法の改正と新地域福祉計画の位置――地域共生社会の政策動向と地域力強化検討会から．新川達郎・川島典子（編）地域福祉政策論，学文社.
春山作樹 1933 社会教育学概論 岩波講座教育科学 15 岩波書店.
PTA史研究会（編）2004 日本PTA史 日本図書センター.
PTA年鑑編集委員会（編）1972 PTA年鑑総集版 PTA新聞社.
樋口美雄 2004 地方の失業率上昇の裏に若者の地元定着増加あり．週刊ダイヤモンド，92（12）.
平尾元彦・重松政徳 2006 大学生の地元志向と就職意識．大学教育，3.
平塚眞樹 2003「市民による教育事業」と教育の公共性――「行政改革」下における教育NPOの形成に着目して．社会志林，49（4）.
廣瀬隆人 2000 地域社会と学校との連携・融合と社会教育の役割――学校支援ボランティアの展望．社会教育，55（10）.
廣田健 2002 地域と学校の関係を問い直す．月刊社会教育，46（6）.
比和町教育委員会 1988 比和町青少年地域活動．社会教育，43（5）.
福間良明 2020「勤労青年」の教養文化史 岩波書店.
古厩忠夫 1997 裏日本 岩波新書.
フレイレ，P. 三砂ちづる（訳）2011 被抑圧者の教育学 亜紀書房.
フレイレ，P. 三砂ちづる（訳）2018 被抑圧者の教育学――50周年記念版 亜紀書房.

ベネッセ総合教育研究所 2015 第3章 学校外の学習機会. https://berd.benesse.jp/up_images/research/3_chp3.pdf（2021年11月26日取得）.

ベネッセ教育総合研究所 2017 専門学校生の学習と生活に関する実態調査.

ベネッセ総合教育研究所 2017 学校外教育活動に関する調査2017. https://berd.benesse.jp/up_images/research/2017_Gakko_gai_tyosa_web.pdf（2021年11月26日取得）.

ベネッセ教育総合研究所 2019 教育施策で導くわがまちの未来 第3回島根県益田市. VIEW21, vol. 3.

本田由紀 2014 社会を結びなおす――教育・仕事・家族の連携へ 岩波ブックレット.

牧野篤 2005〈わたし〉の再構築と社会・生涯教育――グローバル化・少子高齢社会そして大学 大学教育出版.

牧野篤 2014 生きることとしての学び――2010年代・自生する地域コミュニティと共変化する人々 東京大学出版会.

牧野篤 2018a 公民館はどう語られてきたのか――小さな社会をたくさんつくる① 東京大学出版会.

牧野篤 2018b 社会づくりとしての学び――信頼を贈りあい，当事者性を復活する運動 東京大学出版会.

牧野篤 2019a 公民館をどう実践してゆくのか――小さな社会をたくさんつくる② 東京大学出版会.

牧野篤 2019b 地域と学びを焦点化する――住民自治を基本とする新しい社会システムを考えるために. 東京大学大学院教育学研究科社会教育学・生涯学習論研究室「住民自治を基盤とした社会システム構築事業」共同研究チーム 町会から始まる新たな自治――住民自治を基盤とした社会システム構築事業（松本市調査報告書・1）.

牧野篤 2020 学びを地域コミュニティに実装する――想像力と配慮による当事者性形成のプロセスを考える. 月刊公民館, 763.

松田陽 2020 ICOM博物館定義の再考. 博物館研究, 55.

松田武雄（編）2015 社会教育福祉の諸相と課題――欧米とアジアの比較研究 大学教育出版.

宮坂広作 1970 余暇と社会教育. 碓井正久（編）社会教育, 第一法規.

宮下与兵衛 2011 学校参加・社会参加による生徒の成長と学校改善の研究――長野県辰野高校の「開かれた学校づくり」の事例研究. 全面発達の展開, 1（1）.

宮田安彦 2020「嗜み」の示唆するもの――今後の余暇研究の展開を構想するために. 大妻女子大学家政系研究紀要, 56.

宮原誠一 1949 教育と社会 金子書房.

宮原誠一 1950 世界のなかに自立するということ. 近代教育2 成城教育研究所.

宮原誠一 1976 教育の本質. 宮原誠一教育論集 1-教育と社会 国土社.

宮原誠一 1977a 社会教育の本質. 宮原誠一教育論集 2-社会教育論 国土社.

宮原誠一 1977b 青年期教育再編成の基本的視点．宮原誠一教育論集 3-青年期教育の創造　国土社．

宮本太郎 2018 社会保障の2040年問題，現役1.5人が高齢者 1 人を支える困難さ．https://www.jcer.or.jp/blog/miyamototaro20181017.html（2021年 2 月22日取得）

民友社 1887 巻頭言．国民之友，第一号．

元森絵里子 2016 大人が語る「貧困」と「子ども」．相澤真一他 子どもと貧困の戦後史，青弓社．

森岡清美・塩原勉・本間康平（編）1993 新社会学辞典　有斐閣．

文部科学省 2020 コロナ禍における児童生徒の自殺等に関する現状について．https://www.mext.go.jp/content/20210216-mxt_jidou01-000012837_003.pdf（2021年 2 月23日取得）

文部科学省 2020 社会教育調査 平成30年度．https://www.mext.go.jp/b_menu/toukei/chousa02/shakai/index.htm（2021年 8 月20日取得）

文部科学省・国立教育政策研究所 2017 平成29年度全国学力・学習状況調査回答結果集計［児童質問紙］全国－児童（国・公・私立）．https://www.nier.go.jp/17chousakekkahoukoku/factsheet/data/17p_401.xlsx（2021年11月26日取得）

文部次官 1946 昭和21年 7 月 5 日発社第122号 各地方長官あて 文部次官「公民館の設置運営について」．

文部省 1937 国体の本義 文部省．

文部省 1977 全国の学習塾通いの実態 文部省．

文部省父母と先生の会委員会（編）1949 PTA質疑応答集：III問答 文部省．

矢口徹也 1993 学校週五日制・週休二日制週休と地域青年団体――「青年期」理解を中心として．日本社会教育学会年報編集委員会（編）週休二日制・学校週五日制と社会教育，東洋館出版社．

柳父立一 1993 時間主体性と週休二日制――「道楽としての社会教育」試論．日本社会教育学会（編）週休二日制・学校週五日制と社会教育，東洋館出版社．

山極寿一 2021 科学季評 コロナ，縮む社交の場 文化の力奪うオンライン．朝日新聞 2 月11日朝刊．

山口武秀 1959 農民運動と農民教育．生活科学調査会 講座・日本の社会教育Ⅱ-農民・労働者 医歯薬出株式会社．

山口富造 1962 社会の変貌と大衆の学習課題．宇佐川満・福尾武彦（編）1999 日本現代教育基本文献叢書 社会・生涯教育文献集Ⅰ，5現代社会教育・社会教育講義，現代社会教育 誠文堂新光社．

山野則子・吉田敦彦・山中京子ほか（編）2012 教育福祉学への招待 せせらぎ出版．

結城忠 2012 日本国憲法と義務教育 青山社．

臨時教育審議会 1985 教育改革に関する第一次答申．

臨時教育審議会 1986 教育改革に関する第二次答申．

臨時教育審議会 1987 教育改革に関する第三次答申.

労働政策研究・研修機構 2015 若者の地域移動――長期的動向とマッチングの変化. JILPT 資料シリーズ162.

ロールズ, ジョン 川本隆史・福間聡・神島裕子（訳）2010 正義論 紀伊國屋書店.

若狭健作 2020 Zoom でつなぐローカルコミュニティ. 月刊公民館, 760.

鷲田清一・山極寿一 2017 都市と野生の思考 集英社インターナショナル.

渡辺幸倫（編著）2019 多文化社会の社会教育――公民館・図書館・博物館がつくる「安心の居場所」明石書店.

Azebedo, F. S. 2017 Hobbies. In K.A. PEPPLER (ed.), *The SAGE Encyclopedia of Out-of-School Learning,* SAGE Publishing.

CI&E. 1946.11.25 Special Report : Parent Teachers' Associations in Japan, Sheet No. CIE(A)-03637-38. Analysis and Research Division. GHQ/SCAP Records. Civil Information and Education Section.

CI&E. 1946.12.5 Conference Report-Nelson. Sheet No. CIE(B)-06420. GHQ/SCAP Records. Civil Information and Education Section.

CI&E. 1946.12.17 Report of Conference Social Education News Part III. Sheet No. CIE (B)-06419. GHQ/SCAP Records. Civil Information and Education Section.

CI&E. 1947.1.9 Material for Speech by MG officers-Parent Teacher Association. Sheet No. CIE(B)-06418. GHQ/SCAP Records. Civil Information and Education Section.

CI&E. 1948 Memo to Chief, E.D. from Rose Cologne. Report of Service. no date, Sheet No. CIE(A)-02932-02933. GHQ/SCAP Records. Civil Information and Education Section.

CI&E. 1948.2.18 Conference Report-Nelson. Sheet No. CIE(B)-02526. GHQ/SCAP Records. Civil Information and Education Section.

CI&E. 1948.7.18 Conference Report-Nelson. Sheet No. CIE(B)-02524. GHQ/SCAP Records. Civil Information and Education Section.

CI&E. 1948.7.23 Conference Report-Nelson. Sheet No. CIE(B)-02522. GHQ/SCAP Records. Civil Information and Education Section.

Clover, D. E., Sanford, K., Bell, L., Johnson, K. (Eds.) 2016 *Adult Education, Museums and Art Galleries : Animating Social, Cultural and Institutional Change.* Rotterdam : Sense Publishers.

Cologne, Rose 1949 The PTA of Japan. National Parent-Teacher, 44 (4).（千野陽一（編）井上恵美子（訳）1996 現代日本女性の主体形成１, ドメス出版.）

Embree, J. F. 1945 *The Japanese Nation-A Social Survey,* New York : Farrar & Rinehart, 1945.

Jones, I. and Symon, G. 2001 Lifelong learning as serious leisure : Policy, practice, and

potential" *Leisure Studies,* 20 (4).
Makino, Atsushi 2017, Making all people full members of the society : new direction of lifelong learning policy and practices in Japan, *Asia Pacific Education Review,* 18 (2), 203-217, DOI : 10.1007/s12564-017-9484-7
Nelson, J. M. 1946.6.6 Concerning Decentralization, Trainor Collection, Box No. 20, Roll No. 19.
Nelson, J. M. 1954 *The Adult Education Program in Occupied Japan, 1946-1950,* Ph. D. Dissertation submitted to the Department of Education and the Faculty of the Graduate School of the University of Kansas.（新海英行（監訳）1990 占領期日本の社会教育改革 大空社.）
Nishi, Toshio 1982 *Unconditional Democracy. Education and Politics in Occupied Japan,1945-1952.* Stanford University : Hoover Institution Press.
OECD *"THE FUTURE OF EDUCATION AND SKILLS",* Education 2030 Position Paper 2018 http://www.oecd.org/education/2030/E2030%20Position%20Paper%20(05.04.2018).pdf（2020年５月４日取得）
Ong, Walter J. 1982 *ORALITY AND LITERACY : The Technologizing of the Word.* Methuen & Co.Ltd.（桜井直文・林正寛・糟谷啓介（訳）1991 声の文化と文字の文化 藤原書店).
Rohlen, Thomas. 1980 The Juku Phenomenon. *Journal of Japanese Studies,* 6, (2).
SCAP (Supreme Commander for the Allied Powers) 1949 Section 8 Local Government, Political Reorientation of Japan, September 1945 to September 1948 : Report of Government Section,（自治大学校（編・訳）1960 戦後自治史Ⅰ, 109.）
Stebbins, R. A. 1977 The Amateur : Two Sociological Definitions. *The Pacific Sociological Review,* 20 (4).
Stebbins, R. A. 2015 *Serious Leisure : A Perspective for Our Time* Transaction Publishers.
Trainor, J. C. 1983 *Education Reform in Occupied Japan-Trainor's Memoir.* Meisei University Press.
Van Staaveren, J. 1949 The growth of PTA in Japan. *Peabody Journal of Education,* 27 (3).
Van Staaveren, J. 1991 The democratization of the Japanese, September 1946-September 1948 : A prefectural view. William F. Nimmo (Eds.) 1992 *The occupation of Japan : the grass roots : the proceedings of the eighth symposium.* Norfolk, Va. : General Douglas MacArthur Foundation.
Yamato, Yoko & Wei, Zhang. 2017 Changing Schooling, Changing Shadow. *Asia Pacific Journal of Education,* 37 (3).
이희현・황준성・유경훈ほか 2019 教育福祉政策の評価及び改善課題 韓国教育開発院.

손병덕・구철회・김민선ほか 2018 教育福祉優先支援事業の効果性に関する研究．青少年学研究，25（12）．

人名索引

事項索引

さ　行

た　行

な　行

は　行

ま　行

や　行

《執筆者紹介》 ＊は編著者

＊**牧野　篤**（まきの・あつし）序論・第12章・あとがき

編著者紹介参照

大野公寛（おおの・きみひろ）第1章

現　在　島根大学大学院教育学研究科（教職大学院）講師
著　書　「「開かれた学校づくり」の実践の基盤としての保護者・住民――長野県辰野高校の取り組みから」『東京大学大学院教育学研究科紀要』第60巻，2021年。「分権型教育改革期の「開かれた学校づくり」と地域――「土佐の教育改革」における学校と地域の関係から」『東京大学大学院教育学研究科紀要』第59巻，2020年。「学校参加論の構造と課題――「地域」の「参加」を捉える研究の視角に着目して」『生涯学習基盤経営研究』第43号，2019年など。

鈴木繁聡（すずき・しげさと）第2章

現　在　東京大学大学院教育学研究科博士課程，日本学術振興会特別研究員DC
著　書　「「学校と学習塾の関係」の特徴と課題」『生涯学習基盤経営研究』第45巻，東京大学大学院教育学研究科生涯学習基盤経営コース内『生涯学習基盤経営研究』編集委員会，2021年。「学習塾研究の特徴と課題」『東京大学大学院教育学研究科紀要』第60巻，東京大学大学院教育学研究科，2021年。「「教育とエビデンスの関係」の検討」『東京大学大学院教育学研究科附属学校教育高度化・効果検証センター研究紀要』第6号，東京大学大学院教育学研究科附属学校教育高度化・効果検証センター，2021年など。

金　亨善（きむ・ひょんそん）第3章

現　在　東京大学大学院教育学研究科博士課程
著　書　Korean Journal of Japan Education, The Introduction and Settlement of Japanese PTA: Postwar PTA Plan in Occupied Japan, No. 26 (1), The Korean Society of Japanology, Japan Education Division, 2021.「韓国の平生教育・この1年：2019～2020年（韓国の生涯学習）」『東アジア社会教育研究』25号，東京・沖縄・東アジア社会教育研究会（共同執筆），2020年。“Education at a Glance 2020: OECD Indicators (in Korean)”, OECD（共訳），Korean Educational Development Institute, 2020. など。

新藤浩伸（しんどう・ひろのぶ）**第4章**

現　在　東京大学大学院教育学研究科准教授　博士（教育学）
著　書　『成人教育と文化の発展』デヴィッド・ジョーンズ（監訳）東洋館出版社，2016年。『触発するミュージアム―文化的公共空間の新たな可能性を求めて』（共編著）あいり出版，2016年。『公会堂と民衆の近代――歴史が演出された舞台空間』東京大学出版会，2014年など。

佐藤智子（さとう・ともこ）**第5章**

現　在　東北大学高度教養教育・学生支援機構准教授　博士（教育学）
著　書　『公教育制度の変容と教育行政――多様化，市場化から教育機会保障の再構築に向けて』（編著）福村出版，2021年。『多様性が拓く学びのデザイン――主体的・対話的に他者と学ぶ教養教育の理論と実践』明石書店，2020年。『学習するコミュニティのガバナンス――社会教育が創る社会関係資本とシティズンシップ』明石書店，2014年など。

李　正連（い・じょんよん）**第6章**

現　在　東京大学大学院教育学研究科教授　博士（教育学）
著　書　『人生100年時代の多世代共生――「学び」によるコミュニティの設計と実装』（共著），東京大学出版会，2020年。『躍動する韓国の社会教育・生涯学習――市民・地域・学び』（共編著），エイデル研究所，2017年。『韓国社会教育の起源と展開――大韓帝国末期から植民地時代までを中心に』大学教育出版，2008年など。

植上一希（うえがみ・かずき）**第7章**

現　在　福岡大学人文学部教育・臨床心理学科教授　博士（教育学）
著　書　『日常のなかの「フツー」を問いなおす――現代社会の差別・抑圧』（編著）法律文化社，2018年。『わかる・役立つ 教育学入門』（編著）大月書店，2018年。『専門学校教育と専門学校生のキャリア形成――進学・学び・卒後』大月書店，2011年など。

丹田桂太（たんだ・けいた）**第8章**

現　在　福岡大学教育開発支援機構研究員

著　書　「専門学校生の学び・教育経験と学修成果」『人間と教育』110号，旬報社，2021年。「社会教育研究において「青年」はどう捉えられてきたのか――戦後の「青年」概念の変遷に着目して『東京大学大学院教育学研究科紀要』第59巻，2020年。「青年にとっての「地元」をめぐる研究枠組みの考察――「標準的キャリア」概念に着目して」『生涯学習基盤経営研究』第42号，2018年など。

大山　宏（おおやま・ひろし）**第9章**

現　在　駒澤大学総合教育研究部教職課程部門非常勤講師

著　書　「高度経済成長期以降の都市青年にとっての社会参加の意義」『青少年教育研究センター紀要』第9号，2021年。『JCNCブックレット2　欧州・スウェーデンのユースワークにみる若者の社会参加』（共著）特定非営利活動法人日本子どもNPOセンター，2021年。「青年期に求められる自立に関する歴史的検討」『日本の社会教育第61集　子ども・若者支援と社会教育』東洋館出版，2017年など。

松山鮎子（まつやま・あゆこ）**第10章**

現　在　大阪教育大学教育学部教育協働学科特任講師　博士（教育学）

著　書　『語りと教育の近代史――児童文化の歴史から現代の教育を問い直す』大学教育出版，2020年。『人生100年時代の多世代共生――「学び」によるコミュニティの設計と実装（シリーズ　超高齢社会のデザイン）』（共著）牧野篤編，東京大学出版会，2020年。「昭和初期の校外教育実践における教育者と子どもの関係について――松美佐雄の「動的」概念を手がかりに」『学習社会への展望――地域社会における学習支援の再構築』日本学習社会学会創立10周年記念出版編集委員会編，明石書店，2016年など。

歌川光一（うたがわ・こういち）**第11章**

現　在　聖路加国際大学大学院看護学研究科准教授　博士（教育学）

著　書　『「趣味に生きる」の文化論――シリアスレジャーから考える』（共著）ナカニシヤ出版，2021年。『女子のたしなみと日本近代――音楽文化にみる「趣味」の受容』勁草書房，2019年。『学校文化の史的探究――中等諸学校の『校友会雑誌』を手がかりとして』（共著）東京大学出版会，2015年など。

《編著者紹介》

牧野　篤（まきの・あつし）

名古屋大学大学院助教授・教授を経て，現在，東京大学大学院教育学研究科教授。博士（教育学）。著書は『発達する自己の虚構——教育を可能とする概念をとらえ返す』東京大学出版会，2021年。『人生100年時代の多世代共生——「学び」によるコミュニティの設計と実装』（編著）東京大学出版会，2020年。『公民館はどう実践してゆくのか——小さな社会をたくさんつくる２』東京大学出版会，2019年。『公民館はどう語られてきたのか——小さな社会をたくさんつくる１』東京大学出版会，2018年ほか多数。

社会教育新論
——「学び」を再定位する——

2022年５月15日　初版第１刷発行　〈検印省略〉

定価はカバーに
表示しています

編著者　牧野　篤
発行者　杉田啓三
印刷者　坂本喜杏

発行所　株式会社　ミネルヴァ書房
607-8494　京都市山科区日ノ岡堤谷町１
電話代表　075-581-5191
振替口座　01020-0-8076

冨山房インターナショナル・新生製本

ISBN 978-4-623-09336-6
Printed in Japan